로컬 꽃이
피었습니다

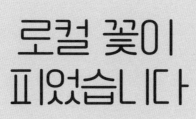

로컬 꽃이
피었습니다

로컬 꽃을 피우는
발자취를 따라서

윤찬영 · 심병철 지음
새로운사회를여는연구원 · 비로컬 기획

STOREHOUSE

[추천사]

시대적 고민을 마주한 우리에게
문제 해결에 한 발 더 다가설 수 있는 방안을 제시하는 책

우리나라가 급속한 성장을 이루어 선진국 반열에 들어섰지만 이면에 그만큼 빠르게 쇠락한 지방 중소도시가 많습니다. 자신이 속한 도시가 가진 매력과 역사·문화적 위상과는 무관하게 젊은이들이 기회를 좇아 대도시로 떠나는 모습을 보면 안타까운 마음뿐입니다.

『로컬 꽃이 피었습니다』는 이러한 시대적 고민을 마주한 우리에게 현장 곳곳의 땀내 나는 이야기를 생동감 있게 전달함으로써 문제 해결에 한 발 더 다가설 수 있는 방안을 제시하고 있습니다.

무엇보다 이른바 지방 소멸 시대의 어려움을 극복하기 위한 각 도시들의 '지방 살리기' 이야기와 지역 발전에 헌신하는 사람들의 모습에 크게 감동을 받았습니다.

공주시는 백제의 왕도였고, 조선 시대 충청감영이 300여 년 주재한 역사문화도시이지만 세종시 출범 이후 충남에서 인구 유출이 가장 심한 도시가 되었습니다. 하지만 도시의 새로운 역할과 기능을 고민하며 주거환경개선사업, 고도복원사업 및 도시재생사업 등에 매진한 결과 이제는 원도심이

젊음과 활력이 넘치는 도시로 변모하고 있으며, 이러한 변화에 시민들도 스스로 자랑스러워하고 있습니다.

이러한 모습들이 시민들의 목소리를 통해 고스란히 녹아 있어 이 책을 접하는 독자라면 누구나 함께 고민하고 공감하게 되리라 생각합니다.

이 책은 고향을 잊었던 이들에게는 그리움을, 지방 생활을 꿈꾸는 이들에게는 희망을, 활동가들에게는 영감과 보람을, 지방에서 새 삶을 꾸려 나가기 시작하는 젊은이들에게는 용기를 줄 수 있을 것이라 생각합니다.

㈜새로운사회를여는연구원과 윤찬영 님, 심병철 님은 물론 지방 살리기 활동에 헌신하시는 활동가 여러분의 노고에 깊은 감사를 드립니다.

김정섭 공주시장

이 책을 읽고 더 많은 청년들이 돌아와
함께 지역을 일구어 나갈 희망과 도움을 얻기를

(사)새로운사회를여는연구원이 2년간 속초를 포함한 지방 중소도시의 여러 청년 혁신가와 로컬 크리에이터, 소셜 벤처들을 만나며 연구한 결실을 맺게 된 것을 진심으로 축하드립니다.

『로컬 꽃이 피었습니다』는 로컬 크리에이터뿐만 아니라 정부와 지자체 및 다양한 이해관계자들이 어떻게 협력해 가며 로컬을 되살리고 있는지 그간의 분투를 기록하고 분석한 책입니다. 수도권 집중으로 지역이 소멸되어가는 현실에서 대안을 찾는 데 큰 도움이 될 것이며, 로컬 청년들의 협력과 정착을 위한 귀중한 사료가 될 것입니다.

속초의 로컬 크리에이터와 지자체의 협력으로 일구어 낸 그간 행적 또한 생생하게 담겼으며, 열정적으로 고생을 아끼지 않았던 청년들의 분투기가 감동을 전하고 있습니다. 소호259 게스트하우스에서 시작해 각지에서 찾는 속초의 명소인 지금의 소호거리가 되기까지의 노력과 매자식당과 벨라쿠치나 일대의 '영랑호 먹거리마을'을 조성하기 위한 협력, 또 가게 운영을 이어 가면서 지역 서점에 변화를 주고 책방거리로의 도약을 일구어내는 귀향 청년들의 모습까지 놀라운 성장이 담겨 있습니다. 그리하여 '완벽한 날들', '동아서점', '문우당서림'과 같이 속초를 대표하는 독립서점들이 독서와 관련한 다양한 문화체험 프로그램을 운영하며 소통 공간으로 자리매김하게 된 사례까지, 이 책을 읽고 더 많은 청년들이 돌아와 함께 지역을 일구어 나갈 희망과 도움을 얻기를 바랍니다.

속초 청년몰 갯배st의 한 청년 상인은 이 책에서 자신이 태어난 지방 소도시는 청년들에게 탈출만을 꿈꾸게 하는 지역이었다고 했습니다. 그러나 이제는 지역 청년 사업자를 위한 지자체의 다양한 혜택과 지원 덕에 손님들의 반응을 살피며 다양한 제품을 만들어 볼 시간을 가질 수 있게 되었다고 합니다. 나아가 트리밸에서 주관한 지원 교육을 들으며 노포와의 협력을 꾀하게 될 만큼 스스로도 성장할 수 있었다고도 했습니다.

이와 같은 지원 및 협력 사례들이 수록돼있어 지역 청년 사업가들을 지원하고 협력해 나갈 방안을 고민하는 지자체 관계자들에게도 좋은 참고가 될 것이라 믿습니다. 지역의 균형 발전을 이루어 나갈 여러분들께 이 책을 추천 드립니다.

김철수 속초시장

중소도시와 여러 지역에 뿌리 내리고 새로운 길을 열어 가는
청년 혁신가와 로컬 크리에이터, 소셜 벤처들의 생생한 이야기를 담은 책

지난해 말 기준으로 대한민국은 사망자가 출생자를 앞지르면서 인구가 감소하는 '데드크로스'에 진입했다는 행정안전부의 발표가 있었습니다. 이미 지방도시는 인구 감소와 인구 구조의 변화에 따른 사회·경제적 변화를 현실로 직면하고 있습니다.

우리 군산시는 최근 몇 년 사이 현대중공업 군산조선소가 가동을 중단한 데 이어 한국GM 군산공장이 문을 닫으면서 경제적 공황 상태였습니다. 주력 산업이 붕괴했고 만여 명 이상의 대량 실직자가 발생했습니다. 여기에 저출산, 고령화와 인구 유출로 인한 인구 감소는 이대로 방치할 수 없는 심각하고 중요한 문제였습니다. 골목 상권의 붕괴를 극복하고 지역 소멸을 대비하기 위한 다양한 노력을 하지 않을 수 없었습니다.

지속 가능한 도시를 만들기 위해 로컬 소비를 통한 '순환형 지역경제 생태계' 구축이 필요합니다. 또한 자립적 순환경제 생태계 복원과 활성화 방안은 자립도시로 가기 위한 중요한 과제입니다.

『로컬 꽃이 피었습니다』는 군산을 비롯한 중소도시와 여러 지역에 뿌

리를 내리고 새로운 길을 열어 가는 청년 혁신가와 로컬 크리에이터, 소셜 벤처들의 생생한 이야기를 담은 책입니다. 중앙정부와 지방정부의 역할과 국책연구소, 중간지원기관 등과의 협력을 통해 어떻게 로컬을 되살리고 있는지 들여다볼 수 있었습니다.

인구 감소와 지역 소멸에 맞서 어떻게 하면 로컬을 되살릴 수 있을지 중앙정부와 지역에서 고민하는 많은 이들에게 그 해답을 찾는 길잡이가 될 것이라 확신합니다.

강임준 군산시장

[프롤로그]

"버려진 섬마다 꽃이 피었다."

김훈의 소설 『칼의 노래』는 이렇게 시작한다. 긴 전쟁으로 숱한 민초들이 목숨을 잃어 사람 발소리 하나 남지 않은 바다 건너 저 섬들에도 겨울을 지나 어김없이 봄이 찾아오면 뭇 생명들은 아무렇지 않게 꽃봉오리를 피워댔다.

그러나 버려진 섬과 달리 사람들이 떠난 도시에는 저절로 꽃이 피는 법이 없다. 누군가 수고롭게 땅을 고르고 씨를 뿌려야 한다. 그게 다가 아니다. 싹이 돋으면 때마다 물을 주고 햇빛도 받게 해줘야 한다. 거센 비바람이라도 몰아치는 날이면 아직 뿌리도 내리지 못한 어린 싹들이 빗물에 쓸려가지나 않을까 마음 졸이는 것도 그 누군가의 몫이다. 드넓은 도시 곳곳에 빨갛고 노랗고 하얀 꽃들이 울긋불긋 번성하게 하려면 혼자서는 어림도 없다. 여럿이 마음을 모으고 조금씩 힘을 보태야 겨우 가능한 일이다.

어쩌다가 사람들이 떠난 도시에 핀 꽃들을 보게 되었다. 벌써 많은 이들이 다녀간 뒤였고, 나 말고도 그 꽃들을 보며 흐뭇해하는 이들이 많았지만 누가 그 꽃들을 피워냈는지에는 그다지 관심이 없어보였다. 그저 잠시 머물며 즐기다 떠나면 그만이었다. 궁금했다. 누가, 대체 왜 이런 곳에 꽃을 피우기로 마음을 먹었는지, 땅을 고르고 씨를 뿌리는 일이 고되지는 않았는지, 이 많은 꽃들을 피워내기까지 다른 누구에게 어떤 도움을 받았는지 그리고 앞으로는 또 어디에 어떤 꽃들을 심고 가꿔나갈 생각인지……. 그래서 내가 물어보기로 했다.

지난해에 『슬기로운 뉴 로컬생활』이란 책을 여럿이 함께 냈다. 그때는 도시마다 한 명(팀)씩 을 만나 비슷한 물음을 던졌다. 강화 청풍협동조합, 속초 칠성조선소, 광주 무등산브루어리, 순창 방랑싸롱 그리고 목포 괜찮아마을을 비롯해 13명(팀)을 만나 꽃을 피우기까지 길고 힘들었던 이야기를 들어보았다. 책을 내고 나서 곰곰이 생각해보니 도시를 바꾸는 일은 잘되는 가게 한두 개 만으로는 어림도 없었다. 그래서 이번에는 몇몇 도시에 조금 더 오래 머물면서 느긋하게 사람들을 만났다. 『슬기로운 뉴 로컬생활』을 쓰는 일이 도시마다 점 하나를 찾아 살피는 작업이었다면, 이번에는 도시 여기저기에 흩어진 여러 점들을 찾고 이어가며 그 점들 사이의 관계를 들여다보는 일이었다.

그렇게 지난 2월부터 8월까지 여섯 달 동안 공주 봉황동·반죽동을 시작으로 군산 개복동과 영화동·월명동, 부산 영도 곳곳, 속초 동명동·교동 그리고 거제 장승포동을 돌며 70명쯤을 만나 다섯 개의 이야기로 담아냈다. 심병철 충북창조경제혁신센터 책임연구원도 충청북도 청주와 충주 곳곳을 돌면서 10여 명을 만나 이야기 하나를 보탰다. 이른바 지역 가치 창업가와 로컬 크리에이터, 중앙·지방정부 공무원과 지방의원, 연구자와 중간지원기관 활동가, 문화예술인, 임팩트 투자사와 사회기관 대표, 대기업 CSR(기업의 사회적 책임) 담당자 등을 두루 만났다. 그러니까 이 책은 사람들이 떠나는 로컬에 남아 꽃을 피우려는 이들은 대체 어떤 사람들이며, 왜 굳이 그곳에 남아 꽃을 피우려 하고, 또 그들끼리는 어떻게 협력을 해나가는지를 지난 몇 년간의 발자취로 살펴본 책이다.

『미국 대도시의 죽음과 삶』을 쓴 제인 제이콥스는 '도시 생태계'도 자연의 그것과 마찬가지로 "시간이 흐르면서 다양성이 유기적으로 발달하며, 다양한 구성요소들은 복잡한 방식으로 상호 의존한다."라고 했다.

"……자연 세계의 만물은 항상 변화한다. 우리가 정적인 상태를 본다고 생각할 때도 사실은 시작의 과정과 종말의 과정이 동시에 일어나는 것을 보는 셈이다. 정적인 것은 아무것도 없다. 도시의 경우에도 마찬가지다…… 본질적인 것은 언제나 과정들이다." [1]

그의 말처럼 어떤 찰나를 재빠르게 담아낸 한 장의 보기 좋은 스냅숏으로는 온전히 담아낼 수 없는 발자취, 그러니까 과정을 담아내려 애썼다. 비슷한 꿈을 품고 길을 나서려는 이들에게는 그럴듯해 보이는 스냅숏 여러 장보다 지도 한 장이 더 큰 도움이 될 것이라 믿기 때문이다. 지금 당장 눈에 보이는 것들만으로 섣불리 어떤 흐름을 규정하거나 앞으로 일어날 일을 함부로 단정하려고도 하지 않았다. 그건 내 능력 밖의 일이다.

이 책에는 '지방'이라는 말 대신 '로컬'이란 말을 쓰기로 했다. '지방'이라는 말에는 변두리란 뜻이 담겨 있어서다. 사전에도 '서울 이외의 지역'이라는 설명이 붙는다. 말에 벌써 뿌리 깊은 편견이 담겨 있는 셈이다. 봉준호 영화감독이 "오스카(상)는 로컬(상)."이라고 했듯이 서울도 그저 (여러 지역 가운데 하나인) 로컬로 볼 수 있지만, 이 책에서 쓰는 로컬에는 서울과 수도권은 빠진다. 멋을 부리려는 것이 아니다. 서울과 별다를 것 없는, 우리나라를 이루는 똑같은 지역 가운데 하나로 받아들여 주기를 바라는 마음에서다.

로컬이 사라지고 있다

지난해(2020년)는 우리나라 인구가 줄어든 첫해로 기록될 것이다. 지난해 인구는 일 년 전보다 2만 838명이 줄었는데, 1962년 주민등록제도가 도입된 뒤로 처음이다. 무엇보다 출산율이 줄어든 탓이 크다. 지난해 출생자 수는 27만 5,815명으로 역시 인구통계를 내기 시작한 뒤로 가장 적었다. 40만 명 밑으로 떨어진 것이 2017년이었으니 겨우 3년 만에 다시 30만 명 밑으로 떨어진 셈이다. 게다가 부산, 대구, 광주, 대전, 전북, 전남, 경북, 경남 등 대부분의 광역 시·도에서 사망자 수가 출생자 수를 앞질렀다. 떠나는 이들도 새로 들어오는 이들보다 많았다. 로컬 인구가 수도권보다 빠르게 줄고 있다는 뜻이다. 게다가 떠나는 이들의 대부분이 20, 30대 청년들이란 것도 큰 문제다.

지난해 기준으로 전국 228개 시·군·구 가운데 '인구소멸 위험지역'으로 꼽힌 곳은 절반에 달하는 105곳이다. 이 가운데 92.4%인 97개 시·군·구가 로컬에 자리하고 있다. '인구소멸 위험지역'이란, 65세 이상 인구가 20~39세 (가임) 여성의 수보다 두 배 이상 많은 지역을 가리킨다.

한때 일자리를 찾아 많은 이들이 몰려들던 산업도시와 신도시들에서도 최근 몇 년 사이 인구가 줄고 있다. 경북은 일 년 사이 23개 시·군 가운데 21곳에서 인구가 줄었다. 포항·구미 등 전통 산업도시들도 별수 없었다. 신도시 조성으로 인구가 늘어난 곳들도 있기는 하지만 주변 인구를 흡수해서 늘어났을 뿐, 아이들이 많이 태어난 것은 아니다. 전남은 22개 시·군 가운데 19곳에서 인구가 줄었는데, 한때 제철과 조선업으로 전국에서 사람들을 끌어 모았던 광양과 영암도 이름을 올렸다. 수도권과 가까운 충남도 17개 시·군 가운데 14곳에서 인구가 줄었다. 경남은 18개 시·군 가운데 16곳에서 인구가 줄었는데, 조선·기계산업으로 한때 전국에서 손에 꼽을 만

큼 소득 수준이 높았던 창원과 거제도 인구 감소의 파고만큼은 피하지 못했다.[2]

이렇다 보니 지난해 신입생이 하나도 없던 초등학교도 전국에 115곳이나 됐다. 대부분 로컬에 있는 학교들이다. 1학년 학생이 한 명도 없는 초등학교도 2017년 91곳에서 2019년에는 114곳으로 늘었다. 초등학교 입학생수는 오는 2022학년도까지는 42만 명 선을 유지하겠지만, 그다음 해부터 해마다 2~4만 명씩 줄어들어 2026년 3월이면 30만 명 밑으로 떨어진다. 청년들 더러 초등학교도 하나 없는 동네에서 결혼도 하고 아이도 낳으라고 하는 것은 아무래도 무리다.

로컬, 그 가운데서도 농촌 지역으로 갈수록 삶의 조건이 점점 나빠지는 것도 문제다. 지난 6월 24일 대통령 직속 국가균형발전위원회 '농산어촌 유토피아 특별위원회' 2차 회의에서는 전국 1,182개 농촌 면 지역 가운데 76%에 병·의원이 하나도 없다는 사실이 보고되었다. 슈퍼마켓이 없는 곳도 45%였고, 이·미용실과 어린이집이 없는 곳은 각각 43%와 37%에 달했다. 보육시설이 하나도 없는 면도 57곳, 도서관이나 체육시설, 공원 등 생활기반 시설이 전혀 없는 면도 136곳이나 되었다. 면 지역은 땅 너비로 따지면 우리나라 전체 면적의 73%에 달한다. 인구도 467만여 명이다.

그러다 보니 청년은 물론 은퇴했거나 은퇴를 앞두고 있는 베이비부머 세대도 고향이나 농촌으로 돌아가려 하지 않는다. 2019년 8월 한국농촌경제연구원이 발표한 '국민 삶의 만족·바람(버킷리스트) 및 농촌수요조사' 결과를 보면, 조사에 답한 전국 도시민 2,291명 가운데 54.1%에 이르는 1,222명이 "농촌에서 버킷리스트를 실행하는 것을 원하지 않는다."라고 했다. 그중 20대(71.3%)와 30대(61.4%)에서 특히 부정적인 의견이 많았다.

로컬을 살리는 길을 찾아야 한다

정부는 지난해 12월 15일 '4차 저출산 고령사회 기본계획'을 발표했다. 당장 올해부터 36조 원, 오는 2025년까지 모두 196조 원을 쓰겠다고 했지만 실제로 어느 정도의 효과를 거둘지 의문이다. 지난 2006년 저출산·고령사회 기본계획을 처음 세운 뒤로 지난해까지 벌써 무려 225조 원의 예산을 썼기 때문이다. '한국판 뉴딜' 예산 160조 원 가운데 75조 원을 로컬에 투자하겠다는 계획도 있다.

앞서 정부는 저출산·고령화 문제에 대응하겠다며 여러 정책들을 발표했지만 가파른 인구 감소를 막아 내지는 못했다. 지난해 초에는 기획재정부 1차관을 팀장으로 하는 '제2기 인구정책 태스크포스'를 띄워 '청년 디지털 일자리' 사업을 벌였다. 청년층에게 일자리를 만들어 줌으로써 출산율을 높이겠다는 의도였다. 하지만 지난해 11월 말 기준 이 사업으로 새 일자리를 찾은 청년의 수는 약 2만 3,000명에 그쳐 정부가 내놓았던 목표인 6만 명에 못 미쳤다. '청년 일·경험 지원' 사업으로 뽑은 인원도 정부 목표인 5만 명에 한참 못 미친 1만 1,000명에 그쳤다. [3]

감사원도 정부 정책에 의문을 표했다. 지난 8월 13일 감사원은 보건복지부, 저출산고령사회위원회 등을 대상으로 저출산·고령화 대책과 인구구조 변화 대응 실태를 감사한 결과를 발표했는데, 저출산·고령화 기본계획에 따라 2006년부터 지난해까지 14년 동안 약 380조 원을 투입한 저출산 대책의 효과에 의문을 제기한 것이다. 감사원은 전체 인구는 줄어드는 가운데서도 수도권에 청년 등이 몰리는 현상은 오히려 심화되어 소멸 위험에 처한 지역이 앞으로 더 늘어날 것으로 우려했다. 2047년부터 전체 시·군·구의 69%에 달하는 157개 시·군·구가 청년 인구 감소로 초고령화 사회에 이를 것으로 내다보기도 했다. 감사원은 "이번 감사 결과 저출산 문제는 청년층의 사회적 이동, 수도권 집중 현상과 관련이 있었다.”면서 “저출산 문제를 해결하려면 출산과 양육을 지원하는 기존의 대응 방식을 넘어 지역 간 인구 불균형 문제까지 다뤄야 한다.”라고 지적했다. [4]

저출산 대책을 해결하려면 지역 간 인구 불균형 문제를 다뤄야 한다는 감사원의 지적은 옳다. 조영태 서울대 보건대학원 교수도 『인구 미래 공존』이라는 책에서 저출산 대책을 세우기에 앞서 저출산의 원인을 잘 따져 봐야 한다고 지적하고 있다. 조 교수는 2017년 올리버 승(Oliver Sng)이라는 학자가 “인구밀도가 높을수록 미래지향적인 성향이 짙으며, 그럴수록 출산을 하지 않으려는 경향이 강하다.”라는 연구 결과를 발표했다면서 우리나라가 세계에서 가장 낮은 합계 출산율(0.84)을 기록하고 있는 것은 수도권으로 지나치게 인구가 몰린 탓이라고 말했다. 수도권으로 몰린 인구를 로컬로 흩어놓지 않으면 아무리 아이를 많이 낳으라고 당근을 내밀어 봐야 아무 효과도 없을 것이란 뜻이다.

로컬로 향하는 길을 내려면

설명이 길었다. 사람들이 로컬로 향하도록 해야 한다는 말을 하고 싶었다. 그러려면 당연히 좋은 일자리를 많이 만들고 사는 데 불편하지 않게 여러 생활 기반 시설도 갖춰야 한다. 하지만 그걸로 다 되는 것은 아니다. 로컬에서 살아가고 있는 이들의 이야기를 모아서 들려주는 일도 필요하다. 서울과 수도권에 있는 공기업·대기업에 취직해 사는 것만이 전부는 아니라고 알려줘야 한다. 로컬에서 자기에게 어울리는 일거리를 찾거나 만들어서 지금까지 생각지도 못했던 ‘더 나은 삶’을 살고 있는 이들도 얼마든지 있다는 것을 보여줘야 한다. 아직은 조금 불안해보여도 어쩔 수 없다. 하루하루

흔들리는 모습도 그것대로 드러내 보여줘야 한다.

　이 책은 로컬을 지키고 꽃을 피우려 애쓰는 이들의 분투기이기도 하지만, 어떻게 하면 로컬이 다시 번성할 수 있는지를 보여주는 '미완의 성공담'이기도 하다. 그렇다고 번호를 붙여가며 '성공 요인'을 뽑지는 않았다. 섣부르게 어떤 틀에 우겨넣을 만큼 깊이 안다고 자신하기도 어렵거니와 로컬에서 만난·이들도 적어도 아직은 스스로 거창한 '성공'을 내세우고 있지는 않아서다. 다들 가야 할 길이 한참 더 남았다 생각하고 있었다. 시간이 조금 더 흐르고, 더 많은 꽃들로 도시가 채워지면 그때는 나 말고 다른 누군가가 『포틀랜드, 내 삶을 바꾸는 도시혁명』이나 『마을의 진화』처럼 더 나은 기록과 분석을 하리라 믿는다. 언젠가 우리나라에도 그렇게 오래도록 이어진 로컬 이야기가 한 권의 책으로 엮여 나오는 날이 오길 기대한다.

　책을 쓸 수 있게 배려해주신 진남영 새로운사회를여는연구원 원장님과 회원들 그리고 늘 가장 든든한 응원을 보내주는 아내와 아들, 부모님께 깊이 감사드린다.

_ 윤찬영 새로운사회를여는연구원 현장연구센터장

1. 제인 제이콥스(2010). 미국 대도시의 죽음과 삶. 그린비.
2. 정우천(20201. 2. 9.). "지방 산업도시도 '인구절벽'에 몰렸다". 문화일보.
3. 김용훈(2020. 12. 15.). "지금까지 225兆 썼지만 출산율 0%대 "돈 준다고 애 낳나요?" 벌써부터 회의론". 파이낸셜뉴스.
4. 김유진(2021. 8. 13.). "감사원 "30년 후 수도권 인구쏠림·지방소멸 심화… 저출산 대책 개선해야"". 경향신문.

공주 제민천을 따라 눈덩이를 굴리는 사람들

_ 공주 봉황동과 반죽동

금강을 빼고 충청남도 공주를 이야기할 수 없다. 금강이라는 커다란 물길이 없었다면 고구려에 밀려 한성(서울)을 쫓기듯 떠나야 했던 백제 왕실이 새로운 왕도로 웅진(공주)을 선택하지 않았을 것이다. 금강을 이루는 여러 내(川) 가운데 하나가 제민천(濟民川)이다. '백성을 돕는 내'라는 뜻으로, 금학동에서부터 공주 시내를 남북으로 가로지르며 4.2km를 흘러 마침내 금강에 이른다.

제민천 동쪽으로는 중동과 중학동이, 서쪽으로는 봉황동과 반죽동이 자리하고 있다. 봉황동이란 이름은 동네 뒤에 버티고 선 아담한 산인 봉황산에서 따왔는데 산봉우리가 마치 봉황새가 알을 품은 모양새와 같아 예부터 그렇게 불렀다. 반죽동은 줄기에 검은 반점이 있는 대나무인 반죽(斑竹)에서 따왔다. 이 대나무에서 나는 열매를 봉황새가 먹는다고 알려져 있어 봉황이란 이름이 붙은 곳에는 늘 반죽이란 이름도 따라붙곤 한다. 이 봉황동과 반죽동, 그러니까 제민천 서쪽에는 예로부터 공주목 관아와 충청감영 등이 자리하고 있었고, 그 뒤로도 도청과 시청, 세무서 그리고 전국에서 수재들이 모여들었다는 공주사대부고를 비롯한 여러 중·고등학교가 이곳에 들어섰다. 제민천 주변에 '하숙촌'이 만들어진 것도 이때였다. 하지만 언제부턴가 제민천은 잊혔는데, 최성용 작가는 그 이유를 두 가지로 꼽았다.

"하나는 철길을 얻지 못한 것이었습니다. 전국에 철도가 놓이던 1900년대 초반, 경부선과 호남선이 모두 공주를 비껴갔고, 두 철도가 작은 시골마을 대전면에서 만나면서, 충남의 중심은 순식간에 대전으로 옮겨 갔습니다. 1932년, 공주에 있던 충남도청이 대전으로 이전하고, 이후 지방법원과 지방검찰청 등 다른 행정기관마저 대전에 자리 잡으면서, 공주가 한때 충남의 중심 도시였다는 사실도 희미해졌습니다. 두 번째 사건은…… 1980년대, 금강 너머 논밭이었던 신관동이 신시가지로 개발된 것이지요. 사람과 물자, 상업시설이 제민천변을 떠나 금강을 건너갔습니다. 제민천 주변은 공주의 중심으로서의 힘도 잃어 갔습니다. ……제민천도 모기가 들끓고, 악취가 나고, 비가 오지 않으면 흐르지 않는 하천이 됐습니다.”[1]

2000년대 들어 제민천을 되살려야 한다는 움직임이 일었다. 그리고 10년쯤 지나 공사가 시작되었고 비로소 오늘의 모습으로 거듭났다. 사람들은 다시 제민천을 찾기 시작했다. 하지만 금강과 신시가지로 이어진 제민천 동쪽과 달리 아직 서쪽으로 건너오는 이들은 많지 않았다. 제민천은 여전히 도시를 둘로 갈라놓고 있었다.

공주 시내를 남북으로 가로질러 금강에 닿는 제민천 ⓒ 마을호텔

2018년 사람들 마음속에 깊이 새겨져 있던 제민천이라는 경계에 작은 균열이 생기는 ‘사건’이 벌어졌다. 사람들의 발길을 돌려세웠던 제민천 너머 봉황동에 한옥 게스트하우스 ‘봉황재’가 들어선 것이다. 제민천교를 건너 봉황산 아래 오래된 한옥들이 오밀조밀 모여 있는 고즈넉한 골목으로 5분을 걸어가면 60년 세월의 흔적이 고스란히 남아 있는 ‘모던 한옥 봉황재’를 만나게 된다. 대체 누가, 왜 하필 이곳에 게스트하우스를 만들었을까. 그리고 문을 연 지 3년이 지난 지금 그 ‘사건’은 제민천 주변을 어떻게 바꾸어 놓았을까.

60년 세월의 흔적이 남아있는 모던 한옥 봉황재 ⓒ 퍼즐랩

봉황재 주인장은 권오상으로 지금은 주식회사 퍼즐랩 대표이기도 하다. 대학을 졸업하고 IT 회사에 들어간 권 대표는 닷컴(.com) 붐이 잦아든 뒤 경기관광공사로 일터를 옮겼다. 그가 맡은 일은 해외 마케팅이었다. 경기도에 있는 리조트나 숙박시설, 식당들에 외국 여행객이 더 많이 찾아오도록 여행사들과 함께 상품을 만드는 일이었다.

"먼저 서로 잘 알지도 못하는 호텔, 식당, 놀이시설 사장님들을 불러 모아서 온갖 조건들을 조율하고, 이번엔 외국에 가서 여행사들을 불러놓고 마케팅을 해요. 서울에서 가까운 곳에 이런 좋은 여행지를 만들어 놨으니 멀리 경주에 가는 것보다 돈이랑 시간을 아끼면서 여행할 수 있다고. 그렇게 새로운 공간을 발굴해서 찾아오게 하는 게 제 일이었어요."

그는 이런 일을 무려 15년간 해 왔다. 그러다 우연히 아내의 고향인 공주에 들렀다가 낡은 한옥을 보고 마음이 끌려 덜컥 사들이고는 회사를 나왔다. 15년이나 해 왔으니 일은 손에 익을 대로 익었지만 해가 갈수록 창의적으로, 또 자유롭게 할 수 있는 영역은 줄고 책임져야 할 몫만 늘어 가던 때였다. 의욕은 점점 사라져 갔고, 무엇보다 앞으로 15년이 어떠할지 머릿속에 훤히 그려졌다고 한다. 옆에서 지켜보던 아내도 "그냥 하고 싶은 일을 하라."면서 등을 떠밀었다. 그의 아내도 공주에서 나고 자라긴 했지만 제민천을 건너 서쪽으로 넘어온 적은 거의 없었다. 그만큼 이곳 봉황동과 반죽동은 공주 사람들에게조차 잊힌 동네였다.

그렇다고 처음부터 권 대표가 로컬을 살려야 한다는 거창한 사명감으로 일을 벌인 것은 아니었다. 그도 "처음엔 그냥 예쁜 집 한 채 보고 시작한 일이었다."라고 했다.

"15년 동안 해 온 일도 있고, 가족들이랑 여행도 많이 다녀 봐서 방 네 개짜리 게스트하우스 정도는 어떻게든 감당할 수 있을 것 같았어요. 리모델링하면서는 별로 할 일이 없으니 동네를 돌아다녔는데 자원이 너무 좋은 거예요. 뒤늦게 지역조사를 한 셈이죠."

집을 사는 데 1억 6,000만 원, 리모델링에 또 1억 5,000만 원(한옥 리모델링 사업비로 시에서 5,000만 원 지원받음)이 들었다. 나무로 지은 집이라 불을 피워 요리를 할 수 없으니 머무는 이들이 끼니를 때울 좋은 식당들을 알려 주고, 때마다 함께 동네를 돌았다. 다들 좋아했다.

"제가 추천하는 곳들은 처음 이곳을 찾아온 여행자들이 무난하게 즐길 수 있는 곳들이에요. 토박이들이 보면 '여기보다 저기가 낫다.'고 고개를 갸웃거릴 수도 있지만 여행자들이 밥 한 끼 편하게 먹기엔 더없이 좋은 곳들이죠. 가령 동네 사람들이 최고로 치는 식당도 화장실이 지저분하면 여행자들은 꺼릴 수 있어요."

권 대표는 곧 '마을 스테이'라는 조금 더 큰 꿈을 꾸기 시작했다. 크고 높은 건물 하나에 모여 있던 먹을거리와 볼거리, 즐길거리를 느슨하게 엮어 마을 곳곳에 펼쳐 놓은 풍경을 떠올리면 된다. 2019년에 세운 '퍼즐랩'이라는 회사 이름에도 마을 여기저기에 숨어 있는 퍼즐들을 맞춘다는 뜻이 담겼다. 마을의 여러 가게들과 역사·문화 자원들이 촘촘하게 연결되어 이곳저곳 둘러보면서 보고 먹고 즐길 만한 코스들이 만들어질 때 스테이의 가치도 높아진다는 것이 그의 생각이다. 마을을 찾는 이들이 많아져야 봉황재에 머무는 이들도 늘고, 또 자연스레 그만큼 가치도 높아질 테니 말이다. 그래서 그는 오늘도 어딘가에 숨어 있을 퍼즐 조각을 찾아다닌다.

그가 이러한 생각을 하기까지 김륜희 LH토지주택연구원 수석연구원을 비롯한 여러 전문가의 도움이 있었다. 15년째 토지주택연구원에 몸담고 있는 김 수석연구원은 지역개발을 전공하고 도시재생을 오랫동안 연구해 왔다. 2014년 공주가 도시재생 선도지구로 지정됐을 때부터 제민천 주변을 지켜봐 왔다. 권 대표의 눈길이 봉황재 담벼락을 넘어 동네 여기저기로 퍼져 나갈 무렵 우연찮게 김 수석연구원을 만났다. 김 연구원은 그에게 "동네에 활기를 불어넣으려면 새롭고 창의적인 가게들을 끌어들일 수 있어야 하고, 그러려면 부동산 중개업자나 개발업자 역할까지도 도맡아야 한다."라고 등을 떠밀었다.

"물리적 개발이 한계가 있다는 게 드러났고, 결국 사람이 떠나 생긴 문제니 사람을 다시 오게 해야 하는데 쉽지 않았어요. 무상으로 공간이나 교육 프로그램을 제공해도 지원이 끊기면 다시 떠나고 빈 공간만 남았죠. 행정의 아이디어로는 어렵다는 걸 인정할 수밖에 없었지만 그렇다고 민간에만 맡기면 자본의 논리에 휩쓸리곤 했어요. 자본의 논리에 휩쓸리지 않으면서 행정의 한계를 극복할 수 있는 방안이 뭘까, 누가 그런 일을 할 수 있을까 고민하다가 2014년 무렵에 눈에 띈 사람들이 있었는데, 이들을 나중

에서야 로컬 크리에이터라고 부르게 됐죠."_ (김륜희 수석연구원) [2]

권 대표는 2019년에 퍼즐랩을 창업하고, 2020년에 국토부 '예비 사회적 기업' 인증을 받았다. 처음부터 이 일로 큰돈을 벌어보겠다는 욕심은 없었던 셈이다.

그는 요즘 새로운 퍼즐 조각을 만드는 일에 매달리고 있다. 여행객들을 불러 모으기에도, 또 이곳 청년들을 붙잡기에도 아직은 채워 넣어야 할 것들이 많다고 생각해서다. 그러려면 비어 있는 집과 가게들을 찾아서 새로운 활력을 불어넣는 일도 해야 한다. 돈과 시간이 많이 드는 일이기도 하지만 무엇보다 인재를 찾아내고 키워야 하는 힘든 일이다. 그래서 퍼즐랩은 공유 사무실 '업스테어스 코워킹 스페이스'와 교육 공간 '와플학당'도 운영하고 있다. 업스테어스 코워킹 스페이스는 제민천 대통교에서 걸어서 일 분 거리인 골목 안쪽에 자리하고 있다.

"사람들이 찾고 머무는 '괜찮은 동네'가 되려면 공간이나 서비스, 또 공동체가 잘 갖춰져 있어야 한다고 생각해요. 그래서 어떻게든 만들어 내려고 하고 있어요. 코워킹 스페이스나 교육장은 그 자체로는 돈을 벌어다 주지 않으니 주업이 될 순 없지만 그런 공간이 있고 없고는 이곳에서 무언가를 해 보려는 사람들에겐 굉장히 큰 차이에요. 그래서 돈이 들어도 계속 운영하면서 서비스를 제공하려고 해요. 최근에는 업스테어스 코워킹 스페이스와 와플학당을 지금보다 두 배 큰 공간들로 하나씩 더 늘렸어요."

그가 혼자서 여기까지 온 것은 물론 아니다. 그가 먼저 자리를 잡은 뒤로 그를 믿고 곁에서 힘을 보태 주는 이들이 하나둘 생겼다. 작은 눈 뭉치가 만들어진 셈이다.

눈 뭉치기: 핵심 집단 만들기

아담한 게스트하우스 하나 생겼다고 갑자기 동네가 크게 바뀔 리는 없다. '예쁜 집 한 채'에 이끌려 혼자 벌인 일이기는 했지만 막상 터를 잡고 보니 더 해 보고 싶은 일들이 하나둘 떠올랐고, 함께 일을 해 나갈 동료가 간절해졌다. 봉황재 리모델링을 마치고서 알고 지내던 사람들부터 하나둘 불러 봉황재에서 묵게 했는데, 그들 중 몇몇 사람들은 공주 원도심에서 보낸 그 며칠이 쉽게 잊히지 않았다고 한다. 그들이 훗날 커다란 눈덩이로 불어날 작은 눈뭉치가 되어 주었다.

[와플학당 코러닝스페이스 _이병성]

이병성 와플학당 코러닝스페이스 대표는 권오상 대표를 독서 모임에서 처음 만나 오랫동안 인연을 이어 왔다. 이 대표는 플랜트 설계 엔지니어로 12년을 일했다. 거대한 기계 설비의 집합체라고 할 수 있는 플랜트(공장)가 돌아갈 수 있게 작은 공정들 하나하나를 엮어 흐름을 만드는 일이다. 그러다 보니 커다란 집합체를 이루는 여러 요소들을 찾아 연결하고 여러 주체들과 협업하는 데 익숙했다.

회사 밖에서는 '교육'을 주제로 독서 모임을 꾸려 왔고, 자연스레 느슨하게 연결된 공동체를 만드는 일에 관심이 생겼다. 언젠가는 사람들 사이의 연결을 설계하는 '공동체 디자인'을 업으로 삼고 싶다는 생각도 하게 되었다. 교육에 변화가 필요하다고 믿는 사람들과 함께 교육 혁신 프로젝트를 진행하면서 가능성도 확인했다.

그가 하고 싶은 일을 업으로 만들어서 스스로 먹고살 수 있는 역량을 갖추고 싶다는 바람이 간절해질 무렵 권 대표가 공주에서 새로운 일을 벌였다는 소식이 들려왔다. 권 대표의 초대를 받아 가족과 함께 봉황재를 찾은 그는 며칠 머무는 동안 마을에 여러 영역의 전문가와 예술가들이 살고 있다는 것을 알게 되었고, 이곳에서 만들어 갈 교육 공동체의 모습을 조심스럽게 떠올려 보았다.

그 뒤로 권 대표가 '마을 스테이'를 엮어 가던 일 년 동안 이 대표는 마을에서 사람들을 새롭게 연결할 공동체 디자인과 지역을 기반으로 한 창업을 공부했다. 또 업스테어스 코워킹 스페이스에서 여러 교육과 포럼, 북토크 등을 진행하면서 마을 사람들을 불러 모았다. 그리고 2019년 권 대표와 함께 퍼즐랩을 창업한 뒤에는 마을 교육 공동체의 거점 공간이 필요하다고 생각해 공유 배움터 '와플학당 코러닝스페이스'를 열었다. 창업자로서 스스로 설 수 있는 기반을 마련하려고 서울시 청년청 창업 지원 사업인 '넥스트 로컬'에 지원했고, 다행히 약 2,000만 원의 지원금을 받아 밑천으로 삼을 수 있었다. 그는 '업스테어스 코워킹 스페이스'와 '와플학당' 두 공간을 사람들로 채워 가면서 공동체 디자인을 업으로 삼을 수 있겠다는 자신감이 생겼고, 2019년 12월에 다니던 회사를 나왔다.

"이곳 청년과 주민들한테 필요한 역량과 교육이 무엇인지에 주목했어요. 주민과 청년들이 함께하는 판이 만들어져야 청소년들도 알게 되고, 참여의 기회도 생길 거라고 봤죠. 그런 식으로 확장해나가는 마을의 교육 공동체를 그렸어요. 또 지금과는 다른 마을의 모습을 보여 줘야 청년들도, 청소년들도 마음을 열고 참여할 거라고 생각했고, 그래서 일방적 교육이 아니라 모두가 자연스럽게 참여할 수 있는 새로운 틀을 만들려고 노력했어요."

처음 와플학당을 열 때만 해도 마을에서 함께 활동할 청년들을 찾아보기 힘들었는데 넉 달쯤 지나자 와플학당 공동체 프로그램에 청년들이 하나둘씩 모여들었다. 예술가로 살아가는 토박이도 있었고, 로컬에서의 삶을 꿈꾸며 도시에서 건너온 이들도 있었다. 그동안 기댈 곳이 마땅찮았던 이들에게는 와플학당처럼 느슨하게 모여 함께 길을 찾아나갈 공간이 절실했던 것이다.

"마음속에 잠자고 있던 동기를 끌어내는 데서 시작해야 한다는 게 퍼즐랩 성원들의 생각이에요. 권오상 대표가 마을 곳곳 눈에 보이는 자원들을 연결하는 일을 한다면, 저는 사람들을 만나 계속 이야기를 나누면서 각자가 정말 하고 싶은 일이 무엇인지를 함께 찾아내서 우리의 활동으로 연결하는 일을 해요. 그렇게 청년들이 새롭게 이어지고 확장되죠."

지난해와 올해에는 청년들을 모아 마을에서 할 수 있는 일과 새로운 삶의 방식을 발견하는 내용의 워크숍을 진행했다. 공주를 새로운 눈으로 바라보면서 정말 하고 싶은 일을 떠올려 보도록 했다. 공주 원도심에서 무엇인가를 해 보겠다는 생각을 한 번도 해 본 적 없는 이들이 많았지만, 서로가 가진 생각들을 나누고 다듬는 과정에서 제법 그럴듯한 사업 기획안들이 만들어졌다. 이 대표는 "학교에서든 회사에서든 제대로 된 기획안을 만들어 볼 기회가 주어지지 않는 청년들에게 이런 경험이 자극이 되고 동기 부여가 되면서 새로운 꿈을 꿀 수 있는 자신감을 심어 주었다."라고 했다.

이 대표가 보기에 일 년 사이 제법 많은 것들이 바뀌었다. '업스테어스 코워킹 스페이스'가 북적이게 된 것부터가 그렇다. 처음 문을 열 때만 해도 8㎡ 남짓한 이 공간을 채울 수 있을까 걱정했지만 지금은 열 개의 로컬 기업, 스무 명 가까운 청년들이 이곳에 터를 잡고 일하고 있다.

"교육에 참여했던 청년들이 다음 프로그램에 보조 강사로 참여하는 식으로, 처음엔 혼자였지만 지금은 무슨 일을 해도 다 지역민들과 청년들이 파트너로 함께해요. 그만한 풀(집단)이 생긴 거죠."

그는 이곳에서의 활동을 다른 지역과 현장에 옮겨 심는 실험도 해 보고 있다. 도시재생 현장과 창업이 필요한 현장들에서 교육을 진행하며 공동체를 만드는 데 힘을 보태고 있다. 초등학교 1학년과 4학년인 자녀들은 아직 아내와 함께 서울에 머물고 있다. 그는 "앞으로 5년 안에 아이든 어른이든 배우고 싶은 건 뭐든 다 배울 수 있는 교육 공동체 마을, 누구나 살고 싶어 하는 살기 좋은 마을로 만들어 가족과 함께 살고 싶다."라며 포부를 밝혔다.

[가가책방 _서동민]

사람들이 다시 찾는 마을에는 자기만의 색깔을 가진 책방이 하나쯤 있기 마련이다. 권오상 대표도 반죽동과 봉황동에 개성 있는 독립 책방이 생기기를 바랐다. 제법 규모가 큰 서점이 있긴 하지만 주로 수험 서적과 인기 서적들만을 팔고 있어 여행객들의 발길을 붙들긴 어려웠다. 그러다 2019년 여름, 마침내 이곳에도 세상에 단 하나밖에 없을 것 같은 독특한 분위기를 풍기는 독립 책방이 하나 생겼다. 바로 '가가책방'이다.

가가책방 주인장인 서동민 대표도 권 대표를 서울 독서 모임에서 만났다. 책을 좋아했던 서 대표는 책을 추천해 주는 회사에서 일했다. 그도 권 대표의 초대를 받아 가족들을 데리고 봉황재에서 하루를 묵었는데 그때의 여운이 오랫동안 남았다. "동네에 책방이 필요하다."면서 넋두리처럼 되뇌던 권 대표의 말도 내내 귓가를 맴돌았다.

오롯이 나만의 시간을 보낼 수 있는 무인책방 가가책방 ⓒ 가가책방

결국 그는 이곳에 책방을 열기로 마음먹었다. 그리고는 한 달 뒤, 회사를 그만두고 시간이 날 때마다 공주를 찾았다. 책방자리를 찾으러 오면서도 서두르진 않았다. 퇴직금을 까먹으면서 느릿느릿 공주 이곳저곳을 돌아다녔다. 마침내 계약을 한 것은 그로부터 여섯 달이 지난 2019년 3월이었다. 그리고 3개월간의 준비를 거쳐 같은 해 여름에 책방 문을 열었다.

"오래된 단층 건물이에요. 정식 임대차 계약을 쓰지 않아서 사업자 등록도 할 수 없었어요. 건물주한테 계약 기간을 정하자고 하니까 '뭘 그런 걸 정하느냐고, 그냥 믿고 하라.'고 하기에 그렇게 했어요. 이 동네에선 그냥 그렇게 하는 거라고 여기고. 나가라고 하면 나가야지 하는 마음으로 시작했고 그래서 이 안의 책장들도 언제든 뗄 수 있게 모듈로 만들었어요."

서 대표의 고향은 충남 서산이다. 중학교 때부터 경기도와 서울에서 살았고 공주에는 와 본 적도 없었다. 책방을 열면서도 멀리 내다보고 계획을 세운 것은 아니었다. 이곳을 거점으로 책이나 영상 같은 다른 콘텐츠도 만들어 볼 생각을 했을 뿐이다.

2019년 1월, 공주에 새로운 둥지를 틀 때만 해도 아이가 태어나지 않아

아내와 단 둘뿐이었고, 오랫동안 브런치(brunch.co.kr/@captaindrop)에 글을 써 오면서 어느 정도 자신감도 있었다. 그해 말에 몇몇 독립 책방들을 찾아 인터뷰하고 『책방 투어』라는 작은 잡지를 출간했다. 200권 찍어서 다 팔았으니 그 정도면 성공했다 여긴다. 가가책방이 문을 연 뒤로 주변에 책방만 다섯 곳이 더 생겼다. 그는 책방 주인들을 모두 만나 인터뷰했고 곧 그 이야기도 잡지로 엮어 볼 생각이다.

"기왕 만들 거면 공주에만 존재하는 책방을 만들고 싶었어요. 동네에 버려진 재료들이 많기에 하나하나 가져다가 직접 인테리어를 했죠. 버려진 풍금도 주워 왔는데 어느 날 그걸 버린 사람이 놀러왔다가 보고는 반가워하더라고요. 엊그제는 그분이 그림책 50권을 주문했어요. 작은 동네다 보니 예상하지 못했던 인연도 쌓이고, 그게 돈도 벌어다 주는 걸 보면서 재미있단 생각을 했어요."

가가책방은 무인책방이다. 미리 예약을 하면 자물쇠 번호를 알려 준다. 얼마를 머물든 한 사람당 5,000원을 내면 한 평 남짓한 이 아담한 공간을 쓸 수 있다. 아직 효용을 따질 생각은 없다. 그렇다고 공간을 통째로 빌려주는 것은 아니어서 문이 열려 있는 동안에는 누구든 들어올 수 있다. 다행히 그럴 때면 손님들끼리 서로 알아서 공간을 나누어 쓰거나 자리를 비켜주면서 슬기롭게 헤쳐 나간다고 한다. 그냥 지나가다가 들르는 이들은 거의 없고 대부분 SNS나 블로그를 보고 일부러 찾아오는데, 탁자 위에 펜과 공책을 놓아두었더니 머무는 동안 정성껏 글과 그림을 남기고 가는 이들이 제법 많다. 그는 "나라면 남겨 놓고 가기 아까울 정도로 공들여 그린 작품들도 많다."면서 "이것들만 모아도 훌륭한 콘텐츠가 될 것이다."라고 했다.

"남기고 간 글들을 보면 이곳을 '나만을 위해 준비된 공간', '나만이 알고 싶은 공간'으로 여긴다는 걸 알 수 있어요. 책을 사진 않더라도 책에 둘러싸여서 아무런 압박감 없이 책을 펼쳐 볼 수 있는 그런 책방인 셈이죠. 제가 바라던 그대로예요. 이 정도면 괜찮다고 느껴요."

지난 5월에는 가가책방 2호점이자 '마을 스테이'의 마을 안내소 역할을 할 '가가상점'이 문을 열었다. 문을 열고 들어서면 안내자가 여행자들에게 정보를 제공하고 때때로 동네 투어도 할 계획이다. 퍼즐랩에서 만든 굿즈와 이 지역 예술가들이 만든 로컬 굿즈도 판매하고, 여행자들이 찾을 만한 책과 동네 독서 모임에서 추천한 책들도 가져다 놓았다. 누구나 부담 없이 들를 수 있는 기념품 가게를 떠올리면 된다. 그는 마을 안내를 할 때도 어떤 틀을 두지는 않을 생각이라고 했다. 길을 걸으면서 오른쪽으로만 돌라고 강요하는 식이어서는 곤란하다는 것이다. 발걸음이 향하는 대로 왼쪽으로 돌 수도 있고, 가로질러 갈 수도 있도록 유연하게 안내할 생각이다.

서 대표는 "가가책방이 이 동네로 사람들을 끌어 모으는 역할을 하기도 하지만, 공주를 잘 모르던 사람들이 가가책방의 기억을 공주의 기억으로 간직하기도 한다."라고 말했다.

"의도했던 건 아니지만 가가책방의 좋은 느낌을 공주의 기억으로 가지고 가는 사람들이 있어요. 그런 역할, 의외의 매력 포인트를 제공하는 역할을 하고 있는 거죠. 그러니까 공주의 이미지를 새롭게 만들고 있다고도 할 수 있어요."

퍼즐랩은 '느슨한 연대'를 추구한다. 처음 눈 뭉치를 뭉친 권오상, 이병성, 서동민 대표가 일을 벌이는 핵심 구성원이라면, 이들에게 힘을 실어 주는 여러 사람들과 집단들이 서로 다른 층위를 이루며 동네 곳곳에 흩어져 있다. 가장 가깝게는 "무슨 말인지 애매해도 일단 같이 해보겠다."라고 말하는 이들도 있고, 처음에는 그냥 한두 발 또는 저만치 멀리 떨어져서 지켜보기만 하는 이들도 있다. 퍼즐랩은 그때그때 이들 사이를 오가면서 따로 또 같이 팀을 꾸려 일을 해 나가고 있다. 그렇게 일을 해 나가다 보면 멀찍이 떨어져 있던 이들도 어느 순간 힘을 보태겠다며 나서는 때가 찾아오곤 한다. 굳이 모두와 아주 단단하게 관계를 맺어야 한다고 생각하지 않는다. 자칫 누구누구랑만 일한다는 인상을 남기는 것도 부담스럽다.

"우리들 모두는 퍼즐랩이라는 이름으로 느슨한 연대로 묶여 있어요. 같이할 수 있는 영역에서 각자가 가진 역량만큼 서로 믿고 함께 일을 해 나가는 거죠. 우리가 만들어 가려는 생태계도 그런 모습이에요. 혼란스러운 시대에 어울리는, 자유롭게 모였다 흩어지고, 조금 더 많은 걸 서로 공유하고 발견할 수 있는 다양한 실험이 가능한 그런 생태계죠." _ (서동민 대표)

권 대표는 어느 인터뷰에서 본 '지역적 정무 감각'이란 표현에 무릎을 탁 쳤다고 한다.

"공공기관에서, 민간과 행정의 중간에서 오래 일하면서 몸에 밴 것일 수도 있는데 어디까지 나서도 되는지, 또 어디까지 크게 질러도 되는지를 아는 게 중요해요. 그래서 우리는 절대 서두르지 않아요. 같이하고 싶은 사람한테 뭔가를 제안했다가 거절을 당해도 그냥 둬요. 그러다 어느 순간 준비가 된 것 같으면 다시 제안을 해 보죠. 그러다 보면 일이 되더라고요." _ (권오상 대표)

큰 눈덩이 만들기: 로컬 네트워크와 관계 맺기

아는 이 하나 없던 낯선 곳에서 새로운 일을 벌이는 것은 누구에게도 쉽지 않다. 오래 알고 지내던 벗들이 힘을 보탠다고 해도 모두가 같은 '이방인' 처지라면 별로 달라질 것도 없다. 권오상 대표는 이 문제를 잘 타고 넘었다. 어떻게 그럴 수 있었을까.

한때 제민천 주변에는 전국에서 모여든 수재들이 머물던 하숙집들이 즐비했다. 하숙마을이라는 이름의 게스트하우스 주변으로 그때의 추억을 되살려 놓았다. ⓒ 사회문화예술연구소 오늘

"마을 어른들이 생각보다 저를 호의적으로 받아들인다는 느낌을 받았어요. 나중에 알고 보니까 이 분들이 지난 십 년 가까이 동네를 되살리려고 여러 일들을 해 왔던 거예요. 어떤 것들은 이뤄졌고 어떤 것들은 절반만 이뤄지기도 했는데, 웬 젊은 놈이 와서 그 일을 이어서 하겠다고 하니 인정해 주는 분위기가 있었죠." _ (권오상 대표)

권 대표를 앞에 두고서 "20년 전부터 여기서 하고 싶었고, 또 해 왔던 일을 이어 나가겠다고 하니 너무 좋다."라고 말해 준 이도 있었다. 그렇게 물꼬가 트이자 권 대표와 퍼즐랩 식구들은 아주 오래된 동네 공동체이자

네트워크에 자연스럽게 스며들 수 있었다.

답답함을 토로하면 누구를 찾아가 보라고 일러 주고는 그쪽에도 미리 귀띔을 해 놓고, 식당에서 마주치면 밥을 먹다가도 이 사람 저 사람 인사시켜 주었다. 작은 눈 뭉치에 크고 작은 눈 뭉치들이 더해지면서 어느새 퍼즐랩이라는 작은 눈 뭉치는 제법 큰 눈덩이가 되어 있었다. 크기도 크기지만 세월의 무게가 더해져 훨씬 더 단단해졌다.

[맛깔 _허현주]

공주 제민천 주변 원도심에는 20~30년 전부터 이곳에 새롭게 터를 잡고 뿌리내리려 애써 온, 지금은 어느덧 50, 60대가 된 이들이 있다. 원주민이라고 불러도 이상하지 않을 만큼 오랫동안 이곳을 지켜 온 이들이다. 동네 분위기가 마음에 들어서 틈날 때면 곳곳을 산책하며 사진도 찍고 쓰레기도 줍던 이들이 언제부턴가 모임도 만들고, 찍은 사진들을 모아 전시회도 열었다. 1960~1970년대 하숙촌의 추억과 향수를 느낄 수 있도록 하자는 뜻에서 조성한 게스트하우스 '하숙마을'도 이들이 처음 제안해서 만들었다.

터줏대감으로 꼽히는 가게는 '맛깔'이라는 두부 전문점이다. 업스테어스 코워킹 스페이스에서 나와 제민천 대통교를 건너 물길을 따라 북쪽으로 80m 정도 걸어가면 나온다. 제민천 동쪽인 중동에 자리하고 있지만 제민천에 바로 붙어 있어 일부러 찾아오지 않으면 닿기가 쉽지 않은 곳이었다. 언뜻 무너져 내릴 것만 같은 입구를 지나 풀이 우거진 마당에 들어서도 제대로 찾아온 것이 맞는지 자꾸 두리번거리게 된다. 그도 그럴 것이 이곳은 직조공장이었다. 주인장인 허현주 대표의 시아버지가 공장 문을 닫고 아들이자 허 대표의 남편인 고승현 작가(자연미술가)에게 공간을 그대로 물려주

직조공장 뼈대를 그대로 살린 두부 전문점 맛깔은 입구부터 다르다. ⓒ 맛깔

었고, 고 작가가 이곳을 카페로 만들었다. 자연미술가답게 그는 공장의 뼈대를 그대로 보존하면서 공간을 되살렸다. 벌써 20년도 더 된 일이다.

　허 대표는 부산에서 나고 자랐다. 1988년에 남편을 만나 공주로 왔고, 10년쯤 지나 지금 맛깔 자리에 카페를 열었다. 남편의 형 부부가 공장의 나머지 절반 자리에 '고가네칼국수'를 연 지 5년쯤 지나서였다. 돈까스 전문점을 거쳐 지금은 두부를 손수 만들어 파는 두부 요리 전문점으로 바꾸어 운영하고 있다.

　"2000년에 처음 가게 문을 열었을 땐 고가네칼국수랑 진흥각(중국 음식점)뿐이었어요. 그때만 해도 원도심을 찾아오는 여행객은 없었죠. 그나마 식당 이름이 좀 알려지면서 가끔 식사하러 오는 사람은 있었지만 동네를 구경하려고 찾아오는 사람은 없었어요."

그사이 제민천도 여러 번 바뀌었다. 남편인 고 작가 말로는 어릴 적에는 물도 넉넉하고 깨끗해서 빨래도 하고 물장구도 치면서 놀았다지만 하 대표가 오고 나서부터는 갈수록 물도 말라 가고 냄새도 고약해졌다. 다행히 많은 이들이 노력한 덕에 지금은 다시 맑은 물이 흐르고 있다. 허 대표는 제민천만이 가지고 있던 예스러움이 사라져 안타까운 마음이 들기도 한다.

남편도 같은 생각이다. 2004년부터 '금강자연미술비엔날레' 운영위원장을 맡아온 고 작가는 2000년 즈음, 1920년대에 세워진 제일은행 공주지점(옛 조선저축은행)과 서양식 의원인 공제의원을 철거하려 할 때 홀로 막아 나설 만큼 남들보다 먼저 옛것의 가치를 알아봤다. 공제의원 철거 때는 굴착기 앞을 맨몸으로 막아섰다가 억지로 끌려 나오기도 했다. 비록 철거는 막지 못했지만 무너져 내린 제일은행 건물의 벽돌들을 잔뜩 가져다가 식당 한 켠에 쌓아 올렸다. 아버지가 운영하던 허름한 직조공장을 부수지 않고 식당이나 카페로 되살린다고 했을 때도 사람들은 모두 말렸지만 그러한 고집이 있었기에 지금도 멀리서 사람들이 찾는 곳으로 남았다.

허현주 대표는 퍼즐랩이 일으킨 새로운 바람이 "너무 좋다."면서 "권오상 대표가 가진 생각이 자신과 비슷한 부분이 많다."라고도 했다.

"우리 세대가 하는 건 이제 한계가 있어요. 더는 나서기도 힘들고 방법도 잘 몰라요. 봉황재가 생기고 나서 뭔가 분주한 움직임과 좋은 에너지들이 여러 층에서 느껴져요. 분명 시행착오도 겪고 아직은 더 익숙해져야겠지만 세월이 흐르면 이곳이 참 좋아지지 않을까 생각해요."

허 대표는 아침마다 마을 사람들과 카페에 모여 차를 마시면서 동네 소식을 나눈다고 했다. 비록 직접 팔을 걷어붙이고 나서지는 못하지만 주민의 뜻을 거스르는 일에는 같이 분노하고 좋은 시도에는 어떻게든 힘을 실어 주려고 애쓰고 있다. 그러면서 "오래된 사람과 새로운 사람들이 잘 융화되기를 바란다."는 마음을 전했다. 오래된 사람들이 만들어 온 틀도 존중하면서 서로 조화롭게 만났으면 한단다.

[루치아의 뜰 _석미경]

맛깔을 나와 바로 오른쪽으로 난 좁은 골목 앞에 서면 '공주 한옥카페 루치아의 뜰'이라는 작은 간판이 보인다. 오래된 벽과 바닥에 그려진 아기자기한 그림과 시를 따라 걷다 보면 금방이라도 떨어져 나갈 것 같은 허름한 파란 대문을 만나게 되는데, 이곳이 바로 석미경 대표가 운영하는 한옥 카페 '루치아의 뜰'이다.

석미경 대표가 처음 이 집을 만난 것은 2012년 11월이었다. 집주인이 세상을 떠나고 3년 동안 버려진 채였다. 남들은 집을 다 밀어내고 새로 지으라고 했지만, 그는 집 안에 남아 있던 세월의 흔적과 작은 뜰이 있는 이 집의 구조가 마음에 들었다. 그래서 뼈대를 그대로 살리기로 했다. 카페 한 켠 마룻대에는 "1964년(갑진년) 8월 29일 새벽 5시에 이 마룻대를 올린다."라는 문구(한자)가 그대로 남아 있다.

잠자리가 놀다간 골목을 따라 걷다 보면 카페 루치아의 뜰을 만난다. ⓒ 루치아의 뜰

"음침한 옛 극장 뒷골목을 걸어 들어오니 깨진 대문 틈으로 작은 뜰이 보였는데 너무 예뻤어요. 바로 남편한테 연락해서 보여 줬더니 '우리가 사서 보존해야겠다.'라고 하더라고요. 한쪽 벽에는 제가 다니던 중동성당의 교우 명패가 붙어 있었는데 나중에 알고 보니까 성당에서 몇 번 뵈었던 분의 집이었어요. 그분이 돌아가시고 나서 3년째 찾는 이 없이 방치돼 있던 집을 제가 만났던 거죠."

석 대표는 대학에서 국문학을 전공하고 서울에서 출판사 편집자로 11년을 일했다. 남편이 공주에 있는 대학의 교수로 오게 되면서 1995년에 이곳으로 이사를 왔다. 그때부터 26년을 이곳에서 살았다. 공주에서는 학교와 도서관에서 아이들에게 독서 논술을 가르치고, 어른들을 대상으로 학부모 독서지도 강의와 독서 모임을 만들어 진행했다. 차에도 관심이 많아 차 문화전문사범 교육을 받고 사범활동을 하면서 집에 찾아오는 이들에게 늘 차를 대접하곤 했다.

"차를 공부한 사람들은 자신만의 차 문화 공간을 꿈꾸지요. 그래서 처음엔 집에 차실을 마련했죠. 단아한 공간에서 차를 마셔 본 지인들이 혼자 보기 아깝다고 했어요. 저도 공주의 젊은 친구들한테 차의 아름다움을 알리고 싶다는 생각을 했어요. 제 세례명을 따서 '루치아의 뜰'이란 이름을 먼저 지어 놓고 공간을 찾아 나섰죠."

처음에는 대지 너비가 130㎡인 아담한 집이었다. 카페를 열고 3년 뒤에 그 뒷집(초코루체)으로까지 공간을 넓혀 지금은 300㎡가 되었다. 비어 있던 골목 안쪽의 허름한 집을 고쳐서 카페를 만드니 지역민들의 눈길이 쏠릴 수밖에 없었고, 여러 사람들이 찾아와 금세 친구가 되었다.

부부는 동네 산책을 즐겼다. 빈집들이 즐비했지만 그래도 오래되고 좁은 골목길을 걷는 게 좋았고, 다른 이들에게도 이 숨겨진 보물을 알리고 싶었다. 그래서 틈틈이 새로운 길을 걸어 보기도 하고 골목길 지도도 그려 보았다. 골목길에 그럴듯한 이름도 붙여 보고 쓰레기가 함부로 나뒹굴던 골목을 바꾸려고 애쓰기도 했다. 그러면서 자연스럽게 골목을 가꾸려는 이들과 함께 하게 되었다. 마침 2014년에 공주시가 도시재생 선도지구로 지정되면서 주민참여 프로젝트에 '잠자리가 놀다 간 골목'이란 이름으로 응모해 뽑혔다. 석미경 대표가 모임을 이끌었고, 고승현 작가는 기획자로 힘을 보탰다. 그 뒤로 루치아의 뜰을 가운데 두고 양쪽으로 이어진 골목에는 '잠자리가 놀다 간 골목'이라는 이름이 붙었다.

"폐허 속에 버려졌던 빈집을 '세월이 가장 좋은 인테리어다.'라는 생각으로 과거의 시간과 흔적들을 보존하면서 되살리는 일에 정성을 다했어요. 처음 공사를 시작할 땐 주변에서 '정신 나간 새댁'이라고 수군거리기도 했어요. 다행히 그 집에 깃들어 살던 모든 것들이 환생하게 되었고, 이곳은 공주 원도심 도시재생의 씨앗이 되었어요."

루치아의 뜰은 공주 밖으로도 알려져 큰 상도 여러 개 받았다. 2014년 대한민국공간문화대상에 뽑혀 문화체육부장관상을 받았고, 국토교통부 도시재생박람회에서는 우수 민간 사례로 뽑혔다. 그 뒤로 이어진 여러 도시재생 사업으로 이곳 원도심도 많은 것들이 바뀌었다. 골목길도 환해지고 여기저기 예쁜 그림도 생겼다. 하지만 석 대표는 도로를 넓히면서 세월의 흔적이 켜켜이 쌓여 있던 골목길이 사라질 때면 아쉬운 마음도 들었다고 한다. 공주다움이 사라지는 것 같아서다.

석 대표는 "공주의 미래는 이곳 원도심에 있다."라고 자부하면서 원도심 활성화를 위해 애쓰고 있다. 지금도 공주 도시재생의 거점 공간인 공주 풀꽃문학관 운영위원과 공주문화도시 정책위원으로 활동하고 있다. 공주에서 산 지도 벌써 26년이 됐지만, 아직도 가끔은 공주에서 태어나지 않았다고 '공주 사람'으로 여기지 않는 원주민들의 배타적 태도에 마음이 상할 때가 있다. 그래도 루치아의 뜰을 연 지 9년쯤 되고 보니 응원해 주는 이들이 많이 생겼다.

"여긴 활동 리더들이 뻔해요. 서로 다 알죠. 그러니까 외지에서 누가 오면 당연히 주목을 받아요. 저는 어디서 왔는지는 전혀 중요하지 않다고 생각해요. 어떤 가치와 철학을 가지고 무엇을 하려는지가 중요하지요. 그래서 청년들이 들어오는 건 무조건 환영합니다. 저도 아들을 서울에서 데려와서 매니저로 일을 시키고 있어요."

석 대표는 점점 더 많은 청년들이 이곳을 찾고, 느리지만 빈집들도 조금씩 채워지는 모습에서 공주의 희망을 본다고 했다. 이날도 카페에는 청년들 여러 무리가 야트막한 찻상 주변에 방석을 깔고 둘러앉아 도란도란 이야기를 나누고 있었다.

"자신만의 공간에서 자기 빛깔을 내 주는 게 도시를 살리는 일이라고 생각해요. 게스트하우스가 잘되니까 나도 게스트하우스 하고, 책방이 잘되니까 책방 열고…… 그렇게 하지 않았으면 해요. 모두가 자기 빛깔과 자기 철학으로 자신만의 공간을 아름답게 가꾸고 정성을 다해 일을 해 나가면 이 동네는 앞으로 더 좋아질 거라고 믿어요. 동네 사람들끼리 서로 응원해 주는 마음도 중요하고요. 그리고 행정이 도와주길 바라기보다 도와주고 싶을 만큼 동네에 기여하는 게 먼저였으면 해요."

[사회문화예술연구소 오늘 / 대안카페 잇다 _임재일]

루치아의 뜰에서 중동성당 쪽으로 10분을 걸어가면 대안카페 '잇다'에 닿는다. '사회문화예술연구소 오늘'도 공간을 같이 쓴다. 제민천에서는 조금 떨어진 곳으로 충남역사박물관을 지나 성당 바로 옆으로 난 오르막길을 올라야 만날 수 있다. 이곳은 근대 문화유산이 많은 동네다. 잇다가 자리한 건물은 한때 하숙생들로 북적이던 단독주택으로 하숙생이 끊기면서 오랫동안 방치되어 있었다.

2018년 임재일 소장은 쓰레기 더미가 잔뜩 쌓여 있던 이곳을 사들였다. 지역 전문가들과 문화·예술인들을 불러 같이 공부도 하고 일도 벌일 공간을 만들고 싶었다. 미술을 전공하는 아내와 딸 그리고 아는 이들을 불러 천천히 하나하나 직접 손을 보았다. 그렇게 일 년 정도를 매달려 오늘의 모습을 갖추었다. 지금은 1층과 3층을 카페로, 2층은 '사회문화예술연구소 오늘' 사무실로 되살려 임재일 소장과 그 가족들이 함께 운영하고 있다. '잇다'란 이름에는 사람과 사람, 시간과 시간, 지역과 지역을 잇는 공간으로 만들고 싶은 그의 바람이 담겼다.

지금은 세종시로 통합된 연기군이 임 소장이 나고 자란 곳이다. 1979년에 서울로 대학을 가면서 고향을 떠났다가 어수선한 사회 분위기에 휩쓸려 졸업장을 받지 못하고 고향으로 돌아왔다. 그러다 다시 가까운 목원대에 들어가 1990년에 늦깎이로 졸업을 했다. 처음 대학에 입학한 지 21년 만이었다. 대학에서는 서양화와 조각을 전공했다.

2006년 세종시 건설이 확정되고 고향인 연기군 곳곳이 철거될 상황에 처하자 임 소장은 가장 먼저 철거될 종촌 지역을 중심으로 지워져 가는 고향의 모습과 사람들의 이야기를 기록하기로 마음먹고 '종촌 가슴에 품다'라는 공공미술 프로젝트를 기획했다. 이춘희 행정중심복합도시건설청장(현

세종시장)이 그 제안을 받아들였고 임 소장은 여러 작가들을 불러 모아 사진, 영상, 소리, 설치작품 등 다양한 예술적 방식으로 철거와 이주 과정을 기록했다.

잇다의 개성 넘치는 방들마다에는 도시 공주의 자료들이 가득하다. ⓒ 사회문화예술연구소 오늘

"2007년 1월 1일 주민들에게 6개월 안에 모두 이주하고 집을 철거하라는 행정명령을 보냈어요. 미술 작가들을 비롯해 사진과 영상, 또 인문학 하는 친구들까지 40명 정도가 모여서 사람들이 떠난 빈집들을 하나씩 차지하고 작업실로 삼아서 여섯 달 동안 기록 작업을 했어요. 7월 20일에 노무현 대통령이 참석하는 착공식이 있었는데 그때 특별전을 열었죠."

우리나라에서 이른바 공공미술이라는 영역이 세상의 관심을 모은 거의 첫 번째 사건이었다. 그 후로 대전 대동 달동네를 비롯해 이곳저곳에서 소외 지역의 주거 환경을 문화·예술로 개선하는 프로젝트를 몇 달씩 진행했다. 2013년에는 공주 유구읍에서 '유구문화예술마을 만들기 사업'을 맡아 달라는 제안을 받았는데, 그것이 공주와의 첫 인연이었다. 유구는 일제강점기부터 방직공장들이 많던 곳으로 한국전쟁이 발발한 뒤 북쪽에 있던 방직공장 조합원들이 옮겨 오면서 우리나라의 대표적인 섬유도시로 자리매김했다. 1970~1980년대에 120개가 넘는 방직공장들이 있었고, 그곳에서 일하던 이른바 '여공(여성 노동자)'들이 3,000명에 달했다고 한다. 1980년대를 지나오면서 섬유산업이 기계자동화와 동남아의 저임금 영향으로 빛을 잃어 가자 지자체가 나서서 지난 역사에 문화와 예술을 더해 새로운 가치를 만들어 내려고 했던 것이다.

임 소장 팀은 무려 300명이나 되는 마을 주민들을 한 명 한 명 만나 인터뷰했다. 그 무렵 공주시가 도시재생 선도지구 열세 곳 가운데 하나로 뽑혔고, 시에서 임 소장에게 도와달라는 연락을 해 왔다. 그때부터 지금까지 임 소장은 줄곧 공주의 원도심 곳곳을 되살리는 데 힘을 보태고 있다.

지금 '하숙마을'이란 이름으로 게스트하우스가 들어선 곳은 보물 50호인 당간지주가 우뚝 서있는 공원 바로 옆이다. '당'은 절의 깃발을 가리키는 말이고 '당간지주'란 이 깃발을 다는 돌기둥이다. '대통'이라는 글자가 새겨진 조각이 발견되어 이곳에 통일신라 시대에 지은 대통사라는 절이 있었을 것으로 짐작하고 있다.

처음에는 대통사를 기념하는 기념관을 만들려고 공주시가 비어 있던 집 네 채를 사들였다. 하지만 임 소장의 눈에 그 집들은 철거하기에는 너무 아까워 보였다. 그래서 부수지 말고 교육도시 공주를 상징하는 '하숙'을 주제로 이 집들을 되살려 도시재생의 거점으로 삼아 보자고 다시 제안했다. 하지만 공주시는 쉽게 받아들이지 않았고 할 수 없이 공무원들과 함께 서울 북촌과 대전 대흥동 등을 다니면서 옛 한옥을 그대로 되살린 멋스러운 공간들을 보여 주었다. 그제야 공주시도 임 소장의 제안을 받아들였다.

"지금은 하숙마을에 게스트하우스 기능만 있지만 처음엔 곳곳에서 문화·예술 프로그램도 진행하고, 식당이나 세탁소들하고도 연결하려고 했어요. 그러니까 여기는 마을 스테이의 센터 같은 역할을 하는 거죠. 또 하숙마을을 주제로 했으니까 여기서 하숙을 했던 이들이 동창회를 하면 미리 사진이나 기록들을 받아서 2층에 전시도 하고 마당에서 영상을 보면서 파티도 하고…… 그렇게 하면 할 얘기들이 얼마나 많겠어요."

그러려면 동네 전체를 두루 살피면서 기획을 해나갈 팀이 필요한데 그때만 해도 그 정도의 역할을 담당할 주민 조직이 마땅찮았다. 그래서 어쩔 수 없이 공주시가 게스트하우스의 운영과 관리만을 맡고 있다. 지금도 모두에게 아쉬움으로 남아 있다.

카페 잇다 3층에는 저마다 분위기가 다른 여러 개의 방이 있다. 한 번가 보면 다시 찾고 싶을 만큼 예쁘고 아늑하다. 그가 처음 꿈꿨던 대로 이 방들에서 공주와 동네를 되살리는 많은 사업들이 싹을 틔웠다.

"어느 날 권오상 대표가 찾아왔는데, 이야기를 해 보니 관광공사에서 오래 일해서 워낙에 감각이나 기획력이 좋았어요. 지금까지 여기 사람들이 막연히 바라 왔던 일들을 실제로 풀어내고 있는 거죠. 그런 면에서 탁월해요."

그는 권 대표가 하는 역할을 두 가지로 꼽았다. 하나는 사람들이 기대하는 어떤 것들을 실제로 만들어 내는 것, 또 하나는 공주에서 무엇인가 해 보려고 찾아온 청년들에게 방법을 가르쳐 주고 풀어 나갈 수 있게 도와주는 것이다. 그는 공주에도 세대 변화가 일어나고 있음을 느낀다고 했다. 오랫동안 이곳 사람들이 지켜온 것들을 새롭게 해석하고 새로운 가치를 만들어내는 사람들이 눈에 띈다는 것이다. 그는 그들을 한데 모아서 저마다의 뜻을 펼칠 수 있도록 장을 마련해 주는 것이 자신의 남은 역할이라고 했다.

[반죽동247 _황순형]

마을 어른들 이야기를 먼저 꺼냈지만 권오상 대표가 공주에서 가장 먼저 찾은 동료는 카페 '반죽동247'을 운영하는 황순형 대표였다. 반죽동247은 업스테어스 코워킹 스페이스 골목에서 나오면 바로 길 건너에 자리하고 있다. 공주에서 나고 자란 황 대표는 영화를 공부하기 위해 수도권 대학에 진학했다. 공주에서는 배우거나 일할 수 없는 분야라고 여겼기 때문이다.

그가 대학에 입학했던 2009년은 우리나라에 프랜차이즈 커피숍들이 우후죽순 생겨나던 시기였다. 중·고등학교 때부터 캔 커피를 쌓아 두고 마시던 그는 이 새로운 커피 문화에 빠져들었다. 영화를 만들면서부터는 서로서로 응원하러 가는 길에 커피를 사 들고 가는 일도 많아서 자연스럽게 여러 카페들을 찾아다녔다. 그러다 '프릳츠 커피'를 접하고 커피에 새롭게 눈을 떴다. 한참 뒤의 일이지만 훗날 그가 카페를 열고 운영하는 데 프릳츠 커피에서 보고, 듣고, 맛보았던 모든 것들이 적지 않게 영향을 미쳤다. 그는 지금도 핸드드립으로 아메리카노 커피를 내려 준다. 그런 커피를 맛볼 수 있는 곳은 아직 이 동네에서는 반죽동247 뿐이다.

황 대표는 군 복무를 마치고는 어머니가 운영하는 갤러리 한 켠에서 커피를 내리다가 2017년 10월 옆 건물 1층에 반죽동247을 열었다. 봉황재보다 일 년 먼저였고, 벌써 햇수로 4년째다. 그는 직접 로스팅한 커피를 온라인으로 판매도 하고 있는데, 그의 고객은 전국 곳곳에 있다. 카페에서 파는 음료 수익만으로는 가게 유지가 어렵다고 했다.

그는 권오상 대표가 처음 찾아온 날을 기억하고 있었다. 권 대표가 커피를 마시러 들어와서는 자기가 하려는 일을 이야기했다. 이야기를 다 듣고 나서 그도 프릳츠 커피 이야기를 했는데 이번에는 권 대표가 관심 있게 들어 주었다. 그러면서 두 번째 만났을 때 권 대표가 모임을 해 보자고 제안했다. 프릳츠 커피 이야기를 더 자세히 들려주면 자기는 마을 스테이 이야기를 들려주겠다고 했다. 마침 황 대표도 숙박업에 관심이 있던 참이었다.

"친구랑 동료의 차이를 많이 느껴요. 친구들을 만나면 반갑고 좋지만 비전을 공유할 순 없잖아요. 영화를 만들다 다시 이곳에 왔을 때도 친구들은 다 공무원이거나 선생님이다 보니 그런 갈증이 있었어요. 권오상 대표가 뭔가를 같이 해 보자고 했을 때 조금 막연하긴 했지만 그래도 흥미로웠어요."

"서울에선 한 동네만 돌아도 수백 가지 자극과 영감을 받는데 여기선 그렇지가 않아요. 그러다 보니 뒤처진다는 생각을 떨치기가 어렵죠. 그래서 같이 공부할 사람을 찾고 있었는데 마침 황 대표가 눈에 띄었어요."
_ (권오상 대표)

반죽동247은 퍼즐랩의 또 다른 협력 공간이자 마을 사랑방이다. 지난해까지 혼자 카페를 꾸려오면서 황 대표는 누구에게라도 먼저 말을 건네고 친구가 되려고 해 왔다. 그래서 마을 사람들에게는 이곳이 무척 소중한 공간이다. 그는 앞으로 로봇이 커피를 내려 주는 시대가 온다고 해도 카페는 망하지 않을 것이라고 했는데, 아무리 인공지능이 발달해도 손님과 이야기를 나누거나 정성을 느낄 수 있는 '정서적 편익(emotional benefit)'만큼은 절대로 로봇이 줄 수 없다고 믿기 때문이다.

지난달엔 빈 공장을 빌려 '1회 제민천 보통영화제'를 열었다. "영화 전문가가 아닌 보통의 사람들이 기획하여, 공주 원도심의 보통의 공간에서, 보통의 사람들과 함께 보는 독립영화 축제"를 내세웠다. 지난해 12월에 하려다가 코로나19 사태로 여섯 달이 밀렸다. 카페에서 500m쯤 떨어진 옛 직조공장을 영화관으로 기꺼이 빌려준 것도 카페 단골인 마을 주민이었다. 공주대학교 영상학과 학생들이 만든 단편 영화 모음을 개막작으로 <후쿠오카>(장률, 2020)를 비롯한 10여 편의 독립영화들을 3일 동안 상영했다.

"동네 사람들한테 제가 느꼈던 그런 재미들을 느껴 보게 하고 싶은 마음이 늘 있었어요. 그래서 꼴이 잘 갖춰진 영화제보다도 동네 사람들이 편하게 올 수 있는 자리로 만들고 싶었죠. 입장료로 휴지를 받아서 동네 어려운 분들에게 나눠 주는 영화제도 있던데 그런 의미도 담아 보고 싶었고, 코로나19 사태로 큰 상영회를 열기 어려운 영상학과 학생들한테 자기 영화를 큰 화면에 걸 수 있는 기회도 주고 싶었어요. 영화마다 20명씩 다 매진됐고, 재미없어 할까 봐 걱정했는데 다행히 좋아해 주셨어요."

1회라는 이름을 붙였으니 앞으로도 계속해 나갈 생각이지만 그렇다고 카페를 소홀히 할 생각은 없다. 그는 무엇보다 가게를 잘 지키는 것이 이 동네에서 자신이 맡은 가장 중요한 역할이라고 믿는다. 지난해 11월 '리노베이션 스쿨 in 공주'에서 로컬 마스터를 맡았던 것처럼 자신을 필요로 하는 곳이 있다면 기꺼이 시간을 내서 가진 것을 나눌 수 있지만, 그런 일에 매달리느라 정작 가게를 찾는 발길이 끊어지게 해서는 안 된다는 게 그의 생각이다.

반죽동247은 정부의 '도시재생 뉴딜' 사업지 안에 있다. 앞으로 200억 원이 넘는 돈이 어떤 식으로든 이곳에 풀릴 테지만 그는 임대료가 올라갈 것 같진 않다고 했다. 사람들이 찾지 않는 오래된 가게들로 길과 골목이 묶여 있다 보니 새로운 가게 한두 곳쯤 생긴다고 갑자기 골목 풍경이 바뀌진 않을 것이라고 했다. 그렇다고 걱정이 없는 것은 아니다. 자꾸 등을 떠미는 세상의 속도에 어디까지 따라가야 할지 그도 가끔은 고민스럽다.

"월세 오를까 봐 걱정이 되긴 하지만 한편으론 그런 상황만 되도 좋겠단 생각도 해요. 다른 곳으로 옮길지, 건물을 살지, 뭔가 새로운 가능성을 선택할 수 있는 변수가 생기는 건데 냉정하게 보면 아직 그 정도로 매력적인 동네는 아닌 거죠. 돈을 벌려면 대출받아서 투자하라고 부추기는 친구들도 있지만 오래 하려는 마음을 가지고 있다 보니 더 조심스러워져요. 단단하게 쌓아 가야 한다고 생각해요."

그의 철학은 그가 내리는 커피의 향만큼이나 깊었다. 그는 속도를 쫓기보다 더 멀리 보려고 노력한다. 건물보다는 커피(로스팅) 기계에 돈을 들이면서 더 좋은 커피와 원두를 만들려고 애쓰고 있다.

"제 실력이 창피하지 않고 또 앞으로도 그러고 싶지 않아서 계속 배워요. 그렇지만 이곳을 찾는 모두에게 그런 지식을 꺼내진 않아요. 그게 제일 어렵죠. 처음 커피를 배울 때보다 더 깊어지고 넓어졌지만 그렇다고 '그때보다 더 나은 커피를 만들고 있는가?'라고 스스로에게 진지하게 물어보면 잘 모르겠어요. 그때도 맞고 지금도 맞다고 할 수밖에 없어요. 제가 아는 한도 안에서 최선을 다 했다면 그걸로 됐다고 생각해요."

[공주시 도시재생지원센터_백두성]

공주시는 2014년 5월에 도시재생 선도지구로 뽑힌 뒤로 지금까지 크고 작은 도시재생 사업이 끊이지 않고 있다. 2015년에 문을 연 도시재생지원 센터는 벌써 6년째를 맞았고, 지금도 제민천을 사이에 두고 중학동과 중동 그리고 봉황동과 반죽동 양쪽으로 오는 2023년까지 무려 498억 원이 투입 되는 '제민천과 함께하는 역사문화 골목공동체 뉴딜사업'이 한창이다. 백 두성 책임연구원은 이 대규모 사업에서 주민협의체를 꾸리고 운영하는 일 과 주민 역량을 강화하는 일을 맡고 있다. 권오상 대표도 창업혁신분과 분 과장을 맡고 있다.

백 책임연구원은 공주에서 태어나 한 번도 공주를 떠난 적이 없다. 2013년부터 마을 만들기 사업과 도시재생 사업을 해 오다가 2018년부터 이곳 도시재생지원센터에서 일하고 있다. 그는 공주 도시재생의 특징으로 주민이 체감할 수 있는 소규모 사업에 힘을 싣고 있는 점을 꼽았다.

"주민 체감도를 올리는 게 무엇보다도 중요하다고 생각해요. 하드웨어 를 조성하기까지는 시간이 걸리기도 하지만 서둘러서도 안 되죠. 용역사를 선정해서 주민 의견도 제대로 듣지 않고 시설을 지어 놓으면 대부분 제대 로 운영이 안 되거든요. 그래서 도시재생이 뭔지를 주민이 체험할 수 있도 록 소규모 주민공모 사업들을 꾸준히 진행해 오고 있어요. 소프트웨어인 주민 공동체를 만드는 일이죠. 선도사업 때부터 이 데이터를 꾸준히 축적 해 오고 있고, 다행히 갈수록 주민 참여도 늘고 있어요."

공주시는 지난해 도시재생산업박람회에서 '공동체 활성화 분야' 최우 수상을 받기도 했다. 지금도 센터는 여러 정부 부처의 정책과 사업들을 꾸

공주는 도시재생 사업으로 하숙테마골목길을 비롯해 근대역사탐방길, 공주기독교박물관 등을 조성했다.
ⓒ 사회문화예술연구소 오늘

준히 살피면서 민간에 제안하는 역할을 해 오고 있다. 최근에는 국토교통
부뿐만 아니라 문화체육관광부와 과학기술정보통신부 등도 도시재생 사
업에 관심을 보이고 있어 이들 부처와도 함께할 수 있는 방안을 찾고 있다.
이는 국토부 지원이 끊긴 뒤를 준비하는 일이기도 하다.

백 책임연구원은 권오상 대표가 먼저 센터로 찾아와 여러 가지 좋은 제
안들을 해 주면서 처음 인연을 맺었다고 기억한다. 그는 권 대표가 "지역의
문화를 먼저 이해하려고 노력하고 있는 점"을 높이 사면서, "세종시가 생기
고 나서 청년들이 공주를 많이 떠났는데 퍼즐랩이 하는 사업들로 청년들
이 다시 유입돼서 상당히 고맙게 생각하고 있다."라고 말했다. 센터도 퍼즐
랩과 함께 새로운 사업을 조율하기도 하고, 어떤 때는 권 대표에게 주민 발
표자로 나서 달라고 부탁하기도 한다.

센터도 청년들이 떠나지 않도록 여러 방면에서 노력하고 있다. 공주대와 MOU를 맺어 학생들이 원도심 도시재생에 참여하는 수업도 진행하고 있다. 원도심 공간들을 함께 둘러보면서 새로운 콘텐츠를 개발해 주민들에게 발표하는 기회도 제공할 계획이다. 그는 청년층에 맞춘 교육 프로그램은 많은데 막상 창업이나 정착을 하려고 하면 그에 걸맞은 지원이 이루어지지 않아 안타깝다고 했다.

"여러 정부 부처에서 만든 중간 지원 조직들이 서로 협력할 수 있는 부분들이 많아지도록 제도를 보완했으면 해요. 가령, 우리 센터가 대학생 아이디어 공모전을 했으면 그 뒤에 창조경제센터에서 사업화를 돕는다든가 하는 식으로요."

맛깔, 루치아의 뜰, 사회문화예술연구소 오늘, 반죽동247 그리고 공주시 도시재생지원센터까지…… 모두가 낯선 곳에서 땅을 일구고 씨를 뿌리려던 퍼즐랩에 기꺼이 곁을 내주면서 따뜻하게 손을 잡아 주었다. 이들이 없었다면 퍼즐랩은 아직도 외롭게 제자리만 맴돌고 있을지도 모른다.

김륜희 토지주택연구원 수석연구원은 로컬에 새롭게 터를 잡은 이들이 지역 자원을 끌어다 쓰는 데 어려움을 겪는 일이 많다고 했다. 알게 모르게 부리는 '텃세' 탓일 수도 있지만, 시간이 걸리더라도 지역 안에서 자원을 찾아내려 하기보다는 당장 쉽게 끌어다 쓸 수 있는 외부 자원에 기대는 탓도 있다. 그는 외부 자원이 많은 것이 장점이기도 하지만 오래 버티는 데는 오히려 단점이 될 수 있다는 사실도 놓쳐서는 안 된다고 당부했다.

"규모는 작더라도 지역 안에서 덕후라 불리는 서포터즈도 만들어내고, 펀딩도 이끌어내고, 또 기금도 조성하는 데까지 가야 뿌리를 내리면서 성장할 수 있다고 봐요. 지역에서도 인정하는 사례가 나와야죠. 어렵지만 지역의 닫힌 네트워크를 열려는 시도들과 그 속에서 상생할 수 있는 노력들이 많아지길 기대해요."

김 수석연구원도 개인에게만 맡겨서 해결될 일은 아니라는 사실을 잘 안다. 시간이 걸리는 일이고 그 시간을 버텨 내야 하는 일이니 행정에서 여러 가지로 뒷받침을 해 주면 좋겠지만 자칫 공정성 시비에 휘말릴 수 있어 행정도 조심스러울 수밖에 없다. '잘 나가는 놈'만 밀어 줄 수 없다는 뜻이다. 이러한 상황에서 퍼즐랩이 겨우 3년도 안 되는 짧은 시간 동안 지역에 이만큼 단단하게 뿌리내릴 수 있었던 것은 놀라운 일임에 틀림없다.

눈덩이 굴리기: 네트워크 확장하기

새로운 사람들이 꾸준히 터를 잡으면서 제민천 주변은 하루가 다르게 바뀌고 있다. 눈 뭉치에 눈 뭉치가 더해지면서 제법 덩치를 키운 눈덩이가 산비탈을 굴러 내려올수록 점점 더 빠르게 커지듯이 말이다. 이른바 '눈덩이 효과'다. 산비탈에서 미끄러진 눈덩이가 어디로 어떻게 굴러갈지는 아무도 알 수 없다. 마찬가지로 제민천 주변의 풍경 변화를 모두 퍼즐랩이 이끌고 있다고 말하기는 어렵다. 하지만 가만히 들여다보면 새로운 이들이 터를 잡기까지 어느 지점에선가는 퍼즐랩과 한두 번쯤 맞닥뜨렸다는 사실을 확인할 수 있었다. 그것이 퍼즐랩의 사람들이건 퍼즐랩이 바꾼 크고 작은 풍경과 분위기건 말이다.

[마을호텔 _박우린 / 오초오초 _이승준]

'마을호텔㈜'은 공간을 매개로 유·무형의 콘텐츠를 발굴하고 재가공해서 도시민과 지역민에게 제공하는 플랫폼이다. 마을호텔을 이끄는 박우린 대표는 대학에서 건축을 전공하고 7년간 건축가로 일했다. 그는 건축 설계를 업으로 해 왔던 사람이 할 수 있는 일이 많다고 믿는다. 그래서 같은 일을 해 온 동료들을 모아 회사를 차렸다. 2018년 무렵부터 '마을호텔'이란 이름으로 여러 공공 프로젝트와 도시재생 프로젝트 등을 해 오던 터라 자연스레 회사 이름도 그렇게 정했다.

"공간 틀을 아무리 잘 만들어 봐야 쓰는 사람이 어떻게 쓰느냐에 따라서 그 공간이 가진 매력을 한껏 발산하기도 하고 아니기도 하더라고요. 제 의도와 바람이 무너져 내리는 경험도 종종 했어요. 공간을 만드는 건 건축가인 줄 알았는데 알고 보니 자본이었고, 그 공간을 사용하는 사람이었어요. 그래서 그런 것들로부터 자유로워지고 싶은 욕망이 컸어요. 공간을 만드는 일을 넘어서 직접 운영해 보고 싶은 바람이 생긴 거죠. 지금은 그럴 수 있는 여건을 만들어 가고 있어요. 아직 남이 만든 공간을 빌려서 하고 있지만 그 안에서 할 수 있는 만큼 해 나가려고 해요."

공주와 처음 인연을 맺은 것은 2018년으로, '양지 엔지니어링'이라는 건설사와 공주 공영차고지 설계 작업을 하면서부터였다. 프로젝트를 하면서도 충남 권역의 몇몇 지자체에 여러 도시재생 아이디어를 제안했는데 생각처럼 일이 빠르게 진행되지 않았다. 이럴 바에 차라리 직접 일을 벌려 보는 것이 낫겠다는 생각이 들 때쯤 마침 함께 프로젝트를 했던 엔지니어링사가 제민천 바로 옆에 지은 3층짜리 건물이 눈에 들어왔다. 지역을 기반

제민천 바로 옆으로 카페 프론트와 책방 블루프린트북이 자리한 동그란 모양의 건물이 있고, 그 바로 건너편에 빵집 오초오초가 있다. ⓒ 마을호텔

으로 성장한 회사가 지역이 나아지기를 바라며 지은 건물이지만, 정작 임차인을 찾지 못해 사무실을 빼고는 창고로 방치해 두다시피 하고 있었다. 박 대표는 프로젝트를 하는 동안 건물을 오가며 건축가가 지은 건물의 가능성과 더불어 공주시 원도심이 지닌 도시적 가능성을 발견했다.

"이곳은 도시죠. 필요로 하는 것들이 손만 뻗으면 닿을 수 있는 그런 도시. 또 도심 대부분이 역사문화환경 보존지구로 묶여 있다는 게 무엇보다 중요해요. 건물 높이에 제한이 있는데 그러면 젠트리피케이션이 일어난다고 해도 건물 가격이 어느 정도까지만 오를 가능성이 크죠. 또 제민천을 가운데 두고 양쪽에 산 두 개가 있다는 점도 중요해요. 산이 품고 있어서 이 도시의 범위가 바깥으로 무한 확장될 순 없어요. 이렇게 위로도 옆으로도 막혀 있으니 우후죽순 개발될 여지가 적어 지금 보고 있는 이 스케일과 도시의 맥락이 유지되겠다 싶었죠.”

박 대표는 이곳에서 꿈을 펼쳐 보기로 마음먹었다. 2019년 8월에 법인 등록을 하고 곧바로 엔지니어링사가 지은 건물 1층과 3층을 빌렸다. 석 달 뒤 3층에 ‘블루프린트 북’이라는 책방을 내고 다시 1층에 카페 ‘프론트’를 열었다. 같이 회사를 차린 다섯 명 가운데 먼저 움직일 수 있던 박 대표와 동료 한 명이 먼저 공주에 자리를 잡았다.

“앞으로 제가 살아갈 이 동네에 뭐가 필요할까를 떠올려 봤어요. 책방이더라고요. 우리는 기본적으로 우리가 살고 싶은 도시를 만드는 게 큰 모토예요. 필요한데 없는 건 직접 만들어 나가고 있죠. 처음엔 책방과 카페 그리고 그 다음은 빵집이에요.”

책방이나 카페를 들일 생각으로 지은 건물이 아니다 보니 1층 카페에는 앉을 자리가 몇 개 안 되고, 3층 책방은 건물 옆으로 난 계단을 올라가지 않으면 있는지조차 알기 어렵다. 하지만 주말이면 입소문을 듣고 찾아온 이들로 건물 앞이 늘 북적인다. 카페 프론트에서는 손수 구운 쿠키와 케이크도 파는데 가까운 계룡면에서 나는 밀가루를 사용해 레시피를 개발했고, 재료들도 로컬 생산자협동조합 ‘다살림’에서 사들이고 있다.

박우린 대표가 처음부터 퍼즐랩을 알았던 것은 아니다. 이곳에 터를 잡기로 결심한 후로 동네에 책방(가가책방)이 있다는 소식을 듣고는 먼저 인사를 하러 갔는데 마침 권오상 대표와 서동민 대표가 함께 있었다. 조금 주저

하면서 곧 책방을 연다고 했더니 두 사람 다 너무 좋아해주었고, 셋은 그 자리에서 많은 이야기를 나누었다.

올해 3월에는 카페 맞은편 제민천 건너에 빵집을 열었다. 이름은 '오초오초'. 통유리에 쓰인 '나쁘지도, 해롭지도 않은 빵을 만듭니다.'란 글귀가 지나가는 이들의 눈길을 잡아 끈다. 빵 냄새는 말할 것도 없다. 빵집 주인장은 이승준 대표다. 이 대표는 대전에서 태어났지만 여덟 살 때부터 줄곧 경기도 시흥과 군포 등에서 살았다. 친구 소개로 마을호텔과 인연을 맺고 일을 돕다가 지난해 9월에 공주에서 빵집을 해 보지 않겠느냐는 제안을 받고 고민 끝에 받아들였다. 대학원에서는 원예학을 공부했는데, 빵 만드는 일을 좋아해 빵집에서 열심히 일을 배워 왔다.

"처음에 공주라는 이야기를 듣고는 당황스러웠죠. 생각해 보니 좋은 기회이기도 하고 재밌는 일일 것 같아서 그러겠다고 했어요. 앞으로 적어도 3년은 해 볼 생각이에요." _ (이승준 대표)

오초오초의 빵은 딱딱하면서도 달지 않다. 그러니까 빵집에서 흔히 볼 수 있는 부드럽고 달콤한 빵은 이곳에서 찾기 어렵다. 유럽 사람들이 식사 때 먹는 빵이 많은데 공주는 물론 세종이나 대전에서도 이런 빵을 파는 곳은 흔치 않다고 한다.

"제가 만들려는 건 특이 체질이거나 어떤 병이 없다면 누구라도 안심하고 날마다 먹을 수 있는 빵이에요. 첨가제나 보존제를 덜 넣고, 소화가 잘 되도록 숙성과 발효 시간을 길게 두려고 하죠."

이 대표는 원예학을 공부한 만큼 식재료의 품종이나 생산 시기도 꼼꼼히 따진다. 그렇다고 꼭 로컬 재료만을 고집하지는 않는다. 공주에서 나는 양파보다 멀리 무안에서 나는 양파가 더 좋다면 굳이 마다할 이유가 없기 때문이다. 그는 무엇보다 이곳을 찾는 이들에게 최고의 빵을 내놓는 것이 중요하다고 생각한다.

그는 새벽 6시면 어김없이 가게에 나와 미리 숙성해 둔 반죽으로 성형(모양 만들기)을 하고 준비한 재료를 넣어 빵을 굽는다. 아침 9시부터 1시 사이에는 마을호텔 동료들이 돌아가면서 손님을 맞고 그 뒤엔 이 대표가 혼자 가게를 본다. 재료가 다 떨어지면 문을 닫는데 다음 날 쓸 반죽과 재료를 준비하고 청소까지 마치면 저녁 6~7시가 된다. 금요일부터 월요일까지 문을 열고, 한 달에 한두 번 화요일에는 평소 팔지 않던 크루아상이나 패스트리 같은 빵들로 팝업 빵집을 연다. 그래서 한 주에 하루 이틀밖에 못 쉰다.

"누군가가 제가 만든 빵을 산다는 게 아직은 신기해요. 계속 새로운 빵을 만들어 내고 기술적으로 숙련되는 것도 재밌어요. 여기 손님들은 서울이나 경기 지역 분들보다 조금 더 평화로운 느낌이에요. 덜 쫓기는 느낌이랄까요."

금요일과 월요일에는 자주 보이는 손님들이 많은 것으로 미루어 가까운 곳에서 오는 이들이 80%쯤 되고, 주말에는 멀리서 찾아오는 이들이 절반쯤 되는 것 같다고 했다. 문을 열고 한 달 만인 4월부터 기대했던 것보다는 매출이 훨씬 높았지만, 여름에는 빵집을 찾는 발길이 줄어들게 마련이어서 7~8월 매출은 앞으로 조금 더 두고 봐야 한다. 포털사이트에는 벌써 '오초오초'를 다녀왔다는 글들이 제법 많다.

"자신이 알고 있는 것, 가진 것을 로컬에서 잘 풀어내면 반드시 사람들이 좋아해 줄 것이라고 말해주고 싶어요. 처음엔 저도 과연 제가 만드는 빵이 팔릴까, 이곳 사람들이 유럽 빵을 좋아해줄까 걱정이 앞섰는데, 다양한 그 무언가를 찾는 사람들은 어디든 있게 마련인 것 같아요."

마을호텔 식구들은 지난해 '업스테어스 코워킹 스페이스'에 둥지를 틀고 올해 5월, 새 사무실을 얻어 독립할 때까지 6개월간 그곳에서 지냈다. 퍼즐랩 식구들과 같은 사무실 식구로 지냈던 셈이다. 자연스레 서로 많은 이야기를 나눌 수 있었고, 올해는 행정안전부 '청년마을 만들기' 공모도 같이 준비했다. 그렇게 퍼즐랩과 마을호텔은 따로 또 같이, 때로는 기대고 때로는 겨루면서 함께 눈덩이를 굴려 가고 있다.

"마을호텔은 사회적 기업으로서 사회적 가치를 어떻게 확보해 갈지 고민하고 있어요. 이상한 자본이 들어와서 우리가 살고 싶은 도시의 풍경을 해치지 않도록 막을 수 있는 역할을 우리가 할 수 있다고 믿어요. 우리 같은 플레이어가 많이 나타나면 좋겠어요. 플레이어들이 각자 자기 역할을 다 하는 게 올바른 생태계를 만드는 길이라고 생각해요. 꼭 생태계를 떠올리지 않더라도 그냥 열심히 하는 사람들이 많아지면 충분하지 않을까요?"
_ (박우린 대표)

박 대표는 '이상한 자본'에 휘둘리지 않으려고 '지역 자산화' 가능성도 살피고 있다. 나만의 공간을 가지게 되면 그만큼 책임감도 커질 것이라는 기대도 있다. 지금은 카페와 책방 그리고 빵집을 어느 정도 궤도에 올려놓는 것이 목표다. 마을호텔은 2020년 중소기업벤처부가 뽑은 '올해의 로컬 크리에이터' 7개 팀 가운데 하나로 뽑히기도 했다.

[곡물集(집) _천재박, 김현정]

봉황재에서 꾸불꾸불 골목을 따라 5분 정도 걸으면 '곡물집'이라는 안내가 보인다. 대문으로 들어서면 새로 지은 널찍한 2층 한옥이 나오는데 이곳이 카페이자 곡물 연구소이자 책방인 곡물집이다. 주인장은 천재박, 김현정 부부다. 남편인 천재박 대표는 '쌈지농부'에서 프로젝트 매니저로 7년을 일했다. 나이에 어울리지 않게 일찍부터 농업과 농촌에 문화·예술적 가치를 입히는 일에 푹 빠졌고, 그러한 경험을 살려 2018년 여름 '어프로젝트 (a project)'라는 회사를 차렸다. '농부가 우리 사회의 공유 자산'이라는 관점으로 그들의 오리지널리티(독창성)를 탐구하고, 본질과 가치를 디자인(해석하고 번역)하는 회사다. 어프로젝트에는 '한 농부'로부터 '어떤, 또는 한 개의 프로젝트'가 시작된다는 의미가 담겨 있고, 그 이름처럼 농부와 협력해 콘텐츠를 제작하고 그 결과물로 사업을 한다.

아내인 김현정 책임은 국내 유명 글로벌 크리에이티브 스튜디오에서 브랜드 제품 기획 일을 했다. 천 대표가 하는 일을 늘 곁에서 지켜보며 가장 좋은 동료가 되어 주었다. 두 사람이 결혼하고 아이가 생기면서 새로운 일을 해 보고 싶다는 생각이 들 때쯤 김 책임의 부모가 사는 세종시로 이사를 오게 됐다.

곡물집 1층에는 곡물을 맛볼 수 있는 카페와 책방 데시그램북스가 있다. ⓒ 곡물집

"생활에 변화를 주고 싶었던 마음이 가장 컸어요. 먹거리나 식문화에 관심이 많았는데 아이를 키우면서 더 커졌죠." _ (김현정 책임)

"좀 더 여유로운 환경에서 정말 천천히 하고 싶은 일을 차근차근 해 보자는 생각을 했어요. 제 브랜드를 천천히 키워 나가고 싶은 욕망은 있었죠. 장집(醬集)이라는 이름으로 우리나라의 좋은 장(간장 등)을 모으고 기준을 세우는 일을 해 왔는데 토종 식문화 자원을 가지고 뭔가 새로운 기회를 만들어 보고 싶다는 생각을 했어요. 그 무렵 아내가 일을 그만두면서 이 일에 사회적 가치를 담는 동시에 크리에이티브하게 해 보자고 제안했죠." _ (천재박 대표)

그렇게 농업회사법인 '㈜어콜렉티브 그레인'을 세웠다. 2018년 가을, 김 책임의 아버지 생신잔치할 곳을 고향인 공주에서 찾다가 봉황재가 눈에 띄어 가족과 친척들을 불러 다 같이 하루를 묵었다. 세종시나 공주에서 산다는 생각은 한 번도 해 본 적이 없던 때였다. 공주에서 자란 김 책임도 제민천을 건너 봉황동까지 온 기억은 거의 없었다. 그러면서 "이렇게까지 많이 변할 줄은 생각도 못했다."라고 했다. 둘은 커다란 아파트 단지와 상가들로 채워진 세종시보다 소도시이면서 오래된 역사와 흔적과 감성이 남아 있는 이곳 공주에 더 끌렸고, SNS에서 봉황동에 새로 지은 한옥을 전세로 내놓은 글을 보고는 와 보지도 않고 계약을 준비했다. 2020년 봄이었다. 5분 거리에 있는 봉황재에서 하루를 묵지 않았다면 아마도 지금 곡물집은 다른 곳에 있을지도 모를 일이다.

곡물집은 우리 곡물이 가진 가능성을 탐구하는 브랜드이자 조금은 낯선 곡물을 경험해 보는 공간이다. 1층에는 곡물을 맛볼 수 있는 카페가 있다. 천 대표는 "사람들이 편안함을 느끼면서도 너무 편안하지는 않게, 토종 곡물과 함께 조금은 낯선 분위기를 느껴 보기를 바랐다."라고 말했다. 이 곳에서는 커피콩에 토종 콩을 섞은 커피와 더불어 선비잡이콩 같은 재미있는 이름의 토종 콩으로 만든 여러 곡물 음료를 맛볼 수 있다. 디저트도 있는데, 토종 돼지찹쌀로 만든 와플 모양의 찹쌀떡, 토종 쥐눈이콩을 넣은 쥐눈이콩 찹쌀떡, 설탕이 전혀 없이도 달콤한 맛을 내 주는 노랑 녹두로 만든 녹미 찹쌀떡 등을 바로 구워 내놓는다.

우리 쌀과 우리 콩을 부담스럽지 않은 양만큼 포장해서 팔고 있기도 하다. 최근에는 토종 쌀인 버들벼와 돼지찰벼로 전통주도 개발하고 있다. 앞으로도 꾸준히 더 많은 음료와 디저트를 개발해 내놓을 생각이고, 곧 온라인 판매도 시작한다. 곡물집 말고도 장을 주제로 한 '장집'을 비롯해 특정 식재료를 선정해 탐구하는 브랜드도 계속 만들 계획이다.

"토종 작물 하면 흔히 떠올리는 낯설고 올드하다는 느낌을 지우고, 보존해야 한다는 의무감도 내세우지 않아요. 이렇게 캐주얼한 공간에서, 마치 외국에서 초콜릿 사듯이 기념으로 사 갈 수 있기를 바라요. 그래서 공간과 포장 디자인에도 공을 많이 들이고 있어요." _ (김현정 책임)

"생산성이 떨어진다는 이유로, 또는 정부의 산업 정책에 따라 안타깝게 사라지는 우리 작물들을 경험할 수 있는 하나의 통로가 되는 것만으로도 의미 있는 메시지를 준다고 생각해요. 하나의 운동이기도 한데, 다만 너무 무겁게 전해지지는 않도록 애쓰고 있죠." _ (천재박 대표)

천 대표는 곡물집을 서울에서 열었다면 아마도 돈벌이가 될 만한 장치들을 더 넣어야 했을 것이라고 했다. 이곳이니까 조금 더 긴 호흡으로 깊이 들여다보면서 구조를 이해하고 농부들과도 관계를 맺어 가면서 더 나은 길을 탐구할 수 있다는 것이 그의 생각이다. 그가 생각하는 소도시의 매력이자 장점이다. 그뿐이 아니다. 이곳만의 분위기에 더해 정말 하고 싶은 일을 하러 온 이들을 만나면서 자연스럽게 어울리게 된 것도 빼놓을 수 없다. 두 사람은 "공주랑 우리가 잘 맞았던 것 같다."면서 웃어 보였다.

하려는 일이 경험을 중요시하는 일인 만큼 동네 공동체가 더 크고 단단해지기를 바라는 마음이다. 두 사람이 가진 기획, 디자인 능력과 농업 분야 전문성에 퍼즐랩을 비롯해 공동체와 가게들을 엮어 가려는 팀들의 의지와 기획력이 더해지면 공주에서 무엇인가 큰일을 낼 수 있지 않을까 기대하고 있다. 천 대표는 지난해 '리노베이션스쿨 in 공주'에 멘토로 참여하기도 했다.

"저도 어느새 이곳에 소속감이 생겼는지 멘토를 하면서는 참가자들한테 뭐라도 도움을 주고 싶더라고요. 이 동네, 이 거리에서 자신의 일을 더 깊이 고민하고 잘하려고 노력하는 사람들이 하나씩 하나씩 채워지면 좋겠다는 생각도 들었어요. 솔직히 공동체니 로컬이니 하는 것은 관심 밖이었고 제 일만 열심히 하면 된다고 생각했는데, 소도시의 영향인지 제 주변, 제 건너편에 누가 있는지도 아주 중요하게 다가오다 보니까 이젠 여기서 좋은 분들과 함께 뜻을 펼치면 좋겠다는 생각을 해요."_ (천재박 대표)

공주가 우리 먹거리와 식문화로 사람들을 불러 모을 수 있었으면 하는 바람도 있고, 공주에 '식경험디자인(Food Experience Design)' 분야를 깊이 있게 연구하는 교육기관을 만들고 싶은 포부도 있다. 곡물집 한 켠엔 '데스그램북스'라는 책방도 있다. 김 책임의 친구가 운영하는 문학 전문 서점이다. 김 책임은 "곡물과 문학이 가지고 있는, 좀 멀지만 느슨하게 연결되어 있는 지점이 있다."라고 말했다.

"아무 연고도 없는 사람들이 여러 콘텐츠를 가지고 모여든다는 게 정말 신기하고 신선했어요. 희망적이죠. 물론 젠트리피케이션을 어떻게 막을 수 있을지 좀 걱정이 되기도 해요. 그럼에도 계속 좋은 분들이 오셔서 더 나은 방향으로 나아갔으면 해요."_ (김현정 책임)

"이웃으로 묶인 우리들이 같이 의논해서 변화의 속도를 주체적으로 결정할 수 있길 바라요. 시장 가치보다는 다른 곳에서 찾아보기 힘든 자기만의 아이템들이 더 많이 만들어지는 것도 중요하고요. 그러면 이 동네에서 일하고 살아가는 우리 삶의 순간들이 더 즐겁고 행복해지지 않을까요? 우리 바로 길 건너에 카페가 생겨도 마음만 맞으면 이곳에선 얼마든지 같이 해 나갈 수 있다고 생각해요."_ (천재박 대표)

[고마다락 _민광동]

봉황재에서 곡물집으로 가다 보면 길 건너편에 '고마다락'이라는 간판이 보인다. 가까이 가 보면 주말에만 문을 연다는 패기 넘치는 안내가 눈에 띈다. 이곳은 책방이다. 주인장인 민광동 대표는 논산에서 태어나 대전에서 학교를 다니고 서울에서 취직도 하고 사업도 했다. 2010년부터는 창업 강의와 컨설팅을 해 왔다. 첫째 아이가 유치원에 갈 나이가 됐을 때 아내와 귀촌을 하기로 마음먹고 대학 은사가 살던 공주 정안면에 터를 잡았다. 이곳은 밤이 많이 나는 동네다.

귀촌을 하긴 했지만 밥벌이는 대도시에서 하다 보니 동네를 잘 알지는 못했다고 한다. 그러다 우연히 들른 이곳 공주 원도심에서 폐가나 다름없던 빈집을 발견하고는 마음이 끌렸다. 몸담고 있던 컨설팅 회사 대표를 비롯해 주주들 다섯 명을 모아 자본금을 마련해 법인을 세우고, 그 돈으로 빈집을 샀다. 그러고는 일 년 동안 쉬는 날마다 찾아와서 하나하나 고쳐 나갔다. 집을 사는 데는 1억 1,000만 원이 들었고, 고치는 데는 4,000만 원이 조금 더 들었다. 지금 살고 있는 시골집도 60년이나 된 흙집을 두 부부가 뜯어고쳐 마련했으니 그에게 이번 일은 거뜬했다. 민 대표는 "동네 사람들도 이 집은 수리비가 더 들어간다면서 혀를 찼지만 제가 보기엔 지금 사는 시골집보다 상태가 좋아 보였다."라고 말했다. 그렇게 지난해(2020년) 12월 책방 '고마다락'을 열었다.

고마다락은 '건축' 책방이다. 민 대표의 전문 분야인 경영 분야 책과 함께 집 짓는 법을 알려주는 책이 많다. 담을 사이에 두고 붙어 있는 빈집도 한 채 사들여 '실습 공간'으로 삼고 있다. 민 대표처럼 낯선 곳에 와서 손수 집을 고치며 살고 싶어 하는 이들이 이 빈집에서 여러 공구들을 써 가며 방 한 칸을 부수고 새로 꾸며 본다. 벌써 두 번이나 실습을 했다.

민 대표는 R&D(연구와 개발) 전문성을 살려서 동네 작은 가게들의 경영을 돕고 있다. 일주일에 한 번 토요일 아침마다 가게 사장들을 불러 모아 경영학 책을 읽으며 조찬 세미나도 한다. 대학 창업대학원에서 하던 강의를 그대로 동네로 옮겨 왔으니 '동네 창업대학원'인 셈이다. 물론 돈이 되는 일은 아니다. 그는 수익만 따졌다면 책방을 내지는 않았을 것이라고 했다.

오래된 집들 사이에서 고마다락을 찾았다면 과감히 문을 열고 들어가면 된다. ⓒ 비로컬

"자기만의 콘셉트를 가진 작은 가게들이 살아서 버티면 골목도 살잖아요. 그래서 만 원씩 내고 같이 아침을 먹으면서 책을 읽고 생각을 나누죠. 이 공간이 동네에서 허브 역할을 해야 한다고 생각해요. 그러려면 제가 잘할 수 있는 걸 해야 하니 가게 사장들이 모여서 기획이나 마케팅을 같이 해보면 좋겠다고 생각했어요."

3월에는 잭 트라우트의 『포지셔닝』이라는 책을 주제로 토론하는 것이 목표였다. 대기업에서 경영·마케팅 전략을 세울 때 많이 보는 책인데 작은 가게에서는 어떻게 적용할 수 있을지 함께 길을 찾아보자는 뜻이었다. 민 대표도 '같이' 배운다. 또 도시재생대학 같은 주민 교육을 이곳에서 하기도 하고, 대도시가 아니면 듣기 힘든 강의도 연다. '다락방 이야기'란 이름으로 한 달에 두 번씩 엔젤 투자자나 엑셀러레이터를 초청해 주민들을 대상으로 강의하는데 그런 날은 제법 멀리서 기업 임원들이 들으러 오기도 한다.

지난해에는 중소기업벤처부 로컬 크리에이터 활성화 사업에 '공유 상점'으로 뽑혔다. 매장을 얻지 못한 작은 가게(창업자)들에게 마케팅 공간인 쇼룸을 제공하겠다는 기획이었다. 지금도 이곳 가구들 가운데 그가 만들지 않은 것들은 대부분 근처 공방에서 만든 의자와 탁자, 책꽂이들이다.

그가 보기에 봉황재가 들어선 뒤로 최근 2년 사이에 이 동네가 많이 변했다. 책방을 비롯해 새로운 가게들도 여럿 생겼지만, 무엇보다 외지인들이 조금은 더 편하게 터를 잡을 수 있는 분위기가 만들어졌다. 그는 "워낙 보수적인 동네라 자리 잡기가 쉽지 않은데 그래도 뭔가 채널이 만들어진 것만으로도 의미가 있다."라고 말했다. 민 대표도 책방 공사를 하다 오폐수관을 밖으로 빼지 말라는 옆집 어르신의 말에 다시 공사했던 일이 있다. 그는 "법과 원칙 또는 어떤 규정에 따라서만 일을 진행할 수는 없더라."면서 "그런 점이 좀 답답하긴 하다."라고 덧붙였다.

민 대표는 퍼즐랩이 동네에 처음 들어온 청년들이 일을 시작해 볼 수 있도록 돕는다면, 고마다락은 책이라는 매개로 그들의 업이 지속 가능하도록 도와야겠다는 생각을 한다.

"올해는 나름대로 KPI(핵심성과지표)를 잡아 놓았어요. 350만 원 정도 들어가는 고정비를 감당할 수 있을 만큼 벌어보자는 거죠. 인건비에 책 구입비, 기타 관리비 등을 따지면 그 정도 나오더라고요. 그래서 린 스타트업 방식으로 여러 수익 모델을 시험해 보면서 가설을 끊임없이 검증해 보고 있어요. 이 동네에 최적화된 고마다락만의 가치 요소를 찾아내는 거죠. 그렇게 되면 그게 주 수익모델이 되지 않을까 생각해요."

올해 7월에는 가까운 논산에 '로컬크루'라는 새 법인도 냈다. 충남의 로컬 식품을 유통하고 지역 자원도 재생하는 회사다. 앞으로 사회적경제기업 컨설팅도 해 나갈 생각이다.

[느리게 _김지혜]

두부요리전문점 '맛깔'에서 제민천을 따라 북쪽으로 100m쯤 걸으면 오른쪽으로 먹자골목이 나온다. 골목으로 들어서면 세 번째 건물에 '느리게'라는 큰 글자가 눈에 들어온다. 커다란 통유리에 적힌 "그대여, 나도 그럴 수 있고 당신도 그럴 수 있다. 그러니 부디 용기 내 보자."라는 글귀가 마음을 잡아끈다. 이곳은 책방으로 '느리게'라는 이름에 걸맞게 느지막이 문을 연다.

"직장생활이 너무 힘들어서 책방만큼은 여유를 가지고 하고 싶었어요.

그래서 월요일과 화요일은 쉬고, 수요일부터 낮 1시에 문을 열어요. 이곳을 찾는 분들한테 위로와 위안, 힘을 줄 수 있는 책들을 많이 가져다 놓았어요."

책방지기인 김지혜 대표는 경북 성주에서 태어나 대전에서 사회복지직 공무원으로 일했다. 김 대표는 "감당하기엔 너무 힘들어서 그만뒀다."라고 했다. 일을 그만두고는 여러 교육 프로그램들에 참여했는데 대전 '구름책방'이라는 독립 서점 대표와 인터뷰할 기회가 있었다.

"책방에서 마을 아이들과 어울려 여러 활동을 하고, 성인 프로그램도 기획해서 한다는 이야기를 듣고 자극이 됐어요. 마음이 힘들 때 구름책방에서 내다본 바깥 풍경도 위로가 됐고, 그 아늑한 공간에서 보낸 시간이 힘이 돼 주었어요. 저도 비슷한 공간에서 그런 경험을 나누고 싶다고 생각했죠."

살던 곳이 대전이라 책방도 대전에서 낼 생각이었는데 우연히 이 동네에 놀러왔다가 고즈넉하고 소담스러우면서도 정겨운 분위기에 푹 빠졌다. 김 대표는 공주대를 나왔지만 대학 때는 제민천 주변에 와 본 기억이 없다고 한다. 그러니까 졸업을 하고도 한참이 지나 처음 이곳에 와 본 셈인데 '책방을 연다면 이런 곳이면 좋겠다.'라는 생각이 들었다.

독립책방 느리게에는 아침에 찾아가면 안 된다. ⓒ 느리게

"느리게 책방이 공주의 첫 독립 책방인 줄 알았는데 가가책방이 먼저 문을 열었다는 소식을 들었어요. 반가운 마음에 찾아가서 서동민 대표랑 인사를 나눴어요. 직접 만든 공간과 소장한 책에 대한 애정을 느꼈어요. 앞으로 책방을 통해 다양한 이야기를 만들어 가려는 의지도 엿보여서 저도 덩달아 설렘과 기대를 느꼈죠."

비슷한 책방들이 월세와 유지비 정도를 번다는 것을 알고 시작한 일이었다. 문을 연 지 이제 일 년이 조금 지났는데 그래도 처음보다는 찾아 주는 이들이 많다. 문 앞에 방명록을 두었는데 위로를 얻고 간다는 글을 남기거나 편지를 써 놓고 가는 이들도 더러 있다. 그는 "그럴 때 힘이 된다."라고 했다.

저자를 불러 북 토크를 하기도 하고 '느리게 북클럽'이라는 독서 모임도 만들었다. 지난해 10월에는 『'제주'껏 살래요』를 쓴 이리나 작가를 불렀고, 모임에서는 『누구나 철학자가 되는 밤』(김한승), 『흔들리지 말고 마음가는 대로』(수산나 타마로) 등의 책을 함께 읽었다. 독서 모임 포스터에는 "다른 사람과 비교하며 조급하게 살기보다는 자기만의 속도로 살아가기 위해 '마음의 휴식과 느린 삶'에 대한 책을 읽고 생각을 나누기"라고 적혀 있다. 기부와 착한 소비에도 관심이 많아서 중고 책을 기부받아 판매한 뒤 그 수익금을 동물보호단체에 기부하고 있기도 하다. 앞으로도 힘든 이들에게 위로가 되어 줄 프로그램들을 꾸준히 기획할 생각이다.

느리게 책방이 문을 연 뒤로 걸어가면 금방 닿을 거리에 블루프린트북, 데시그램북스, 고마다락, 공주로 등이 잇따라 문을 열면서 일 년 만에 독립 책방이 여섯 곳으로 늘었다. 책방이 늘면서 책방지기들끼리 모임도 했는데 코로나19 사태가 터지면서 뜸해졌다. 아직은 같이할 수 있는 일을 찾지 못한 것도 이유다. 그래도 봉황재에서 묵은 이들이 소개를 받아 이곳을 찾아오면 그도 다른 책방을 소개해 주고 한번 들러 보라고 한다. 자연스럽게 책방 투어가 되는 셈이다.

책방 안쪽 끝에 마련한 책방지기 자리는 불투명 유리로 가려져 있다. 그러니까 손님과 책방지기 모두 서로가 실루엣으로 보일 뿐이다.

"다른 독립 책방들을 다녀 보니까 작은 공간 안에 책방지기가 너무 잘 보이는 곳에 있으면 부담스럽더라고요. 그래서 손님들 책 보기 편하라고 일부러 가려 두었어요."

김 대표는 최근 들어 책방을 처음 열었던 때의 열정이나 기대, 설렘이 조금 식었다고 털어놓았다. 그래도 잠깐의 매너리즘이라 여기고 초심을 떠올리면서 해 보고 싶었던 여러 활동들을 시도해 볼 생각이다. 언젠가 책방을 닫게 되더라도 후회가 남지 않도록 말이다. 그래도 아직 손님들이 응원해 주는 마음에 힘입어 오래오래 이 공간을 지켜 가는 것이 목표다.

"공주엔 대학 때문에 타지에서 온 학생들이 많아요. 졸업하고 공주를 떠나면서 작별 인사를 하러 오는 손님들이 있어요. 그럴 때면 아쉬움과 함께 이 책방에 애정을 가지고 작별 인사를 하러 와 준 것에 고마움을 느끼죠. 남편의 응원과 격려도 큰 힘이 돼요. 돈 안 되는 책방을 한다고 했을 때부터 지금까지 걱정과 타박보다는 응원과 격려를 먼저 해 준 남편에게 가장 고마워요."

2021년 7월, 다시 찾은 공주에서는……

7월에 다시 찾은 공주 제민천길에는 새로운 얼굴들이 여럿 눈에 띄었

퍼즐랩이 불러들인 청년들이 공주에 여러 색을 덧입히며 새로운 활력을 불어넣고 있다. ⓒ 퍼즐랩

다. 행정안전부 '청년마을 만들기' 사업에 참여하는 20, 30대 청년들이었다. 퍼즐랩은 '로그인 공주'라는 이름으로 열 명씩 여덟 번에 걸쳐 80명의 청년들을 이곳 제민천 주변 원도심으로 불러들여 4박 5일씩 머물도록 하면서 로컬에서 새로운 일을 찾아볼 수 있는 기회를 제공하고 있다. 이번이 2기째다. 퍼즐랩은 지난해까지 2박 3일짜리 프로그램을 네 번, 3주짜리를 두 번 해 오면서 적지 않은 경험을 쌓아 왔다. 로그인 공주 말고도 길게는 한두 달씩 머물다 가도록 짠 프로그램도 있다.

"로컬에서의 일과 삶을 체험해 보고 공동체와 관계를 맺을 수 있는 기회를 제공하는 데 초점을 맞추고 있어요. 그러면서 스스로 관심사를 찾아내고 나아가 프로젝트나 사업을 기획해 보도록 하는 거죠. 지난해까지 기대를 훨씬 뛰어넘는 성과들이 나왔어요. 바로 가게를 얻어서 창업을 하기도 하고, 이곳으로 이주해 온 사람들도 있고, 두 명은 퍼즐랩 직원으로 같이 일하고 있어요." _ (권오상 대표)

비슷한 로컬살이 프로그램은 많지만, 퍼즐랩은 '창업'만을 목표로 삼거나 틀에 짜인 교육을 제공하지 않는다는 점에서 다르다고 했다. 앞서 살펴봤듯이 이곳에는 지난 몇 년 동안 관계를 쌓아 온 사람들과 공동체가 있는 만큼 그들과 자연스레 만나고 부딪히면서 길을 찾아볼 수 있도록 도울 뿐이다. 또래를 만나고 싶다면 황순형 '반죽동247' 대표를 강사로 불러 만나게 할 수도 있고, 카페에 찾아가 조금 더 편하게 이야기를 나누게 할 수도 있다. 더 연륜 있는 사람의 이야기를 듣고 싶다면 석미경 '루치아의 뜰' 대표나 임재일 '사회문화예술연구소 오늘' 소장을 찾아가면 된다. 다들 퍼즐랩이라면 기꺼이 시간과 자리를 내줄 테니까.

올해 11월쯤에는 주제를 하나 정해 대한민국 최고 전문가들을 모두 이곳 공주로 불러들이는 축제를 벌일 생각이다. 적어도 일 년에 한 번은 공주에서도 얼마든지 우리나라에서 내로라하는 전문가들과 얼굴을 맞대고 이야기를 나누며 같이 밥도 먹을 수 있는 자리를 마련하고 싶어서 기획했다. 이들은 꼭 무엇인가를 배우기 위해 로컬을 떠나 멀리 서울로 가지 않아도 된다는 것을 보여 주고 싶다.

권 대표는 아직 이곳 청년들에게는 손에 잡힐 만한 더 많은 시도와 사례들이 필요하다고 했다. 그래서 작더라도 마음을 움직이고 틀을 깰 수 있는 퍼즐 조각들을 찾고 또 만들어 내려고 애쓰고 있다. 올해 이곳을 찾게 될 수백 명의 청년들에게 거는 기대도 그래서 클 수밖에 없다. 올해가 지나면 또 어떤 새로운 얼굴들이, 얼마나 멋진 변화를 만들어 내면서 눈덩이를 굴려 갈지 궁금하다.

권 대표가 생각하는 공주의 가능성 또는 잠재력은 무엇일까? 그는 먼저 "똑똑하고 개성 넘치는 소비자들이 있다는 점"을 꼽았다. 그는 "카페든 아니면 또 다른 어떤 공간이든 그곳을 운영하는 사람이 제안하는 가치나 라이프스타일을 알아봐 주는 소비자가 있는지도 (가게만큼) 중요하다."라고 했다. 미세한 차이를 구분하고 함께 소통할 수 있는 소비자층이 존재해야 새로운 라이프스타일을 제안한 가게도 빛을 발할 수 있다는 것이다. 그가 보기에 공주에는 그런 소비자들이 있다.

아직 한참은 더 자랄 수 있는 도시라는 점도 강점으로 꼽았다. 어떤 이들은 공주를 보면서 아직 사람들이 북적대지 않던 서울 서촌이나 북촌과 닮았다고 이야기하기도 하고, 또 어떤 이들은 북유럽의 어느 도시를 떠올리기도 한다. 그러면서도 바로 옆에 대전과 세종이라는, 앞으로도 빠르게 덩치를 키울 도시들이 있다. 그가 보기엔 이 모든 것들이 공주에는 좋은 기회다.

서울 여느 동네와 달리 걸어서 어디든 갈 수 있다는 점도 공주, 그 가운데서도 이곳 제민천 주변이 가진 매력으로 꼽았다.

"가까운 대전이나 세종에도 좋은 가게들이야 있겠지만 그런 좋은 책방과 카페, 빵집들이 좁은 동네 안에 몰려 있기는 어렵거든요. 제가 알기로 세종시에 동네 독립 책방은 시내 안에 한 군데도 없어요. 외곽으로 나가야 하는데 그럴 거면 차로 20분 거리인 이 동네로 오는 게 더 나아요. 여긴 차를 아무 데나 세워 놓고 걸어서 한 바퀴 돌면 여러 가지 색다른 경험들을 할 수 있으니까요."

모종린 연세대학교 국제대학원 교수는 『머물고 싶은 동네가 뜬다』(2021)에서 로컬 크리에이터 산업 생태계가 필요하다고 말하면서, '창업 생태계'를 "창업자, 소비자, 창업 훈련기관, 창업 지원기관, 투자자 등이 유기적으로 상호작용하면서 지속적으로 창업을 활성화하는 환경"으로 정의했다. 여기에 "로컬 경제에 직접 참여하지 않지만 생산자와 소비자를 지원하는 지방정부, 주민단체, 금융기관, 소상공인 단체 등도 생태계를 구성한다."라고 덧붙였다. 이러한 정의에 비추어 보면 공주 제민천 주변은 벌써 제법 많은 것들을 갖추고 있는 생태계다.

아직 이렇다 할 (민간)투자자가 나타나지 않고 있는 점이 아쉬울 수도 있지만 권오상 대표는 투자를 받는 것이 조심스럽다. 바로 옆 세종시의 부동산 가격이 들썩거릴 때마다 이곳 작은 동네가 한 번씩 휘청거리는 것도 사실이지만 아직은 건물을 사려고 투자를 받을 생각이 없다. 그는 10억 원대 투자를 받아 건물을 사는 데 쓰기보다는 사업을 더 잘하고, 또 확장하는 데 써야 한다고 믿는다. 그러려면 정부나 지자체가 더 힘을 실어 줘야 한다.

"벤처 캐피털이든 임팩트 투자자든 부동산에 투자하라고 돈을 주는 건 바람직하지 않아요. 핵심 사업 모델을 다듬고 확장하라고 투자하는 게 맞죠. 그런데 대부분의 로컬 팀들은 공간 마련 비용에만 목을 매고 있는 점이 아쉬워요. 이러다간 모처럼 나타나기 시작한 로컬 투자 분위기도 몇 년 안에 사그라들지 않을까 걱정되기도 해요. 정부나 지자체가 이런 부분을 해결해 주면 로컬에선 조금 더 과감하게 사업을 키우는 데 집중할 수 있겠죠."

그의 바람대로 퍼즐랩은 올해 행정안전부 '청년마을 만들기' 사업에 뽑혀 약 5억 원 정도를 사업을 키우는 데 쓸 수 있게 되었다. 어느덧 봉황재가 문을 연 지 꼭 3년이 되었다. 처음에는 개성 있는 책방 하나와 빵집 하나만 있었으면 하고 바랐는데 그사이 독립책방은 여섯 개가 생겼고 빵집도 곧 하나가 더 생겨 두 개로 늘어난다. 아직 저녁이면 편하게 모여 맥주 한 잔 마실 로컬 브루어리펍은 없지만 그렇다고 서두를 생각은 없다. 지금껏 그래왔듯이 머지않아 누군가 그 빈자리를 채워 줄 것이라 믿기 때문이다.

에드워드 글레이저는 『도시의 승리』에 "인적 자본 없이 성공한 도시는 없다."면서 "도시는 번성하기 위해서 똑똑한 사람들을 끌어와서 그들이 협력하면서 일할 수 있게 만들어야 한다."라고 했다.

"이런 놀라운 시기에 지중해 전역으로부터 예술가와 학자들이 자유롭게 자신들의 생각을 공유할 수 있는 유일한 장소인 아테네로 몰려들면서 서양철학과 함께 드라마와 역사가 탄생했다. 아테네는 작은 사건들이 도시 내에서 상호작용을 통해서 증폭되면서 번영을 누렸다. 이를테면 한 똑똑한 사람이 다른 똑똑한 사람을 만나서 새로운 아이디어를 떠올렸다. 이 아이디어는 또 다른 사람에게 영감을 주었고, 갑자기 정말로 중요한 일이 벌어졌다."

에드워드 글레이저가 책을 쓰면서 인구 2,000명 남짓한 작은 동네까지도 머릿속에 그렸는지는 알 수 없지만 똑똑한 사람들이 모여 협력하는 데 꼭 커다란 도시가 필요한 것은 아니지 않을까. 작은 동네에서도 얼마든지 새로운 아이디어들이 만들어지고 전달되면서 '정말로 중요한 일'이 벌어질 수 있다는 것을 공주에, 제민천 주변에 모인 이들이 보여 주기를 바란다.

이른바 '눈덩이 효과'에 빗대어 설명했지만 사람들이 떠나가는 동네를 되살리는 일은 생각처럼 간단하지 않다. 이론과 달리 현실에서는 누군가가 온 힘을 다해 눈덩이를 굴리지 않으면 곧 커다란 돌부리를 만나 멈춰 서거나 엉뚱한 방향으로 굴러가 버릴 수도 있고, 느닷없이 오르막길이나 낭떠러지를 만난다고 해도 하나도 이상할 것이 없다. 하지만 하루에도 몇 번씩 제민천 길을 오르내리며 이만큼 크고 단단한 눈덩이를 함께 만들고 굴려 여기까지 온 이들이라면 오르막길이나 낭떠러지쯤은 가뿐히 넘어서리라 믿는다. 로컬을 되살리는 일은 눈덩이를 굴리는 것과 같다.

행정안전부 '청년마을 만들기'와 로컬

2021년 행정안전부 '청년마을 만들기 지원 사업'의 뿌리를 더듬어 가다 보면 2018년 목포에 닿는다. 인구가 줄면서 오랫동안 버려지다시피 한 건물들의 쓰임새를 다시 찾아 되살리자는 취지로 행정안전부(지역혁신정책관)가 '시민 주도 공간 활성화' 사업을 벌였다. 공공이 소유한 건물이든 민간이 소유한 건물이든 새로운 쓰임새를 찾아 살릴 방안을 제안하면 5억 원(공공건물)에서 7억 원(민간 건물)까지 정부가 초기 자금을 지원해 주는 사업이었다. 여기에 박명호와 홍동우라는 두 청년이 패기 넘치게 제안서를 내밀어 10대 1의 경쟁률(민간 부문)을 뚫고 뽑혔다. 민간 부문 참여자들 가운데 청년은 이들뿐이었다.

둘은 '우진장'이라는 목포항 선창가에 자리한 40년 정도 된 여관 건물을 빌려 북적이는 도시에서의 삶에 지친 청년들이 잠시 바다가 보이는 목포에 머물며 인생의 '다음'을 준비할 수 있는 마을을 만들어 보기로 했다. 이름하여 '괜찮아마을'이었다.

'지치고 마음이 아픈 청년들이 새로운 기회와 꿈을 발견하고 말도 안 되는 상상도 현실이 되는 작은 마을을 만듭니다.'

2018년 여름, 6주간 괜찮아마을에 머물 청년을 찾는다는 알림이 나가자 30명을 뽑는데 무려 127명이 몰렸다.

"버티는 게 이기는 일인 줄 알았다. 짜디짠 월급, 매트리스 하나가 겨우 들어가던 방, 상사의 폭언, 내내 하던 야근, 수당 없는 주말 근무. 모두가 그렇게 사는 줄 알았고, 이겨 내지 못하면 루저라 생각했다. 괜찮아마을은 아니었다. 쉬어도 괜찮고, 실패해도 괜찮다고 했다. 나는 떨리는 마음으로 지원서를 내고, 눈물을 뚝

뚝 흘리며 면접을 봤다. '인생을 재설계하고 싶다.' 수백 번 되뇌었다. 그렇게 목포에 왔다." _ (리오)[3]

그렇게 2018년 한 해 동안 두 번에 걸쳐 60명이 이 세상 하나뿐인 마을에서 한 달 반을 살았다. 이들은 같이 밥을 해서 먹기도 하고, 요가와 명상으로 지친 몸과 마음을 달래기도 하고, 시간을 내서 가까운 섬으로 여행을 떠나기도 했다. 동네에 버려진 공간들을 둘러보며 뭔가 새로운 일을 구상해 보는 이들도 있었고, 마음 맞는 동료들과 도시에선 한 번도 해 본 적 없는 새로운 일에 뛰어들어 보기도 했다.

한 달 반의 마을살이가 끝나고도 목포를 떠나지 않는 이들이 있었다. 목포에 없던 채식 식당을 차린 이도 있고, 게스트하우스 매니저로 취직한 이도 있다. 괜찮아마을을 운영하는 '공장공장'에 취직한 이들도 있고, 목포를 떠났다가 일 년 반 만에 다시 돌아와 식당을 차린 이도 있다. 마을이 문을 연 지 2년쯤 지난 2020년 5월 기준으로 길게 또는 짧게 괜찮아마을에 머물고 있는 주민은 모두 32명에 달했고, 이들이 운영하는 공간은 일곱 곳으로 늘어 있었다. 홍동우 대표는 그해 5월 30일에 마을에서 결혼식을 올렸다. 신부는 자주 찾던 식당 주인의 딸이었다.

2018년 괜찮아마을이 뜻밖의 성공을 거두자 이듬해 행안부는 기존 '시민 주도 공간활성화' 사업은 그것대로 두고 이번에는 '청년마을 만들기'라는 사업을 새로 꺼내 들었다. 로컬을 되살리려면 '공간'보다 '청년'에게 더 힘을 실어 줘야 한다는 사실을 깨달은 것이다.

2019년 첫 '청년마을 만들기 지원 사업' 공모에는 충남 지역의 IT소셜벤처 자이엔트(대표 김정혁)가 '삶기술학교' 프로젝트로 뽑혔다. 서천 한산면에서 청년들이 삶의 기술을 익혀 새로운 도전에 나서도록 함으로써 지역에 활력을 불어넣겠다는 구상이었다. 충남 서천에 모인 청년들은 버려진 빈집을 고쳐 살면서 마을 어르신들에게 한산 모시와 소곡주를 비롯한 지역 특산물과 자원을 활용해 새로운 가치를 창출하는 실험들을 이어 갔다. 중요무형문화재 한산모시짜기 국가기능 보유자가 손수 청년들 십여 명을 앉혀 놓고 '모시 짜기'를 가르치기도 했다.

"청년은 지방에서 새 아이디어를 얻고, 지역사회는 전통문화의 명맥을 이어 갈 계기를 갖는 거죠."

김정혁 대표는 프로젝트의 의미를 이렇게 설명했다. 마을 어른들도 낯선 청년 들을 반겼다. 청년들이 살 곳과 활동 공간을 구하지 못해 애를 먹는다는 소식을 듣 고 주민들은 쓰지 않던 집과 가게를 내주면서 뭐든 해 보라고 했다. 삶기술학교 청 년들의 아지트이자 카페인 '아트스테이 노란달팽이'도 어느 주민이 5년간 그냥 쓰 라고 내준 곳이다. 여기 말고도 열 곳 정도가 더 있다.[4] 삶기술학교에는 올해 8월까 지 2년 동안 7기수 약 200명의 도시 청년들이 한 달 넘게 머물렀고, 5월 기준으 로 63명이 한산면에 정착했다.

최근에는 1500년 역사를 이어 온 69개 양조장의 전통주 90여 종의 디지털 데이터를 구축하는 작업도 하고 있다. 이를 토대로 한산소곡주 양조산업을 현대 적으로 재해석한 제품도 개발해 나갈 계획이다.

3년 차인 2020년까지는 해마다 한 팀만 뽑다가 4년 차인 올해는 한꺼번에 12개 팀을 뽑았다. 그만큼 정부 안팎에서 좋은 평가를 받았다는 뜻이다. 내년부터 는 앞으로 5년간 해마다 12개 팀을 뽑되 6억 원을 3년에 나눠서 2억 원씩 지급하 기로 했다. 그러니까 올해까지 15개 팀에 더해 앞으로 5년간 60개 팀이 더 지원을 받게 되는 셈이다. 지난 8월에는 협의회를 꾸리고 이병성 대표(공주)를 회장으로 뽑기도 했다.

"국가 지원이 소수에게만, 또 한시적으로만 돌아가지 않고 더 많은 청년들에 게 더 오래 혜택이 가도록 하는 게 과제예요. 그래서 3년으로 늘렸어요."

첫해부터 이 사업을 꾸려 온 황석연 행안부 지역혁신정책관 시민협업팀장의 말이다. 황 팀장은 "정부가 이 사업을 한 이유는 청년들이 도전을 해도 다치지 않는다는 것, 빚을 지거나 또는 다시 서울로 돌아간다고 해서 페널티를 주지 않는다는 것을 보여 주고 싶어서"라고 했다. 그러니 두려워하지 말고 로컬에 가라는 메시지를 주고 싶단다. 또 무려 12대 1의 경쟁률을 뚫고 뽑힌 12개 팀들(144개 팀 지원)은 반짝이는 아이디어만으로 뽑힌 팀들이 아니라 벌써 몇 년 동안 로컬에서 고군분투하며 경험을 쌓아 온 팀들이라는 점도 놓쳐서는 안 된다고 했다. 이들에게 "우리 사회가 마땅히 줘야 할 응원이자 축복"이고 그것이 바로 행안부가 해야 할 일이라고 그는 믿는다.

1. 최성용(2021. 2. 8.). "공주 제민천에 원도심 재생의 비결이 있다". 한국일보.
2. 윤찬영(2021. 10. 04.). "[로컬에서 희망찾기 ③] 김륜희 LH토지주택연구원 수석연구원". 오마이뉴스.
3. 공장공장(2019), 괜찮아, 인생 반짝이야. 대한민국 행정안전부.
4. 박상준(2019. 10. 26.). "청년이 산다, 시골이 살아났다". 한국일보.

공주시
도시재생지원센터

와플학당

느리게

제민천

루치아의 뜰

가가상점

업스테어스

맛깔

잠자리가
놀다간 길

봉황산

반죽동247

하숙마을

가가책방

오초오초

봉황재 모던한옥

고마다락

마을호텔
프론트
블루프린트북

곡물집

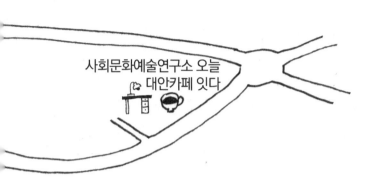

제민천을 따라 점점 더 커져가는 눈덩이
그리고 점점 더 모여드는 사람들

군산을 바꾸는 다섯 개의 혁신 플랫폼

_ 군산 개복동과 영화타운, 월명동

『군산』을 쓴 배지영은 "군산은 타임머신에 오르지 않고도 시간을 거
스를 수 있는 도시"라고 했다. 그의 말처럼 군산의 오래된 거리를 거닐다
보면 군데군데 상처처럼 남아 있는 한국 근현대사의 가슴 아픈 기억들을
맞닥뜨리게 된다.

"군산은 그대로 머물러 있는 도시가 아닌 지난 시간들을 지키고 쌓아
온 도시. 비옥한 땅, 금강과 서해가 만나 많은 것이 풍요로웠던 곳, 그래
서 늘 약탈의 위협이 도사리고 있던 곳. 군사적 요충지로서, 세곡을 모아
운반하는 조창으로서, 다양한 문물이 오가던 포구로서, 많은 문화와 사람
을 받아들이고 품으며 지켜온 포용의 도시는 두려워하지 않고, 약탈자로부
터 내 것을 지키기 위한 항거도 겁내지 않았다." [1]

1899년 군산항의 문을 억지로 열어젖힌 일본은 전라도 곡창지대의 쌀
을 모조리 끌어 모아 군산항에서 배에 실었다. 많을 때는 우리나라에서 난
쌀의 3분의 1이 그렇게 일본으로 실려 갔다. 그래서일까. 남쪽에서 가장 먼
저 3·1만세운동의 깃발을 치켜든 곳이 군산이었다.

항구에서 멀지 않은 영화동은 외국인에게 치외법권이 주어지는 조계지
가 되었고, 일본인들은 이곳에 살던 조선인들을 모조리 쫓아낸 뒤 바둑판
모양으로 반듯하게 길을 냈다. 관공서와 고급 주택, 백화점과 레스토랑이
이곳에 들어섰다.

1908년 일본 상인들의 등쌀에 떠밀려 대한제국이 큰돈을 들여 지은 군
산세관도 100년 넘는 세월 동안 그 자리를 지켰다. 지금은 '호남 관세 전시
관'으로 쓰인다. 1934년 군산 인구 3만 6,959명 가운데 일본인이 9,408명이
었다고 하니 군산 시내를 돌아다니는 세 명 가운데 한 명은 일본인이었던
셈이다(멀쩡한 삶의 터전을 빼앗긴 채 월명산으로 쫓겨나서 움막에서 짐승처럼 살아야 했

던, 통계에조차 잡히지 않은 조선인들도 많았다).

1945년 일본인들이 떠난 뒤에도 영화동, 월명동, 개복동 등에는 여전히 사람들의 발길이 끊이지 않았다. 잘 닦인 도로와 일본식 건물은 새로운 쓸모를 찾았고, 얼마 뒤 그리 멀지 않은 곳에 미 공군부대가 들어서면서 미군들을 불러들일 클럽과 식당들도 생겨났다. 일본인이 그랬던 것처럼 미국인은 군산을 또 한 번 바꿔 놓았다. 그리고 1980년대 들어 정부는 군산항 왼쪽 바다를 메워 국가산업단지를 만들었다. 이때부터 군산은 산업도시로 거듭났다.

1990년대 중반 무렵 군산 '중앙로1가', 그러니까 군산에서 사람들로 가장 북적이던 곳에 있던 시청과 월명동에 있던 법원(전주지방법원 군산지원)이 다른 곳으로 옮겨 가고, 온통 논밭이던 나운동과 수송동에 잇달아 높다란 아파트들이 들어서면서 군산의 무게중심은 자연스레 그쪽으로 기울었다.

국가산업단지에 대우자동차 군산공장(1996년)과 현대중공업 군산조선소(2010년)가 들어섰지만 이제 원도심이 되어 버린 이곳에는 더는 사람들의 발길을 붙들 그 무엇도 남아 있지 않았다. 그나마 최근 몇 년 사이 조선소와 자동차공장이 잇달아 문을 닫으면서 이들 공장에서만 1만 6,000명이 일자리를 잃었고, 이 가운데 적지 않은 수가 군산을 떠났다. 2020년 5월, 군산 인구의 46%는 나운동과 수송동에 산다.

조권능이 이끄는 혁신 플랫폼, 개복동 '예술의 거리'

개복동은 영화동, 월명동 등과 더불어 군산의 원도심이다. 한때 이곳에는 1910~1920년대에 문을 연 전라북도에서 가장 오래된 두 개의 극장 씨네마우일(옛 군산극장)과 국도극장(옛 남도극장)이 자리하고 있었다. 이 극장들이 100년 가까운 세월 동안 사람들을 개복동으로 불러들였다.

　일제는 이곳에 윤락가도 만들었는데 한때 호남에서 가장 규모가 컸다고 한다. 일제가 패망한 뒤에는 미군들이 이곳을 찾았다. 1970년 무렵 국가가 나서서 산북동에 아메리칸타운(지금은 '국제문화마을'로 불린다.)을 만들 때까지도 미군들의 발길이 이어졌다. 그러다 2002년 한 성매매업소에서 큰불이 나는 바람에 갇혀 있던 여성 14명이 목숨을 잃는 일이 벌어졌다. 어쩌면 군산에서도 역사가 남긴 상처가 가장 늦게까지 아물지 않은 곳이 바로 이곳 개복동일지 모른다. 숨기고 싶던 민낯이 드러나자 사람들은 더는 개복동을 찾지 않았고 가게들도, 주민들도 하나둘 떠나갔다.

　그로부터 6년 뒤인 2008년 한 젊은 예술가가 이곳 개복동에 작업실을 냈다. 지금은 영화동에서 주식회사 '지방'을 세우고 영화시장을 '영화타운'으로 탈바꿈하는 프로젝트를 진행하는 조권능 대표다. 그는 군산에서 나고 자랐다. 2000년대 초반 서울로 훌쩍 떠난 그는 미술 전문 잡지사에서 편집자로 일하면서 '홍대 앞'이라 불리던 마포구 동교동에 방을 얻어 살았다. 나지막한 집들이 모여 있던, 별다를 것 없던 골목 곳곳에 독특한 분위기의 카페들이 하나둘 생겨나면서 청년 예술가들이 홍대 앞으로 모여들던 때였다. 그는 자연스레 청년 예술가들과 어울렸고, 그들이 새로운 문화를 만들어 내면서 도시의 풍경을 바꿔 가는 것을 곁에서 지켜보았다. 예술 활동이 사람의 마음을 움직이는 것을 넘어 사회를 바꿀 수 있다는것을 깨닫게 해 준 가슴 설레는 경험이었다. 그는 그 설레는 일을 고향인 군산에서 해 보기로 마음먹었다.

2007~2008년 무렵의 개복동 거리 풍경 ⓒ 지방

　　7년 만에 군산 개복동으로 돌아온 조 대표는 한참이나 비어있던 어느 건물 2층에 작업실을 열었다. 문 닫은 국도극장이 저 앞에 보이는 곳이었다. 20대이던 젊은 그에게 거칠 것이란 없었다. 그는 한겨울 군산 앞바다에 불을 붙인 침대를 던져 넣고는 서서히 가라앉는 모습을 영상에 담는, 군산에서는 보기 힘들었던 파격적인 퍼포먼스를 선보이기도 했다. 침대를 건져내서 전시할 생각으로 차가운 바다에 뛰어드는 바람에 지켜보던 사람들이 놀라 한바탕 소란이 일기도 했다.

지금은 사라진 카페 나는섬의 모습 ⓒ 지방

나는섬을 비롯해 개복동 곳곳에서
펼쳐지던 공연 ⓒ 지방

예술가 조권능에게는 개복동 골목 곳곳이 캔버스이자 갤러리였다. 담벼락 이곳저곳에 그림을 그려 넣고 오랫동안 비어 있던 공간을 빌려 예술작품들로 채우고 전시회를 열었다. 건물 옥상에서는 음악가들을 불러 공연도 펼쳤다. 얼마 안 가 방송국에서 취재를 하러 오고 군산시에서도 관심을 보였다. 처음에는 그런 관심이 반갑기도 했지만 조용하던 동네에 사람들의 눈과 귀가 몰리자 주민과 부딪히는 일도 생겼다. 시끄럽다는 사람들도 있었고, 돈 벌 궁리를 하는 이들도 생겼다. 그는 예술 활동만으로는 넘을 수 없는 벽이 있다는 것을 깨달았다. 그렇게 작업실을 낸 지 일 년쯤 지났을 무렵 사람들이 모이고 만나 생각을 나누면서 공동체를 만들어 갈 공간을 꾸리기로 마음먹었다. 그래서 작업실 자리에 카페를 열었다.

"처음부터 카페를 열 생각은 없었어요. 동네가 관심을 받으면서 주민들 사이에서 욕심도 생기고 이해관계도 부딪혔어요. 이런 관계로는 앞으로도 희망이 없겠다는 생각이 들었죠. 그래서 젊은 친구들을 더 많이 불러 모으고 커뮤니티를 만들 생각으로 작업실을 카페로 바꾸기로 했어요. 이름은 '나는섬'으로 정했는데, 정말 그때 기분이 그랬어요. 이 동네에 홀로 떠있는 섬 같았고, 앞으로도 그렇게 남고 싶었어요."

그는 서울 홍대 앞 거리에서 자주 들렀던 카페들을 떠올리면서 "진짜 혼을 갈아 넣었다."라고 말했다. 군산에 생긴 열한 번째 카페였다. 다행히 카페는 생각보다 빠르게 입소문을 타고 알려졌고 정말로 사람들이 모여들었다. 마침 군산에는 미대와 음대가 있어서 가까운 곳에 둥지를 트는 젊은 예술가들도 생겨났다. 동지들이 생기자 조 대표는 공연과 전시회도 더 자주 열었다. 나는섬에 가면 군산에서 이름깨나 날린다는 청년 예술가들을 모두 만날 수 있었고, 자연스레 그가 바라던 공동체도 만들어졌다. 개복동의 첫 번째 '혁신 플랫폼'이 탄생한 것이다.

비즈니스 모델로서 플랫폼은 안팎의 생산자와 소비자가 서로 만나고 부딪히면서 새로운 가치를 창출할 수 있게 해 주는 장이다. 사람과 조직, 자원 등이 플랫폼 안에서 공유되고 연결되며 개방적 인프라와 거버넌스가 이러한 움직임을 뒷받침한다. 나는섬에서 이러한 일들이 벌어지면서 개복동의 풍경도 조금씩 달라졌다. 여름이면 '동네방네 작은 콘서트'를 열어 군산에서는 보기 힘들었던 뮤지션들을 불러들였다. 한 해가 저물어 가는 12월이면 옴니버스 페스티발 '사랑해, 개복동'이란 이름으로 마술, 서커스, 연극, 콘서트, 아트마켓, 전시 그리고 피날레 파티까지 다채로운 행사들을 이틀에 걸쳐 펼쳤다. 언제부턴가 사람들은 나는섬에서 씨네마우일 쪽으로 이어지는 100m가 조금 넘는 이 길을 '예술의 거리'라고 불렀다.

조권능 대표와 개복동에서 처음 인연을 맺었던 고요한은 이곳을 "다른 세계"로 기억하고 있었다. 군산에서 태어나 한두 해를 빼고는 서른다섯 해를 군산에서 살았던 그는 스무 살 무렵 힙합에 빠져 스스로 노래를 만들며 클럽에서 디제이로 활동했다. 2000년대 중반 무렵 군산에는 미군이 찾는 클럽들이 많았다. 그는 서울에서 음악을 제대로 배워 보고 싶다는 생각이 간절했지만 기회는 쉽게 오지 않았다. 마침 그때 개복동에 청년 예술가들이 모여 있다는 소식을 들었고, 그는 무작정 나는섬을 찾아갔다.

"처음 갔을 때 다른 세계처럼 보였어요. 그런 모임이 있을 거라고는 상상도 못했으니까. 공장에서 노동자로 쳇바퀴 도는 삶을 살면서 음악을 해 보고 싶다는 열망이 컸는데, 개복동 분위기는 너무 자유분방했어요. 나는섬에서 예술인들을 만나면서 나도 그 일원이 된 것 같았죠. 주변에 작업실을 가진 친구들이 많았는데 이 안에서라면 나도 뭔가 꿈을 펼칠 수 있을 것 같았어요. 그냥 그 무리 안에 섞인 제 모습이 너무 좋았어요. 우리끼린 조권능 대표를 '예술왕'이라고 불렀어요."

하지만 조권능이라는 청년 기획자이자 카페 주인장 그리고 그의 곁으로 모여든 청년 예술가들의 힘만으로 동네를 바꾸는 일은 쉽지 않았다. 아직 '도시재생'이란 말도 없던 시절이었다.

"스스로 하나부터 열까지 해야 했어요. 저도 미술을 하던 사람이라 장사를 잘 몰랐기 때문에 좌충우돌하면서 카페에서 번 돈으로 친구들을 모으고 그들과 어울리면서 프로젝트를 만들었죠. 5년간 정말 손에 꼽을 수 없을 만큼 많은 프로젝트를 진행했고 그게 군산에서 나름 알려지면서 사람들이 관심을 갖게 됐어요. 하지만 관심은 금방 사라졌고, 자생적으로 하다 보니 속도가 나지 않아 결국에는 지치는 상황까지 가 버렸죠." [2]

더 오래 지속할 수 있는 길을 찾다가 누가 먼저랄 것도 없이 칵테일바 같은 술집을 떠올렸지만 선뜻 나서는 사람은 없었다. 그래서 이번에도 조 대표가 나섰다. 나는섬을 연 지 3년 후인 2012년, 예술의 거리 한쪽 끝에서 골목으로 꺾어 들어간 곳에 통째로 비어 있던 3층짜리 건물 2층과 3층을 빌려 칵테일바 '앙팡테리블'을 열었다. 우리말로는 '무서운 아이'라는 뜻이다. 이로써 나는섬에서 시작한 예술의 거리는 앙팡테리블까지 이어지게 되었다.

아직도 많은 이들이 그리워하는 그 시절 앙팡테리블 ⓒ 지방

그는 이번에도 열 달 가까이 인테리어에 매달렸다. 건물이 너무 낡아서 여기저기 물도 새고 손볼 곳이 한두 군데가 아니었다. 3층까지 자재들을 올리면서 거의 모든 작업을 예술가 동료들과 함께해 나갔다. 많을 때는 스무 명이 몰려와서 도와주기도 했는데 일이 끝날 때마다 밥이고 술이고 사 먹이다 보니 들어가는 돈이 만만찮았다고 한다. 지금은 문을 닫은 앙팡테리블을 아직 기억하는 이들이 많다.

"이곳이 인상적이었던 이유는 무엇보다 독특한 공간 때문입니다. 붉은색으로 사방을 칠한 상가 건물 계단을 올라가면, 어둡고 비밀스러운 공간이 나타납니다. 아기 천사가 앉아 있는 샹들리에가 천장에 걸려 있고 노란빛과 푸른빛 조명이 공간을 비춥니다. 바닥까지 흘러내린 촛농, 자개장을 뜯어 만든 가구와 부서진 기타를 올린 테이블에 사람들이 두세 명씩 모여 술을 마시고 있습니다. 과거와 미래, 예술과 유머를 뒤섞어 놓은 몽환적인 공간입니다…… 처음 보면 기괴한 모티브를 마구잡이로 버무려 놓은 것 같지만, 천천히 공간을 관찰해 보면 만든 사람의 독창적인 손길이 느껴집니다. 첫인상은 기괴했지만 시간이 지날수록 편안한 느낌으로 변하는 신기한 경험이었습니다." [3]

앙팡테리블도 금세 이름이 알려지면서 주말이면 늘 사람들로 붐볐다. 개복동 혁신 플랫폼은 그렇게 조금 더 풍성해지고 단단해졌다. 이때 맺은 인연은 지금도 조 대표에게 큰 자산으로 남아 있다.

한참을 지켜보던 군산시도 힘을 보태기 시작했다. 2015년 군산시는 오랫동안 닫혀 있던 극장인 씨네마우일을 사들여 '군산시민예술촌'으로 되살렸다. 예술의 거리가 꺾어지는 곳에 바로 맞닿아 있는 곳이다. 그리고 그해 10월 예술의 거리에서 1회 '버스커즈 뮤직 페스타'가 열렸다. 마땅히 설 곳

군산시가 조성한 시민예술촌 ⓒ 윤찬영 / 조권능 대표가 제안해 시민예술촌 한쪽 벽에 만든 아트 테리토리 ⓒ 지방

없던 군산의 청년 뮤지션들에게 제법 근사한 무대가 생긴 것이다. 경쟁을 거쳐 뽑힌 7개 버스킹 팀의 공연과 프리마켓, 그래피티(거리 예술) 체험에 더해 축제에서 빠질 수 없는 다양한 먹거리들로 개복동의 10월의 마지막 밤은 늦게까지 사람들로 북적였다.

이듬해에는 한때 영화 포스터들로 빼곡히 채워졌던 군산시민예술촌 한쪽 벽에 스트리트 갤러리(거리 전시장)를 마련했다. 조 대표는 이곳에 '아트 테리토리'라는 이름을 붙이면서 SNS에 "이제 예술은 거리로 나와야 한다. 세상으로 나와야 한다."라는 글을 남겼다. 아마도 문화·예술을 기반으로 한 개복동 혁신 플랫폼의 전성기는 이 무렵이었을 것이다.

하지만 새벽까지 가게를 돌보면서 사람들과도 어울리고 또 새로운 일을 기획하기란 쉽지 않았다. 앙팡테리블을 열고 7년쯤 지났을 무렵 그도 지칠 대로 지쳐 있었다. 가게 두 곳을 운영하면서 동네를 바꿔 나가는 일은 버거울 수밖에 없었다.

그때 마침 건축공간연구원에서 군산의 오래된 시장인 영화시장을 되살리는 프로젝트를 함께해 보자고 제안해 왔다. 우연히 앙팡테리블에 들렀던 윤주선 연구원이 묘한 매력에 빠져 세 번을 방문한 끝에 어렵게 주인장인 조 대표를 만나 가까워진 사이였다. 그 즈음 결혼을 하면서 더는 새벽까지 가게에 매달리기도 힘들었던 조 대표는 결국 2018년 나는섬에 이어 앙팡테리블의 문을 닫고 영화시장을 되살리는 일에 뛰어들게 된다. 조 대표는 누군가 앙팡테리블을 이어 주기를 바랐지만 아무도 선뜻 나서지 않았고, 힘든 일이란 것을 알기에 억지로 맡길 수도 없었다. 그는 지금도 그 점이 못내 아쉽다.

연구기관과 행정이 판을 깔고 민간이 이끄는 영화동 영화타운

정부 출연 연구기관인 건축공간연구원은 2016년부터 군산에서 '도시재생 지원기구'로 활동해왔다. 영화시장은 사업 지역 안에 자리하고 있기는 했지만 법으로 정한 '전통시장'에 포함되기에는 규모가 너무 작아서 손을 대기 힘들었다.

때마침 군산시가 건축공간연구원에 '군산시 영화시장 자립형 도시재생 스타트업 통합 지원 용역'을 맡겼다. 용역을 책임지게 된 윤주선 연구원은 '액티브 로컬 캠프'라는 이름으로 창업 인큐베이팅 프로그램을 열어 창업자들을 모으기로 했다. 2017년 11월 24일부터 2박 3일 동안 진행된 캠프에는 블랭크, 로컬스티치, 어반하이브리드 등 서울·수도권 지역을 기반으로 활동을 펼치고 있던 회사들이 컨소시엄을 이루어 운영을 맡았다. 조권능 대표는 '지역 마스터'로 캠프에 참여했다.

블랭크는 영화시장의 상인들과 새로 들어올 창업자들이 함께 커뮤니티를 만들어 자연스럽게 섞일 수 있도록 하는 일을 맡았고, 로컬스티치는 마스터플랜과 더불어 비즈니스 모델을 만드는 역할을 했다. 어반하이브리드는 빈 공간을 찾아 창업자들과 이어 주는 일을 맡았다. 그밖에도 윤현석 무등산브루어리 대표, 임효묵 빌드 부대표, 나영규 오픈클로즈 대표, 이현

덕 로그램 대표, 최정훈 비젠빌리지 대표 등 내로라하는 로컬 창업가들이 마스터로 힘을 보탰다. 그러니까 연구기관과 행정이 판을 깔고 민간이 이끌어 가는 또 하나의 '혁신 플랫폼'이었던 셈이다.

이 새로운 혁신 플랫폼에도 사람들이 몰려들었다. 군산에서만 무려 70개 팀이 신청했고, 서류 심사를 거쳐 40개 팀을 걸러 냈다. 그리고 2박 3일 캠프를 거치면서 영화시장에서 창업하게 될 5개 팀을 뽑았다. '영화타운'이라는 새로운 이름도 붙었다.

"전국 곳곳의 청년몰들은 보통 행정에서 기획과 설계부터 시공까지 다 끝낸 다음에 운영자와 창업자를 뽑아 공간을 하나씩 내주는 방식이었어요. 그러다 보니까 창업자들은 불만을 가질 수밖에 없고 책임감도 떨어질 수 있었죠. 그래서 우리는 사람, 그러니까 운영자와 마스터 그리고 창업자를 먼저 뽑은 다음에 그 안에서 '지역관리회사'를 만들고 그들이 바라는 대로 설계하고 시공하기로 했어요. 지역관리회사가 기획에 깊이 참여해서 창업자들이 바라는 것들을 구현하려고 애를 썼죠."

여기서 지역관리회사(Area Management Company)란 "일정 구역을 대상으로 수혜가 예상되는 주체로부터 수혜의 경중에 따라 예산을 조달받아 이를 활용하여 마을재생을 독립적으로 실행하는 마을운영 주체"다.[4] 조 대표의 말처럼 이번 프로젝트는 처음부터 영화타운을 꾸려 갈 '지역관리회사'를 만들겠다는 목표를 세우고 시작한 일이었다. 그리고 캠프가 끝나고 석 달 뒤인 2018년 2월, 조 대표는 우리나라 첫 지역관리회사인 '지방'을 세웠다. 처음에는 그도 '지역 관리'라는 것이 잘 다가오지는 않았다고 한다. 윤주선 연구원이 "개복동에서 했던 일이 다름 아닌 지역관리다."라고 말했지만, 그것이 정말 가능할까 싶기도 했다.

"액티브 로컬 캠프 컨소시엄에 참여한 회사들과 마스터들을 만나면서 생각이 많이 바뀌었어요. 나랑 비슷한 생각을 하는 사람들이 전국 곳곳에 있었구나 하는 생각도 들었고…… 그렇게 만들어진 커뮤니티가 큰 힘이 됐어요. 어떻게 보면 모두에게 낯선 시도였지만 계속 만나고 소통하면서 같이 성장했다고 할 수 있죠."

조 대표는 구마모토 재즈 페스티벌을 보러 일본 규슈 중서부 구마모토 현에 간 적이 있다. 길게 펼쳐진 도로 양쪽으로 많은 가게들이 늘어서 있었는데, 이곳에서 열리는 재즈 페스티벌은 지자체의 지원금이 아니라 지역관리회사가 가게들로부터 받은 돈을 밑천으로 하고 있었다. 재즈 페스티벌 말고도 일 년에 한 번씩 아트 폴리스라는 미술 전시회도 열었다.

"2016년이었는데 우리나라에선 찾아보기 힘든 방식이었어요. '이런 식으로도 가능하구나.' 하는 생각을 했죠. 나중에 페스티벌과 전시회를 기획한 곳이 지역관리회사라는 걸 알았어요. 개복동에 있을 때였는데 그때 그걸 할 수 있을 만큼 역량이 안 됐죠. 지금도 거기(재즈 페스티벌)까지 가려면 아직 갈 길이 멀어요."

영화타운 모델은 지방이 건물주들로부터 건물을 통째로 빌려서 다시 창업자들에게 가게로 내주는 '마스터 리스(master lease)' 방식이다. 다행히 비어 있던 건물들이라 싸게 빌릴 수 있었다. 지방은 가게가 문을 열고 나서 벌어들이는 수익에 따라 약간의 비용을 받기로 했다. 수익의 7%를 받되 최저선과 최고선도 정해 두었다. 어떤 가게는 문을 연 뒤로 꾸준히 최고선으로 정한 금액을 내고 있고, 어떤 가게는 그 반대다. 건물을 빌리는 데는 군산도시재생지원센터가 큰 도움을 주었다. 건물주들을 다 불러 모아 지방이

영화타운으로 새롭게 탈바꿈한 영화시장과 럭키마케트 ⓒ 지방

낼 임대료를 함께 정하도록 했다. 처음에는 다섯 개의 건물(공간)로 시작해 지금은 하나하나 늘려 가려 하고 있다.

앞서 밝혔듯이 영화타운이 여느 청년몰들과 다른 점은 처음 공간 기획을 할 때부터 창업자들과 머리를 맞대고 그들이 바라는 공간을 만들려고 했다는 점이다. 창업자들이 바라는 대로 자유롭게 리모델링을 할 수 있도록 지방이 애쓰기는 했지만 행정 예산으로 하는 사업이라 당연히 제약이 따를 수밖에 없었다. DIT(Do It Together) 방식으로 사람들을 모아 직접 인테리어를 하는 방식도 떠올려 봤지만 군산시가 받아들이지 않았다. 그러다 보니 창업자들이 바라는 것들을 다 들어줄 수도 없었고, 예산으로 미처 마무리하지 못한 공사는 조 대표가 떠맡아야 했다. 그나마 2018년 LH(한국토지주택공사) 소셜벤처 성장지원 사업(1기)에 10개 팀 가운데 하나로 뽑혀 지원받은 것이 힘이 되었다.

"창업자들 바라는 대로 다 해 주고 싶었는데 공정마다 시간은 정해져 있고 또 행정 예산으로 하다 보니 자재도 아무거나 쓸 수 없었어요. 전등 하나도 아무 데서나 살 수 없었죠. 그래서 우리 돈으로 등을 사다가 업체엔 시공만 맡기기도 했죠. 결국 준공한 뒤엔 제가 아는 업자들한테 미수금을 깔고 일을 부탁했어요. 창업하고 나서 다 갚는 데 일 년은 걸렸죠."

그래도 군산시가 아케이드 지붕도 올리고 낡은 하수관도 뜯어고쳤다. 시장 안에 공공 화장실도 새로 지어 좁은 시장 골목이 몰라보게 달라졌다. 그사이 조 대표는 몇 번이나 쓰러졌다. 일 욕심이 많은 데다 뜻대로 일이 풀리지 않아 압박감이 이만저만이 아니었다고 한다.

우여곡절 끝에 2019년 여름, 영화타운은 어렵사리 문을 열었다. 2017년 11월에 로컬 액티브 캠프를 했으니 일 년 반 만이었다. 조 대표는 문을 열자마자 거창하게 세상에 알리기보다 먼저 단골들부터 만들기로 했다. 한 번 왔다가 실망해서 다시는 찾지 않는 곳이 되면 안 된다는 생각이었다. 6개월 정도 시범 운영을 해 보고 2020년에 크게 홍보하려 했는데 코로나19 사태가 터지는 바람에 그마저도 하지 못했다. 그래도 입소문을 타고 사람들은 꾸준히 영화타운을 찾고 있다.

지방은 여러 가게들 가운데 '럭키마케트'라는 주점을 직영하고 있다. 럭키마케트 자리는 조 대표가 영화시장에서 가장 마음에 들었던 공간이다. 공간 곳곳에 미군들이 쓰던 글자체를 본 딴 글씨들이 남아 있던 것도 그의 마음을 끌었다. 그는 '저걸 살리고 싶다.'는 생각을 했고, 그래서 가게 이름도 '럭키마케트'로 지었다.

"아메리칸 타운으로 불리던 시절이 있었다는 게 자랑스러운 역사는 아니지만 지워야 할 흔적이라고 생각진 않아요. 신시가지에 미군타운이 만들어지면서 미군들 발길이 끊겼지만 이 동네에 다시 놀러오길 바라는 마음으로 가게를 열었고 미군들이 좋아하는 필리 치즈 스테이크를 팔아요. 다행히 입소문이 나면서 미군들도 적지 않게 찾아와요."

영화타운에는 스페인 레스토랑 '돈키호테'와 사케바 '수복', 칵테일바 '해무'와 핸드메이드 공방 '꽃신도깨비'가 있다. 곧 청요리주점(중국집이 아니라) '화양연화'가 문을 연다. 조 대표도 '마을 호텔'을 꿈꾼다. 럭키마케트 2, 3층에 게스트하우스를 만들려고 마음먹었을 무렵 영화타운 남쪽 입구 길 건너에 자리한 게스트하우스를 맡아서 운영해 보지 않겠느냐는 제안이 들어왔다. 그래서 2020년에 '후즈데어'라는 이름으로 게스트하우스 1호점을 먼저 열었다(지금은 커뮤니티호텔 '후즈'다). 럭키마케트 위층 게스트하우스는 '후즈넥스트'라는 이름으로 올해 가을에 문을 열 준비를 하고 있다.

"게스트하우스가 없는 건 아니지만 동네 가게들과 제대로 연결된 곳은 없어요. 그래서 영화타운을 중심으로 동네 상인들과 연결해서 알리고 싶은 바람이 있죠. 구마모토에서 봤던 것처럼 제대로 지역관리회사를 운영하려면 조금 더 규모를 키울 필요가 있다고 생각해요. 그러려면 게스트하우스가 필요하죠."

[건축공간연구원 _윤주선]

2013년 「도시재생 활성화 및 지원에 관한 특별법」(『도시재생법』)이 만들어지고 첫해에 군산이 도시재생 선도지역 가운데 하나로 뽑혔다. 이듬해에 뽑힌 지역들까지 건축공간연구원이 16개를 맡아서 관리를 맡게 됐는데, 군산은 이들 가운데서도 평가가 좋지 않던 곳이다. 영화시장이 골칫거리였다. 영화동 상권이 죽은 지도 벌써 한참이고, 상인들도 워낙 나이가 많아 새로운 시도를 하는 것이 쉽지 않았다. 그 즈음 윤주선 연구원이 군산을 맡겠다고 나서면서 국토교통부에 먼저 '민간 주도 재생'을 제안했다. 일본에서 박사학위를 받은 그는 우리보다 앞서 로컬의 쇠락 지역을 되살린 일본의 여러 경험들을 잘 알고 있었다.

"정부에서 전국 재래시장들에 청년몰을 조성하고 있었는데 대부분 얼마 못 가 활기를 잃었어요. 그래서 다른 방식을 찾다가 일본에서 유행하던 '리노베이션 스쿨'에서 모티브를 얻어 '액티브 로컬 캠프'를 열었죠. 로컬스티치, 블랭크, 어반하이브리드와 함께 우리 식으로 완전히 바꿨어요. 청년몰 사업은 공간 지원에 초점을 맞췄다면, 우리는 청년 창업자들에게 실질적으로 도움이 되는 교육과 컨설팅을 진행하면서 각개약진하기보다 다 같이 힘을 모아서 시장 전체를 살리는 데 목표를 뒀어요." [5]

사람들을 모아 캠프를 시작하기는 했는데 알고 보니 영화시장 건물 대부분이 불법 건축물이었다. 새로 가게를 내려면 건물을 일부 허물거나 아예 새로 지어야 했다. 거기다 시작한 지 얼마 안 돼 윤 연구원이 교통사고까지 당하는 바람에 한 달 넘게 꼼짝없이 입원하는 일까지 벌어졌다.

"병원에 있는 동안 지푸라기라도 잡는 심정으로 온갖 자료들을 뒤져 봤더니 건축협정을 맺으면 건폐율이나 건물대지 같은 것들을 건물 단위가 아니라 블록 단위로 볼 수가 있다는 사실을 찾아냈어요. 그렇게 공무원들을 설득했죠."

이것 말고도 포기하고 싶은 순간들이 많았지만 조권능 대표와 함께 버텨 냈고, 지금은 우리나라 첫 번째 '지역관리' 프로젝트의 기획자로 남게되었다. 그는 "시장 골목에서 잘되는 가게 한두 군데 키우는 것으론 한계가 있으니 여러 업종들이 하나의 팀으로 움직여서 동네나 지역 전체를 키워야 한다."라고 말했다. 또 쇠퇴하는 도시에서는 건물이나 콘텐츠보다 "실력과 열정을 갖춘 운영자"가 중요하다고도 했다.

"군산의 가장 큰 잠재력이 뭔지 물어보면 흔히 근대 역사가 담긴 건물들을 많이 떠올리는데 처음부터 그런 걸 정하고 시작하는 게 문제예요. 마을 재생의 핵심 요소는 하드웨어로서의 공간, 소프트웨어인 콘텐츠 또는 콘셉트 그리고 운영자인 휴먼웨어, 이렇게 세 가지죠. 지금까지는 하드웨어를 먼저 정하고, 소프트웨어를 채우고, 마지막으로 휴먼웨어인 운영자를 배치하는 순서를 따랐어요. 변수가 없던 시대에 어울리던 방식이죠. 변수가 없을 때는 고정성이 큰 건물을 중심에 두는 게 맞지만 지금은 더는 이런 방식이 맞지 않아요. 지금은 쇠퇴기이고 변수가 많으니까요. 가장 유연하고, 그때그때 변하는 상황에 빠르게 반응할 수 있어야 하는데 그게 운영자의 역할이라고 생각해요." [6]

그렇다면 그가 생각하는 군산의 가장 큰 잠재력은 무엇일까? 그는 주저 없이 '대학'을 꼽았다. 국립 군산대에는 미대가 있고 호원대에는 음대가 있는데, 로컬의 작은 도시에는 흔치 않은 일이란다. 그는 "청년들이 동네로 와서 재미있는 일들을 계속 벌이고 있는 게 군산의 가장 큰 잠재력"이라고 했다. 조권능 대표가 개복동에서 처음 일을 벌이고 사람들을 불러들였던 것처럼 말이다.

"이런 다양한 시도들을 하나로 엮을 수 있는 영화타운 프로젝트나 로컬라이즈 군산 같은 프로젝트가 필요하고, 구심점 역할을 하는 게 바로 지역관리회사예요. 그래야 여러 운영 팀들이 흩어지지 않고 하나로 움직일 수 있어요." [7]

[군산시청 도시재생과 _정권우]

정권우 군산시청 도시재생과 계장은 군산에서 태어나 2009년까지 경기도 평택시에서 일하다 고향에서 일하고 싶어 군산으로 돌아왔다. 그때만 해도 월명동은 군산에서 제일 붐비던 곳이었다고 한다. 근대 유산을 활용해 여행객들을 끌어들인 것이 그 무렵이었다. 하지만 그때도 군산을 찾은 여행객들은 반나절 정도 머물다 가까운 전주로 떠나곤 했다.

정 계장은 영화타운 프로젝트의 행정 분야 파트너로서 조권능 대표, 윤주선 연구원 등과 손을 잡고 이 새롭고도 어려운 일을 처음부터 끝까지 함께했다. 그는 민간에서 하던 새로운 시도들을 제도권으로 받아들여서 행정의 관행을 바꿔 보고 싶었다고 했다. 정말 필요한 일을 한번 해 보자는 마음이었다.

"청년몰 사례처럼 처음부터 모든 걸 행정에서 계획하고 입주자를 모으면 얼마 못 가더라고요. 예산 집행을 중심에 두고 사업을 하면 안 되겠다는 생각이 들었죠. 그래서 사업이 성공하려면 다양한 생각들을 받아들이고 행정이 제도로서 뒷받침해 주는 게 맞겠다고 생각했어요. 그게 첫 출발이었죠."

그는 건축공간연구원이 제안한 액티브 로컬 캠프라는 낯선 시도를 받아들였다. 또 처음부터 지역관리회사를 염두에 두고 영화시장 건물주들과 계약을 맺도록 했다. 영화시장은 규모가 워낙 작아서 지원할 방안이 마땅치 않으니 지역관리회사를 세우도록 함으로써 민간과 행정이 위험 요인을 절반씩 나눠 진 셈이다.

"일반 시장은 관리비, 운영비 등 예산이 끝없이 들어가죠. 그런데 영화시장은 도로 부분을 지역관리회사가 관리해 주고 그것이 본인의 사업을 살리는 것과도 연결이 되죠. 우리와 지역관리회사 지방이 리스크를 나누고, 누구 하나가 경쟁에서 이겨 이익을 다 가져가는 게 아니라 다 같이 함께 노력해야 같이 이기는 구조가 만들어 졌어요. 그래서 성공할 수 있었던 거죠." [8]

공간 리모델링에 들어가는 돈을 행정이 보태면서 가게를 여는 데까지는 뒷받침을 했지만 그 뒤에는 지역관리회사가 건물주에게 임대료를 낼 수 있을 만큼 가게들이 돈을 벌어야 이 모델이 이어질 수 있다. 시는 지방에 싸게 건물을 빌려주도록 건물주들을 설득했고, 5년 뒤 다시 계약을 맺을 때 임대료를 너무 많이 올리지 않도록 하는 조항도 계약에 넣도록 했다. 그러니까 10년을 보장한 셈이다.

모든 것이 순탄치만은 않았는데 무엇보다 캠프가 끝나고 나서 일 년 넘도록 가게 문을 열지 못했던 일이 정 계장에게는 가장 힘들었다. 그는 "한 번도 해 보지 않은 일이다 보니 서로 계획을 치밀하게 짜지 못했다."라고 평가했다. 또 1930~1940년대에 지은 건물들이다 보니 1960년대에 만들어진 건축법에는 맞지 않는 부분이 너무 많았던 것도 문제다. 새로 창업을 해서 영업허가를 받으려면 지금의 법에 맞게 주차장이나 도로 요건, 내진 기준을 모두 맞추어야 하는데 그러려면 건물을 허물고 다시 짓는 수밖에 없었다. 새로 짓는다고 해도 문제는 남는다. 골목길 곳곳에 남아 있던 옛이야기가 함께 사라져 버려 여느 시장과 다를 것이 없는 골목이 되어 버린다. 그러다 보니 처음에는 13개 공간을 확보하려 했다가 결국 대여섯 곳 밖에 하지 못했다.

그는 이번 프로젝트가 정말 새로운 경험이었다고 했다. 시장 안의 이해집단을 하나로 묶어내고 조정하고, 또 모르는 업무를 계획하고 추진하고 수정해 가면서 조금씩 단단해질 수 있었다는 것이다. [9]

"3억 원이면 큰 용역비예요. 만약 실패하면 저는 모가지가 날아가거든 요. 모험이죠. 공무원들이 보신주의로 빠져드는 데는 그런 이유가 있어요. 감사 때도 불려 갔는데 새로운 시도를 해 보고 싶었다고 설명했고 다행히 위원들이 공감해 줬어요. 시의회도 처음엔 부정적이었는데 이렇게 달라진 모습을 보고는 더는 문제 삼지 않아요."

그는 앞으로도 행정이 잘하는 일은 행정이 하되, 민간의 창의적 발상과 시도가 필요한 일은 민간에게 과감히 맡기고 지원할 필요가 있다고 했다. [10]

[주식회사 지방 _송수민]

송수민 지방 콘텐츠매니저는 안양 토박이로 여행을 워낙에 좋아했다. 그는 2020년 봄에 군산으로 여행을 왔다가 원도심의 매력에 흠뻑 빠졌다.

"처음 왔을 때 후즈데어에 묵으면서 영화타운에서 놀았어요. 하루만 자고 광주로 가려던 계획이었는데 사람들이랑 어울리다 보니까 이틀이 되고 사흘이 됐죠. 영화타운과 로컬라이즈 군산을 알고 오긴 했는데, 직접 사람들을 만나니까 더 흥미로웠고 호기심이 생겼어요. 그래서 몇 달 동안 안양과 군산을 오가다가 결국 조권능 대표님한테 일하고 싶다고 먼저 이야기했어요."

송 매니저는 지난해 8월부터 지방에서 함께 일을 해 오고 있다. 소비자정보학과를 나와서 마케팅 분야에서 인턴 일을 해 보기도 했는데, 돈을 버는 일보다는 사회적으로 가치 있는 일을 해 보고 싶다는 생각이 강하게 들

영화타운 골목 안에서 들여다본 럭키마케트 ⓒ 지방

었다고 한다. 그래서 도시재생 분야에 눈을 뜨게 되었고 현장에서 제대로 일해 보고 싶다는 욕심이 생겼다. 럭키마케트에서 주방과 홀을 담당할 사람이 필요해서 아르바이트로 일을 시작했지만, 조 대표가 조금씩 다른 일을 맡기면서 지금은 정직원인 콘텐츠매니저로 일하고 있다.

"주방 일부터 시작해서 여러 일들을 맡다 보니까 지난 몇 달 동안 정말 정신이 없었어요. 회사 내부 일도 있지만 군산시민문화회관 DIT프로젝트처럼 그때그때 해야 할 일들이 생겨요. 뭔가가 돼 가고 있긴 한데 아직은 '아, 뿌듯하게 해냈다.'라고 할 만한 정도는 아니에요."

송 매니저가 하는 일은 지방이 하는 일만큼이나 폭넓다. 사업의 기획부터 운영, 마케팅과 기록까지 그야말로 A to Z를 다 해내야 하는 것이 지방의 몫이고, 송 매니저도 마찬가지다. 그는 일이 고될 때도 있지만 "경험의 폭이 넓어서 좋다."라고 말했다. 지금 그는 럭키마케트라는 브랜드와 공간을 어떻게 만들고 운영해 나갈지에 고민을 집중하고 있다. 곧 문을 열 지방의 두 번째 게스트하우스인 후즈넥스트와 럭키마케트를 연결해 럭키마케트를 영화타운의 컨시어지이자 라운지로 탈바꿈해 볼 계획이다. 게스트를 찾아온 여행객들이 이곳 럭키마케트를 거쳐서 영화타운으로 들어갈 수 있도록 진입로를 만들어 주는 셈이다. 8월에 다시 찾아간 럭키마케트에서 송 매니저는 인테리어 공사를 하고 있었다.

"저도 처음에 게스트하우스를 통해서 영화타운을 알게 됐잖아요. 그런 경험이 좋았어요. 그래서 다른 여행자들도 그런 경험을 경험하도록 해 주고 싶어요. 영화타운과 군산을 제대로 즐길 수 있도록 라운딩이나 투어도 하고 공동체 프로그램도 많이 해 볼 생각이에요."

그는 도시재생을 공부하면 할수록 그동안 자신이 마음 가는 대로 찾아다녔던 곳들이 도시재생으로 되살아난 지역들이라는 것을 알게 되었고, 자연스럽게 이 일의 가치도 더 크게 다가왔다고 한다. 수도권을 벗어나서 살아 보고 싶다는 생각도 늘 마음 한 켠에 자리하고 있었는데, 여러모로 군산은 마음에 드는 곳이라 앞으로 살아 볼 수 있는 데까지 오랫동안 살아 볼 생각이다. 군산으로 전입신고도 마쳤다.

"일 년을 살아 보니 군산에 완전히 적응했어요. 처음엔 유명한 카페들을 찾아다녔는데 지금은 그냥 2,000원짜리 아메리카노를 찾아 마셔요. 이젠 '아, 내가 이제 로컬인이 되었구나.' 하고 생각하죠."

처음에는 군산으로 잠시 유학을 왔다고 여겼지만 지금은 생각이 바뀌었다. 군산에서 배운 건 군산에서만 쓸 수 있으니까, 군산에 맞는 일을 배우면서 군산에서 살고 싶다는 것이 그의 바람이다.

"영화타운을 보면서 누군가는 생각보다 규모가 작다거나 기대에 못 미친다고 생각할 수도 있지만 아직은 나아질 여지가 많다고 생각해요. 그래서 큰 기대를 가지고 열심히 하고 있어요. 지방이라는 독특한 회사가 새로운 모델을 만들어 가고 있다는 점이 무엇보다 설레고, 이곳에서 만난 사람들이 엄청 매력적이라는 생각을 늘 가지고 있어요. 수도권에서는 만나기 힘든 독특한 라이프스타일을 가진 사람들이잖아요. 왠지 이런 사람들이랑 같이 살면 저도 굉장히 창의적인 사람이 될 거란 느낌이 들어요."

최근 지방은 영화시장 근처 2층짜리 건물을 빌려서 메이커스페이스를 만들고 있다. 그는 지역관리회사가 지방의 정체성이라면, 그 심장에는 DIT가 있다고 말한다. 사람들이 함께 부딪히며 무언가를 만들어 가는 경험이 지방이 추구하는 여러 가치 가운데 하나인 '주거의 변화'라는 목표를 만족시켜 주기 때문이다. 지방은 여러 차례의 DIT 프로그램으로 인테리어나 집 수리 분야의 가능성을 보여 주었다. 군산 밖 다른 지자체들도 영화타운 모델이나 DIT 프로그램에 관심이 많다. 송 매니저는 이곳 군산에서 해 볼 수 있는 것들을 다 해 보면서 가능성을 입증해 보이고 싶다고 했다.

[영화타운 수복 _백인창]

영화타운에는 수복이라는 사케바가 있다. 주인장은 백인창 대표다. 백 대표는 군산에서 태어나 30년 넘게 거의 군산을 떠난 적이 없다. 어릴 적 친구들은 대부분 군산을 떠났다. 그는 10년 넘게 바텐더로 일하면서 요리도 취미로 배웠다. 20대 때는 클럽에서 DJ로 활동하기도 했는데, 조권능 대표를 만난 것도 그 무렵 개복동에서였다. 조 대표가 더는 앙팡테리블을 꾸려 갈 수 없게 되었을 때 백 대표에게 가게를 맡아 볼 생각이 없느냐고 물었지만, 그는 감당할 자신이 없었다. 앙팡테리블을 이끌었던 조권능과 최윤복(영화타운 '해무' 대표)이라는 두 바텐더 말고 다른 누군가가 그 자리에 서 있는 모습은 떠올릴 수 없었다고 했다. 한참 세월이 흘러 그가 바텐더이자 요리사로 일하던 가게를 그만두고 새로운 일을 해 보려던 때, 조 대표가 영화타운의 새로운 가게를 맡아 달라고 부탁해 왔다. 이번에는 그러겠다고 했다.

영화타운 사케바 수복 ⓒ 수복

"가게 이름 '수복'은 모종린 교수님이 영화타운에 들렀다가 지어 주셨어요. 백화수복이 군산 술인데, 전 세계를 통틀어서 단일 브랜드로는 가장 많이 생산되는 사케라고 하시더라고요. 월명동에 있던 백화양조장이 두산주류를 거쳐 롯데주류에 인수되면서 지금도 명맥을 유지하고 있어요. 군산은 사케의 도시인데, 사람들이 잘 모르죠. 사케의 도시에 군산 사케의 이름을 딴 사케바를 여는 게 의미가 있을 거라고 생각했어요."

백 대표는 액티브 로컬 캠프에는 참여하지 않았다. 이곳에 가게를 열기로 했던 참가자가 마음을 바꾸면서 백 대표가 그 자리에 새 가게를 열게 된 것이다. 백 대표는 수복뿐만 아니라 지방의 요식 부문을 총괄하고 있다. 그는 손님들과 이야기 나누는 것을 즐기는 수다쟁이다. 손님이 바에 앉는 이유는 '바텐더와 이야기를 하고 싶어서'라는 것이 그의 생각이다. 일본 드라마 <심야식당>에서처럼 메뉴판에 없는 안주도 손님이 먹고 싶다고 하면 해 주기도 한다.

"지금은 두세 명씩 오는 손님이 가장 많아요. 혼술을 하러 오는 손님이 늘기를 바라요. 그래서 그런 분들한테는 안주도 술도 조금씩 더 푸짐하게 줘요. 혼자 온 여행객들이 마음 편하게 들어와서 저나 옆에 앉은 손님들하고 즐겁게 어울리는 그런 선술집을 꿈꿔요."

그는 붙임성이 좋아 영화동이나 월명동에서 가게를 하는 또래들은 다 안다. 언제든 가게 문을 열고 들어가서 이야기를 나눌 수 있는 이곳이 그는 너무 편하다고 했다. 서울에서 가게를 열었으면 어땠을까 하는 생각이 종종 들기도 하지만 크게 미련은 없다.

"이곳에 오면서 아주 극적인 변화를 기대하진 않았어요. 정말 이 동네가 사람들로 북적일 수 있을까 의구심도 들었죠. 지금은 언젠간 그렇게 될 거라 확신해요. 코로나19 사태만 아니었다면 벌써 기대를 훨씬 뛰어넘었을 거예요. 군산 사람들도 이곳을 찾는 걸 보면 뿌듯하죠. 벌써 충분히 의미 있는 성공을 거뒀다고 생각해요."

백 대표는 요즘 중국 요리를 연습하느라 바쁘다. 수복 건너편에 곧 청요리주점을 열 계획이다. 또 청주 양조도 준비하고 있다. 아직 우리나라에서 아무도 팔지 않는 생청주를 만들어 내놓는 것 또한 그의 목표 가운데 하나다.

[영화타운 돈키호테 _고은]

고은 대표는 영화타운에서 '돈키호테'라는 스페인 레스토랑을 운영한다. 영화타운에서 가장 사람들이 많이 찾는 곳이다. 조권능 대표와는 개복동 시절부터 10년 넘게 알고 지낸 사이로 조 대표가 앙팡테리블을 할 때 고 대표가 레시피를 만들어 주기도 했다.

한때 베트남으로 건너간 고 대표는 제법 큰 레스토랑을 맡아 운영했다. 직원만 50여 명이었다고 한다. 그러던 중 고향인 군산에서 살고 싶다는 생각으로 한국에 돌아와 창업을 준비하고 있을 때 조 대표가 액티브 로컬 캠프에 참여해 보지 않겠느냐고 했다. 골목의 분위기를 이끌어줄 '앵커 스토어'가 필요하다는 말에 몇 년만 해 보기로 했다. 다른 가게들이 다 5년짜리 계약서를 쓸 때 고 대표는 2년을 고집했다. 그렇게 15년 경력의 잘 나가던 셰프가 군산 영화타운 한 켠에 자리를 잡았다.

가게를 열기까지는 순탄치 않았다. 캠프 둘째 날에서야 시장을 찾아 가게 자리를 처음 볼 수 있었는데 기대했던 것과 너무 달랐다.

"느와르 영화에 나올 법한 으스스한 뒷골목 같았어요. 또 가게 자리는 아궁이가 있던 집이었는데 그나마 절반만 쓰게 될 거라고 했어요. 가재도구들이 쓰레기처럼 널브러져 있었는데 여기서 밥을 먹으면 식중독에 걸릴 것 같았죠. 속으로 '장난치나.' 하고 생각했어요."

영화타운 스페인 레스토랑 돈키호테 ⓒ 돈키호테

너비도 생각했던 것보다 작았다. 그는 첫 가게라도 66m² 정도는 돼야 한다고 생각했는데 돈키호테는 그 3분의 1 이다. 그나마 주방을 먼저 널찍하게 잡고 나머지를 손님이 앉는 홀로 꾸미다 보니 홀보다 주방이 더 크다. 공사 과정도 만만치 않았는데, 행정 예산을 쓰는 일이라 전등 하나도 마음대로 살 수 없었다. 그는 시공업체가 시청 사무실에나 어울릴 법한 형광등을 달려고 하기에 직접 등을 사다가 달았다. 철거와 건물 보강에 들어가는 돈은 지원을 받았지만 주방과 홀을 꾸미고 자재를 사는 데는 5,000만 원이 넘게 들었다. 또 3개월이면 가게 문을 열 수 있을 것이라 기대했는데 한참이나 늦어지는 바람에 지인들 가게에서 일하며 버텨야 했던 것도 힘들었다.

"관에서 하는 일이 그렇잖아요. 의견을 물어보긴 하지만 어차피 업자들은 시청의 의뢰를 받은 거라 우리 의견은 참조할 뿐이었어요. 조권능 대표가 중간에서 노력은 많이 했지만 처음 생각만큼 되진 않았어요. 내 뜻대로 할 수 없다는 걸 *깨닫고* 어차피 내 가게니까 내 돈 들여서 하자고 생각을 고쳐먹었어요."

그는 "가게 안에 하나하나 내 손길이 들어가지 않은 게 없다."라고 했다. 테이블 하나, 포크 하나까지 허투루 고르지 않았다. 테이블 세 개를 140만 원을 들여 맞춤 제작했고, 프라이팬은 하나에 10만 원씩 하는 해외 유명 브랜드로, 포크와 나이프 한 묶음도 6만 원짜리로 갖췄다. 가게 어디에도 그런 설명을 해 놓지는 않았지만 가끔 알아보는 이들도 있다고 한다.

그는 20년 경력을 가진 바텐더와 함께 일한다. 제주도의 어느 호텔 바에서 책임자로 '편하게' 일하던 바텐더를 '오고초려' 끝에 데려올 수 있었다. 둘이서 양파 깎고 과일 씻는 일부터 손님 테이블에 요리와 음료를 가져다주는 일까지 도맡고 있다. 주말에는 고 대표의 아내가 돕기도 하는데 그래도 손이 모자랄 때가 많다. 코로나19 사태로 군산에도 발길이 끊겼던 2020년 12월부터 두 달을 빼고는 단 하루도 손님이 없던 날이 없었다.

"가게 목이 생각만큼 나쁘지 않아요. 이름난 노포들을 가려고 이곳을 지나면서 '여긴 뭐지?' 하고 들어오는 거죠. 가게 겉모습으로 궁금증을 불러일으키고, 메뉴로 들어오게 하는 것까지는 가능하다는 뜻이에요. 먹어보고 다시 찾는 건 그다음 일이지만 가게로 들어오게 하는 것까지는 생각했던 것보다 쉽게 할 수 있는 곳이에요."

보름 정도 가게를 열었던 첫 달 매출이 1,000만 원이 넘었고, 둘째 달에는 다시 2,000만 원을 넘겼다. 토요일 하루 매출이 300만 원이 넘을 때도 있고, 손님이 몰린 어느 날에는 저녁 타임 두 시간 사이에 요리 100개를 만든 적도 있다고 한다.

"도저히 지나가고 싶지 않던 길이 지금은 뭐가 있는지 궁금하게 만드는 길이 됐어요. 가게엔 안 들어가더라도 사진 찍고 가는 사람도 많아요. 영화타운이 입소문이 나면서 주변에 괜찮은 가게들도 생겼고 그 가게들이 또 사람들을 불러들이고 있어요."

고 대표는 베트남에서 일할 때보다 더 힘들게 일하면서 돈은 더 적게 벌고 있다. 그럼에도 그는 고향에서 일하며 사는 지금이 더 좋다고 했다. 올해 5월로 벌써 2년 계약이 끝났지만 코로나19로 까먹은 시간도 있어서 아직 박차고 나가기에는 조금 이르다는 것이 그의 생각이다. 8월에 다시 찾은 돈키호테에서 그는 여전히 군산에서 가장 맛있는 파스타와 스테이크를 만들고 있었다.

[영화타운 해무 _최윤성]

럭키마케트에서 영화타운 골목으로 난 뒷문을 열고 나오면 바로 맞은편에 칵테일과 위스키를 파는 바 해무(海霧)가 나온다. 이름만큼이나 가게 분위기도 멋진 곳이다. 주인장인 최윤성 대표는 조권능 대표와 함께 개복동 앙팡테리블을 지킨 바텐더였다. 대학을 다니면서 4년 내내 저녁마다 앙팡테리블을 지켰다. 전북 장수가 고향인 그는 군산으로 대학을 진학하면서 처음 군산과 인연을 맺었다. 밴드 활동을 하던 과 선배를 따라 개복동 나는섬을 찾았고, 그곳에 모여 있던 청년 예술가 무리에 자연스레 녹아들었다. 디자인을 전공했던 그는 이곳에서 보컬로 더 이름을 날렸다.

"군산에서 음악 하는 사람은 다 개복동에 모여 있었죠. 나는섬에 모여서 늘 기타 치고 노래 부르면서 사람들과 어울렸어요. 작곡도 하고 정기적으로 공연도 했죠. 그러다 앙팡테리블에서 바텐더로 일을 하게 됐어요."

최 대표는 대학을 졸업하면서 더 큰 가게로 자리를 옮겼다. 돈도 더 벌어야 했고 음료도 더 공부하고 싶었다. 처음에는 서울에 갈 생각으로 돈을 모았는데 어느 순간 그 정도 돈이면 이곳 군산에서 '내 일'을 해 볼 수 있을 것 같아 생각을 바꿨다. 마침 그때 액티브 로컬 캠프를 거쳐 영화타운에 가게를 낸 디저트 카페가 문을 닫으면서 조권능 대표가 먼저 가게를 해 보지 않겠느냐고 연락해 왔다. 그는 그렇게 시작해 보는 것도 괜찮을 것 같아 받아들였다. 디자인을 배운 사람답게 공간 기획은 모두 그가 직접 했다.

"음료에 관심은 있었지만 그걸로 최고가 돼야겠단 생각은 없었어요. 음료는 사람 사이를 이어 주는 수단일 뿐이고, 그보다는 사람과 사람을 잇는 공간이 필요하고 또 더 중요하다고 봐요. 그래서 저는 매장이나 가게라는 표현보다는 공간이라는 표현을 더 좋아해요. 이 공간을 저만의 색깔이 묻어나는 곳으로 만들고 싶어요."

코로나19 사태가 터지긴 했지만 그는 지난해 9월에 가게 문을 열었다. 일 년 정도 지나고 보니 코로나19 사태로 기대했던 것만큼 매출이 나오지는 않았지만 나만의 공간을 만들고 운영해 왔다는 점에 만족한다. 처음에는 자정이 넘어서 일이 끝날 때가 많았는데, 요즘은 밤 10시에 문을 닫게 되면서 나머지 시간을 알차게 보내려 애쓰고 있다. 운동도 하고 평소 못 먹던 야식을 먹기도 한다. 그는 '쉬는 시간'이 주어진 것이라 여기며 최대한 아껴서 잘 쓰려 한다.

"앞으로 어떻게 될지 잘 모르겠지만 지금이 굉장히 중요한 기로인 것만은 분명해요. 조금 더 박차를 가해서 같이 시너지를 일으키느냐 아니면 서로 힘이 빠지고 지쳐서 도태되느냐 하는……."

같이 대학을 다녔던 친구들은 거의 서울을 비롯한 수도권으로 떠났다. 혼자 군산에 남은 것을 후회할 때도 더러 있다. 서울에 갔다고 아주 다른 삶을 살았을 것 같지는 않지만 그런 경험조차 해 보지 못한 것이 그도 가끔은 아쉽다. 기회가 닿으면 '서울 한 달 살이'쯤은 해 보고 싶은 바람이 있다.

[영화타운 장터왕족발 _백후남]

백후남 대표는 영화타운에서 장터왕족발을 운영하고 있다. 이곳에서 장사한 지 벌써 36년째로 상인회 회장이기도 하다. 그는 전북 남원 사람인데 1980년대 서른다섯 살에 '영 스낵'이라는 햄버거 가게를 사들이면서 이곳에 자리를 잡았다. 백 대표는 "그땐 자알 나갔다."라고 말했다. 미군들이 이곳에 많이 놀러오던 때였다. 미군 부대에서 나오는 쇠고기 패티를 사다가 우리나라 사람도 먹을 수 있게 양념을 해서 햄버거 하나에 1,000원에 팔았다. 미군들이 사건 사고를 많이 일으키는 바람에 부대 가까운 곳에 아메리칸타운을 조성하면서 이곳을 찾는 발길도 끊겼다. 그사이 부대 규모도 많이 줄었다. 1990년도부터는 족발과 술을 팔고 있다.

"조권능 대표가 오니까 좋아요. 아무래도 사람이 모이니까 좋죠. 코로나19 사태가 터지기 전에는 상인들이 얼마씩이라도 걷어서 조 대표한테 지원을 해 줬는데 지금은 장사를 안 하고 있어서 잠시 끊겼어요. 코로나 좀 물러나고 예방접종 맞으면 다시 모임을 해서 지원해 주려고 해요."

영화타운 골목에 화장실이 필요하다고 해서 백 대표가 자기 땅 33㎡를 화장실 터로 내놨다. 덕분에 새로 문을 연 작은 가게들이 한시름 덜었다. 한때 40개에 달하던 가게 수는 어느새 절반으로 줄었다. 그사이 세상을 떠난 가게 주인들도 많다고 한다.

백 대표는 이곳 건물들이 일제강점기에 일본 노동자들이 숙소로 쓰던 곳이라 작은 방들로 잘게 쪼개져 있었다고 했다. 일본인들이 떠난 뒤에는 해동공사를 거쳐 시로 관리 권한이 넘어갔고, 그곳에 살던 사람들끼리 측량을 해서 등기를 냈다. 사람이 살고 있는 만큼 등기권을 줬고, 그래서 무허가도 많다고 했다. 그는 법대로 다 맞추려면 돈이 많이 들어 나이 먹은 건물주들이 감당할 수 없을 것이라면서 무허가 건물들을 양성화해야 가게들이 더 많이 생길 것이라고 했다.

[건축공간연구원 지역재생연구단 _윤주선 채아람 김보미]

　윤주선 연구원은 지난해부터 건축공간연구원 지역재생연구단에서 김보미, 채아람 연구원과 함께 군산에서 또 다른 실험을 해 오고 있다. 오랫동안 잠들어 있던 군산시민문화회관을 깨워 새로운 문화공간으로 되살리는 일이다. 1989년에 문을 연 군산시민문화회관은 20년 넘게 시민들의 사랑을 받다가 2013년 차로 5분 거리인 지곡동에 더 큰 규모의 '예술의 전당'이 들어서면서 문을 닫았다. 잠든 지 벌써 8년째다.

　군산시민문화회관이 자리하고 있는 나운동 상권도 조금씩 내리막길을 걷고 있다. 아직 군산에서 두 번째로 사람이 많이 사는 동네이기는 하지만 1980년대부터 차례로 지어진 아파트들이 낡아 가는 사이 가까운 수송동, 조촌동, 구암동에 더 크고 세련된 아파트들이 들어서면서 적지 않은 인구가 빠져나갔다. 군산시민문화회관 주변 가게를 찾는 발길도 자연스레 줄면서 빈 곳도 늘어 갔다.

　다행히 2019년 군산시민문화회관을 되살리는 사업이 국토교통부 '도시재생 인정사업'에 뽑혀 50억 원의 예산을 받았다. 군산시는 여기에 지방비 40억 원을 보태기로 하고 건축공간연구원에 사업을 맡겼다. 이름하여 '프로젝트 거인의잠'이다. 세 사람이 맡은 일은 앞으로 군산시민문화회관을 오래오래 잘 꾸려 갈 팀을 찾아내는 것으로, 그러려면 해야 할 밑 작업들이 한두 가지가 아니었다. 건물 너비만 5,000㎡(지하 1층, 지상 3층)에 달하는 이 거대한 건물을 무엇으로 채울 것인지, 또 되살린 뒤에는 무슨 돈으로 꾸려 갈지 밑그림을 그려야 했고, 그 안에 오랜 시간 군산시민문화회관을 지켜본 시민의 바람도 담아내야 했다. 부담스러운 일일 수밖에 없다.

　처음 일을 맡은 윤 연구원도 첫 6개월 동안은 엄두가 안 나서 손도 못 댔다고 한다. 그러던 어느 날 군산시민문화회관을 찾아 이곳저곳을 둘러보다 고(故) 김중업 건축가가 승인한 도면을 찾아냈다. 그동안 '김중업이 설계했더라.'라는 소문만 있을 뿐 뚜렷한 증거가 없었는데, 지은 지 30년 만에 김중업의 직인이 찍힌 설계도가 세상에 나온 것이다. 그것도 그의 눈앞에. 그 순간 그는 이 일이 피할 수 없는 '인연'으로 다가왔다고 한다.

"생산가능인구보다 고령자가 많은 현실에서 공연장이나 미술관은 고정지출이 많아 어렵다고 생각했어요. 국비를 들여 아무리 멋지게 꾸며 놓아도 앞으로 운영비가 몇 배가 더 들어갈 텐데, 지자체가 그 비용을 떠안을 순 없어요. 그래서 공간을 꾸미는 일보다는 콘텐츠와 사람에 투자해서 건물보다 사람의 활동이 더 빛나게 하자고 마음먹었죠. 또 회관의 에너지가 주변의 상권으로도 퍼져 나가 빈 가게들도 다시 흔들어 깨울 수 있도록 할 생각이에요." _(윤주선 연구원)

군산시민문화회관을 깨우려는 DIT GRAND FESTA와 거인의 초대 ⓒ 건축공간연구원

주변 상가들을 둘러보니 예술가들로 북적이던 동네의 유전자가 곳곳에 그대로 남아 있었다. 세 사람은 이것들을 다시 이을 수만 있다면 흥미로운 '마을 브랜딩'이 될 것으로 봤다. 윤 연구원은 이를 "문화·예술이 나아갈 방향인 문화 민주주의가 꽃피우는 공간을 만드는 일"이라고도 했다. [11]

김보미, 채아람 연구원은 지난해 가을 무렵부터 함께 일했다. 윤 연구원은 함께 일할 팀원을 뽑으면서 건축이나 도시계획을 전공하지 않은, 다른 시각을 가진 이들과 함께 일을 해 봤으면 하는 바람에서 전공을 열어 두었다고 한다. 채아람 연구원은 미술을 전공했고, 유튜브 채널 '프로젝트 거인의 잠'을 책임지고 있다.

"도시재생을 제대로 하려면 다양한 분야를 이해할 수 있는 전문가들이 있어야 하는데 지금까지는 그러지 못했어요. 그러다 보니 비슷비슷한 생각에서 벗어나지 못하는 일이 많았죠. 보고서 형식 하나만 봐도 거의 100년 동안 똑같은 형식에 갇혀 있는데 이런 형식으로 현장에서 만나는 이들에게 꼭 필요한 정보를 줄 수 있을까 의문이 들었어요. 그래서 우리가 하는 일, 앞으로 할 일들을 영상으로 찍어서 누구라도 쉽고 재미있게, 또 거의 실시간으로 접할 수 있도록 애쓰고 있기도 해요."_ (채아람 연구원)

김보미 연구원은 대학에서 주거환경을 전공하고 졸업한 뒤에는 마을만들기지원센터에서 마을 계획 세우는 일을 했다. 그런 만큼 사람들을 만나의견을 듣고 정리하는 일에 익숙하다. 팀에서는 지역 조사와 커뮤니티를 담당하고 있고, 지금까지 군산에서만 60여 명을 인터뷰했다.

"나운동에 사는 주민, 상인, 예술가들을 만나서 라이프스타일과 지역 문화에 대해 이야기를 들었어요. 길게는 한 시간 넘게 이야기를 나누기도 했죠. 그냥 가게 문을 열고 들어가서 인터뷰를 부탁해요. 만나 보니 다행히 다들 시민문화회관에 얽힌 추억들도 있고, 8년 동안이나 방치돼 있다 보니 좋은 활용 방안을 찾았으면 하는 바람들도 있었어요." _ (김보미 연구원)

이들은 더 많은 시민의 이야기를 모아 보려고 사진 공모전도 열었다. 저마다의 추억이 담긴 사진과 사연을 받아 전시회를 연 것이다. 사진을 보내 준 이들을 다시 만나 이야기를 더 들어보는 시간도 가졌고, 전시회를 찾아온 시민의 이야기도 담아냈다.

회관에 얽힌 이야기들을 모으다 한때 회관 지하로 들어가는 입구 앞, 사람들 눈에 잘 안 띄던 곳에서 스케이트보드를 타거나 비보잉(춤)을 하며 이른바 '길거리 문화'를 즐기던 청년들이 있었다는 사실도 알게 됐다. 그래서 지난해 11월, 사람들을 모아 군산시민문화회관 옥상에 '스케이트보드파크'를 만드는 떠들썩한 한바탕 축제 'DIT GRAND FESTA'를 열었다. 5일 동안 진행된 이 행사에 일반인 참여자 22명에 스태프와 기획자들까지 합쳐 모두 50여 명이 참여했다. '돈을 내고 막노동을 하는 일에 과연 사람들이 올까?' 하는 걱정도 앞섰지만 사람들은 새로운 풍경과 문화를 만드는 일에 기꺼이 힘을 보탰다. 군산의 스케이트보드 크루(모임)도 틈틈이 찾아와 코스들 사이의 적당한 거리나 각도를 잡아 주기도 하고, DIT 참가자들에게 보드 타는 법도 알려 줬다.

"재미있는 기획엔 재미있는 사람이 모이고, 재미있는 사람이 또 다른 재미있는 사람을 부르는 것 같아요. 기획만 충실하다면 어떻게든 사람들은 모여요. 처음 DIT 행사를 할 때도 다들 아무도 안 올 거라고, 누가 자기 돈 내서 남의 공사에 일하러 오겠느냐고 했지만 막상 뚜껑을 열어 보니 늘 모집 인원보다 더 몰려서 다 받지 못했어요." _ (윤주선 연구원)

"행사를 함께 만들 이들이 충분히 갖추어져 있어서 시작했던 일은 아니에요. 오히려 연구진이 먼저 방향을 정하고 여기에 필요한 역량을 지닌 사람들을 찾아내는 과정을 밟았어요. 행사 준비 과정 자체가, 우리들한테도 '군산에 이런 다양한 인물들이 있구나.' 하고 깨닫게 해 준 시간이었고, 군산 분들끼리도 서로를 발견하고 알아 가는 계기가 되었어요. 멀리서 온 참가자들도 많았는데, 다 같이 힘을 합쳐서 하나의 새로운 풍경을 만들어 내는 경험을 하다 보니까 짧은 시간에도 회관에 굉장한 애정을 가지게 되더라고요."_ (채아람 연구원)

회관 한 켠에서 스케이트보드를 타던 청년들이 있었다고는 하나 군산시민문화회관과 길거리 문화가 썩 잘 어울리는 것은 아니다. 윤 연구원은 "앞으로 되살아날 이곳 군산시민문화회관은 오페라나 발레처럼 문턱 높은 문화공연뿐 아니라 서브 컬처나 젊은 사람들이 더 참여할 수 있는 문화도 폭넓게 담아내고 싶다는 지향을 군산 시민과 앞으로 이곳을 운영하고자 하는 모든 이에게 드러내 보이고 싶었다."라고 말했다. 김보미 연구원도 "정말 많은 분들을 만나 보니 자신의 업을 영위하면서도 예술가로서의 삶을 놓지 않는 '생활 예술가'들이 많다는 것을 알게 됐다."면서 앞으로 이 생활 예술가들이 회관에 새로운 생명력을 불어넣어 주기를 바란다고 했다.

"신발 가게를 하면서 그림을 그리거나, 빵 가게를 하면서 상권을 살리려고 벌써 3년째 매주 공연을 기획해서 올리는 사람도 있었어요. 스스로는 취미생활이라고 하지만 우리가 보기엔 일상에서 예술로 주변 사람들에게 영감을 주는 도시문화 기획자예요. 앞으로 이런 사람들이 시민문화회관을 주도적으로 활용했으면 하는 바람이 있어요. 그래서 그런 가능성을 보여 주려고 노력하고 있죠."_ (김보미 연구원)

그렇게 마련한 행사가 지난 5월에 열린 '거인의 초대'였다. 이들은 그동안 모은 역사 자료들과 시민 인터뷰 등을 전시했다. 또 아침마다 사람들을 모아 드넓은 공간 곳곳을 둘러보며 눈길 닿는 곳마다 배어 있던 추억의 흔적을 들추어 보고, 발길이 머무는 곳마다 쌓여 있는 세월의 무게를 나누었다.

회관 앞 주차장과 광장에서는 의자 만들기 DIY 대회, 종이비행기 날리기 대회, 엉덩이로 책 읽기 대회, 재활 요가 클래스, 플리마켓 등 지역 조사를 하며 발굴한 지역민들이 기획자가 되어 마련한 여러 프로그램들을 펼쳐 냈다. 그리고 5일간 이곳을 찾은 이들은 앞으로 군산시민문화회관이 어떤 공간으로 되살아날지를 자연스럽게 느낄 수 있었다.

주차장을 없애는 사회 실험도 숨어 있었다. 지난 8년 동안 지역민과 상인들이 주차장으로 쓰던 널찍한 회관 주차장에 5일간 차가 드나들지 못하게 하고 행사장으로 활용하면서 앞으로 거인이 잠에서 깨어나면 이곳 주차장이 더 나은 공간으로 거듭날 것이란 점을 주민 스스로 느껴 보도록 했다. 채아람 연구원은 "나운동에 있는 유일한 오픈 스페이스가 이대로 주차장으로만 쓰이는 게 과연 옳은가?"라는 의문이 들었다면서, "시민이 직접 같은 공간이 얼마나 재미있는 공간으로 바뀔 수 있는지 경험할 수 있도록 임시 광장을 조성하고, 재미있는 야외 활동과 프로그램을 기획했다."라고 말했다. [12]

앞으로 군산시민문화회관을 새롭게 설계하고 운영해 갈 팀을 뽑는 공모가 시작된다. 공공의 지원에만 기대지 않고 스스로 꾸려 갈 수 있을 만큼의 수익도 창출해야 하고, 다른 지역 팀과 컨소시엄을 맺더라도 가급적 운영만큼은 군산 팀이 맡아야 한다. 아무리 규모가 큰 건물을 운영해 본 경험이 있다고 해도 군산에 머물지 않으면 제대로 운영할 수 없다고 생각해서다. 건축공간연구원과 군산시가 판을 깔고 시민이 함께 만들어 가고 있는 또 하나의 혁신 플랫폼이 앞으로 어떠한 변화를 만들어 낼지 벌써부터 궁금해진다.

기업이 판을 깔고 민간이 이끄는 로컬라이즈 군산

영화타운을 되살리려는 액티브 로컬 캠프가 끝나고 이듬해인 2018년, 시장 안 골목 곳곳에서 공사가 한창일 무렵 또 하나의 혁신 플랫폼이 준비되고 있었다. 이번에는 SK E&S[13]라는 기업이 판을 깔고 창업 컨설팅 기업 언더독스가 이끌었다. 이 혁신 플랫폼의 이름은 '로컬라이즈(Local:Rise) 군산'이다. 공식 웹사이트(localrise.co.kr)에는 "군산을 기반으로 다양한 로컬 창업과 혁신 활동을 통해 지역사회에 새로운 에너지를 충전하는…… SK E&S와 언더독스가 함께 시작한 Renewable City Project(재생가능한 도시 프로젝트)"라고 프로젝트를 소개하고 있다.

"로컬라이즈 군산은 로컬이라는 공간, 청년이라는 대상, 창업이라는 방식을 접목한 실험적 모델입니다…… 서로 다른 대상과 방식이 만나 독특한 시너지를 만들어 냅니다. 오래된 도시와 젊은 에너지가 만나 새로운 정체성을 만들었고, 서로가 좋은 영감이 되어 주며 강력한 커뮤니티를 이루었습니다."[14]

언더독스가 마련한 로컬라이즈타운. 영화타운과 마주보고 있다. ⓒ 언더독스

한마디로 서로 다른 이들이 만나 공동체를 이루고, 서로 영향을 주고받으면서 새로운 업을 만들어 내고, 또 도시를 되살리려는 '전례 없는 시도이자 실험'이라고 할 수 있다. 처음부터 적어도 3년을 바라보면서 시작한 프로젝트라는 점도 눈여겨볼 만하다.

[로컬라이즈 군산 _이슬기]

이슬기 매니저는 '로컬라이즈 군산' 운영사인 언더독스에서 일한다. 서울에서 태어나 한 번도 서울을 떠난 일이 없던 그는 언더독스에 들어온 지 얼마 지나지 않아 이 프로젝트를 맡아 보지 않겠느냐는 제안을 받았다. 그는 재미있겠다는 생각에 별다른 고민 없이 받아들였다. 하지만 처음 군산에 온 날, 그는 이 일이 만만치 않다는 것을 깨달았다.

"2019년 3월 어느 주말이었는데 날씨도 흐리고 사람이 정말 너무 없었어요. 같이 온 매니저랑 여기서 뭘 할 수 있을까 걱정이 들었죠. 근처에 프랜차이즈 카페가 있었는데 저녁 8시가 되니까 문을 닫더라고요. 근처에서 큰불이 나도 뉴스에 메인으로 안 뜨는 걸 보면서 알고 있던 것보다 수도권과의 격차가 더 크다는 걸 실감했어요."

로컬라이즈 군산이 닻을 올린 첫해인 2019년에 앞으로 3년 동안 지원할 23개 팀을 뽑았고, 이듬해에는 3개 팀을 더 뽑았다. 그리고 2021년 올해는 더는 팀을 뽑지 않고 26개 팀을 뒷받침하는 데 힘을 쏟고 있다. 지역에 제한을 두지는 않았지만 F&B(식음료) 창업팀은 뽑지 않았다. 뽑더라도 이미 군산에서 창업한 팀만 받았다. 적어도 동네 상권에 새로운 경쟁자는 만들지 말아야 한다고 생각했다. 또 경쟁하기보다는 협력하고 함께할 수 있는 동료 관계를 구축하는 것이 로컬라이즈 군산이 해야 할 일이라고 믿었다.

"첫해에 뽑은 팀들을 꾸준히 육성한다는 게 기본 방침이었어요. 이듬해에 3개 팀을 더 뽑은 건 우리에게 부족하다고 생각했던 분야, 첫해에 뽑은 팀들이랑 협력할 수 있을 만한 팀들이었기 때문이었죠. 3년째인 올해 목표는 창업으로 이 지역을 되살리겠다고 했던 처음 목표에 더 가까이 다가가는 거라고 할 수 있어요."

첫해에는 인큐베이팅 트랙과 엑셀러레이팅 트랙을 나눠서 교육을 진행하면서 약간의 창업 비용을 지원했다. 이듬해부터는 창업팀들을 동업자로 바라보면서 창업팀과 계약을 맺고 KPI(핵심성과지표)를 달성할 수 있도록 새로운 시도들을 할 수 있게 뒷받침하고 있다.

"로컬라이즈 군산도 마찬가지인데 동네에 보기 드문 스타일을 가진 가게들이 한꺼번에 생기는 건 좋은 사례로 보여요. 만약 하나씩 하나씩 생겼다면 휘청거렸을 수 있잖아요. 전체를 브랜딩해서 홍보하기도 훨씬 좋고요. 영화타운을 보면서 동네에 빈 공간들이 많은데 이것들을 한꺼번에 채울 수 있는 방법은 없을까 하는 생각을 해 보기도 했어요."

2019년 여름, 그러니까 영화타운 가게들이 막 문을 열던 무렵에 언더독스가 먼저 조권능 대표를 찾아가 지역 코치를 맡아 달라고 했다. 조 대표는 흔쾌히 받아들였다. 언더독스는 영화타운 바로 건너편 3층짜리 빈 건물을 사들여 로컬라이즈 군산 창업팀만의 코워킹 스페이스 '로컬라이즈 타운'으로 되살렸다. 식당으로 쓰던 1층은 누구나 잠시 머물다 갈 수 있는 카페이자 로컬 제품을 만날 수 있는 편집숍으로, 가정집이던 2층과 3층은 코워킹 스페이스와 라운지 그리고 회의실과 공유주방으로 탈바꿈했다. 옥상에서는 가끔 파티가 열린다. 로컬라이즈 타운과 나란히 붙어 있는 게스트하우스이자 책방인 하늘책방이 로컬라이즈 군산 팀들이 머무는 숙소였다. 창업팀들은 올해 3월까지 2년 가까이 함께 먹고 자면서 가족처럼 지냈다.

윤주선 연구원은 처음부터 게스트하우스를 마련해 모든 팀이 합숙을 하도록 했던 기획이 생각지 못했던 효과를 냈다고 했다. 23개 팀, 40여 명에 달하는 청년들이 한곳에 모여서 지내다 보니 하루가 다르게 가까워지면서 쉽게 얻기 힘든 지역 정보들도 오가고, 새로운 아이디어와 에너지도 샘솟았다.

"자연스레 팀워크가 만들어지면서 알아서 협업을 하게 됐어요. 처음에 이야기했던 다양성들이 일 년 사이 어마어마하게 만들어졌죠. 잡지를 내는 팀이랑 옷을 빌려주는 팀, 디자인 팀과 식품을 다루는 팀이 협업을 하면서 지역 골목에서 흔히 볼 수 없는 변종들이 계속 나오고 있고, 그것이 하나하나의 팀이 가진 경쟁력을 훨씬 뛰어넘는 시너지 효과를 만들어 내고 있어요." [15]

길 하나를 사이에 두고 로컬라이즈 군산과 영화타운이라는 두 개의 혁신 플랫폼이 마주하고 있다 보니 이들 창업자들끼리도 알게 모르게 협업이 이루어졌다. 함께 메뉴를 만들어 보기도 하고, 아직 가게가 없는 로컬라이즈 군산 창업팀이 낮에 팝업 스토어를 할 수 있도록 영화타운 창업팀이 가게를 빌려주기도 했다. 두 개의 혁신 플랫폼이 만나 더 크고 유연한 플랫폼이 만들어진 셈이다.

그사이 벌써 2년이 훌쩍 지나갔다. 그러니까 올해가 SK E&S가 지원을 약속한 마지막 해다. 이슬기 매니저는 2019년 첫해에는 23개 팀에 50명이 넘는 사람들과 정해진 프로그램을 진행하는 것만으로도 벅찼다고 했다. 지금은 절반 가까운 사람들이 이곳 군산에 남아 몸으로 부딪히며 새로운 관계들을 맺어 가고 있어 뿌리내리고 뻗어 나가는 속도가 무척 빠르다.

이 매니저는 군산시나 도시재생지원센터와 협력 관계를 만들어 가면서 이들 팀에 더 많은 기회와 공간을 열어 주려고 애쓰고 있다. 올해가 공식적으로는 마지막 해인 만큼 해 볼 수 있는 데까지는 해 보기로 마음먹었다. SK E&S가 더 지원하지 않더라도 언더독스는 이곳에 남아 활동을 이어 갈 생각이다. 구체적으로는 여러 창업팀들을 하나의 브랜드로 묶어서 더 매력적인 제품과 서비스를 만들어 보려고 한다. 그러려면 더 많은 협력과 실험이 필요하다. 26개 팀이 모두 창업을 했고 15개 팀 정도는 군산 영화동과 월명동에 가게를 냈다. 한두 달에 한 번씩 다 같이 모이기도 하고 이곳 거점을 오가며 만나기도 한다.

"인큐베이팅 트랙에 참여한 팀들은 정말 맨몸으로 왔는데 꽤 많은 팀들이 군산에 사업자를 내는 걸 보면서 뿌듯했어요. 다들 주변에 같이 창업하는 팀들이 없었으면 혼자서는 못했을 거라고 이야기해요. 첫해엔 편의점에 가면 서울 안 돌아가느냐고 물어보기도 했는데 지금은 안 물어봐요. 그냥 남아서 열심히 하는 모습을 보여 주는 게 답인 것 같아요."

이 매니저는 군산에 애정이 많이 생겼다고 했다. 처음에는 한 달에 두 번씩 주말마다 서울에 갔는데 지금은 서울 집도 처분하고 회사에서 마련해 준 숙소에서 지내고 있다.

"평일에 일하는 모습은 서울이나 여기나 마찬가지지만 주말엔 여유를 가지고 돌아다니다 보면 서울보다는 확실히 마음이 편안한 걸 느껴요. 군산은 아주 조용하고 마치 시간이 멈춘 듯한 도시예요. '서울에서 사는 것만이 답은 아니겠구나.' 하는 생각을 해요."

[SK E&S _최은정]

최은정 SK E&S 매니저는 대학에서 사회복지와 홍보를 전공했다. 2006년부터 여러 회사들에서 CSR(기업의 사회적 책임) 일을 해 왔고, SK그룹에 들어온 지 올해로 11년째다. 오랜 시간 이 일을 해 오면서 해마다 되풀이되는 기부와 봉사활동을 뛰어넘어 의미 있는 변화를 만들고 싶은 욕심이 생겼다.

"꼭 어떤 목적을 가지고 한다기보다는 기업을 운영해 나가는 근간과 전략이 곧 사회적 가치가 되었으면 했어요. 기업 경영활동에 경제적 가치뿐만 아니라 사회적 가치도 중요한 경영 전략이 되었으니까요. 그래서 처음에는 우리 팀원들도 어려워했죠. 도대체 어느 것이 더 우선시되어야 하는지……그러다 두 가지 가치를 함께 추구하는 모델을 찾은 게 바로 '로컬라이즈 군산'이에요."

에너지 기업인 SK E&S는 부산, 전북, 충청 등 수도권 밖에 뿌리를 내리고 사업을 하는 경우가 많다. 군산 바로 옆 익산에 '전북에너지서비스주식회사'가 있고 군산, 김제, 부안을 아우르는 새만금의 수상태양광 사업을 검토하고 있어서 군산이 새로운 사업지로 물망에 오르게 됐다. 그 뒤로 지역자원 조사도 하고 여러 곳들을 찾아다니며 지자체와 주민을 만난 끝에 군산에서 해 보기로 했다. 군산의 근대 문화유산과 시청의 의지도 한몫했다.

처음 시청을 찾아갔을 때만 해도 공무원들이 크게 반기지는 않았다고 한다. 최 매니저는 "그동안 기업에 너무 당해서 그랬을 거다."라며, "환영을 해 주든 안 해 주든 정말 꾸준히 찾아뵈었다."라고 했다.

"(군산시는) 우리가 이렇게까지 오래 한곳에서 지원할 줄은 몰랐던 거죠. 지금은 시청과 좋은 파트너가 됐어요. 그냥 기부만 하거나, 한두 해 하고 마는 지원이 아니라 우리만의 새로운 사회적 가치 모델을 발굴해서 그걸 전국으로 확장하는 실험을 하고 싶었어요."

처음에는 군산을 잘 아는 소상공인과 지역민 등 10명 정도를 모아 '지역 현안 도출 위원회'를 꾸렸다. 소상공인들에게 혼도 많이 나고, "그냥 돈만 쓰고 나가지 말고 여기 소상공인들하고 잘 어울리면서 오래도록 해야 한다."라는 당부도 들었다. 그는 "그런 이야기들이 아팠다."라고 했다. 최 매니저는 모종린 교수, 윤현석 무등산브루어리 대표 같은 외부 전문가들과 조권능 대표, 윤주선 연구원처럼 군산을 잘 아는 사람들과도 자주 깊이 있는 이야기들을 나누면서 모델을 계속 다듬어 나갔다.

그가 보기에 소셜벤처 지원 사업은 보통 1,000~3,000만 원을 지원하고 나면 끝나는 사업들이었고, 그러다 보니 좋은 아이템을 가진 팀도 이곳저곳 지원 사업을 옮겨 타면서 어렵게 업을 이어 갈 수밖에 없었다. 그래서 그는 '실패해도 좋으니 한 팀을 3년 동안 꾸준히 뒷받침해보자.'고 마음먹었다. 지원은 하되 간섭은 하지 않겠다는 원칙도 세웠다. 가급적 'SK'가 드러나지 않도록 애를 쓴 것도 그런 이유에서다.

그는 스스로 큰언니이자 깍두기로서 창업팀들을 자주 만나면서 누구에게도 털어놓기 힘든 이야기들을 들어 주려 애썼다. 절반은 멀리서 온 팀인데다 코로나19 사태가 터지는 바람에 겪을 수밖에 없던 여러 가지 말 못할 어려움들을 어떻게든 풀어 주고 싶었다. 또 사업을 해 나가는 데 정말 필요한 것이 무엇인지를 깨달을 수 있도록 도와주고 싶었다. 서울에서 아이를 키우지만 적어도 일주일에 한 번은 군산에 가야 한다는 나름대로의 원칙도 세우고 지켰다.

그는 군산에서 살아남으려면 군산에만 머물러서는 안 된다고 생각했다. 그래서 2020년 7월에는 '나를 찾아온 도시'라는 캐치프레이즈로 서울에서 '로컬 시티전(展)'을 열었다. 군산을 비롯해 서울에서는 접하기 힘든 강릉과 제주의 로컬 브랜드 26개를 모아 사진과 글, 영상에 이야기를 담았다. 또 팝업스토어에서는 100여 가지의 식품과 생활용품, 굿즈도 팔았다. 여러 로컬과 로컬 브랜드를 이어 보자는 뜻이 담긴 자리였다. 올해는 군산을 비롯해 우리나라를 대표하는 항구도시인 인천과 부산의 로컬 수제 맥주를 테마로 로컬 항구 팝업스토어를 잇달아 열 계획도 가지고 있다. 한두 번 행사에 그치지 않고 한 발 더 나아가 로컬과 로컬을 잇는 상품과 서비스도 개발해 보고 싶다.

"우리의 역할은 기획자로 끝나지 않아요. 창업팀들과 우리가 알고 있던 팀들끼리 협업할 수 있는 기회도 마련하고, (SK 멤버사인) 11번가와 행복나래에서도 판매할 수 있도록 했어요. 엄청나게 많이 판매가 된 건 아니지만 새로운 판로를 경험해 보면서 상품을 다시금 돌아보는 기회가 되었죠."

처음 사업을 기획할 때는 '소셜 이노베이터스 랩(social Innovator's lab)', 그러니까 '사회혁신가 연구소'라는 이름으로 시작한 사업이었다고 한다. 처음부터 세상에 내놓을 그럴듯한 성과에 매달리기보다는 '실패해도 괜찮은' 실험이라는 점에 무게를 둔 셈이다. 다행히 최근에는 경북 영주를 비롯해 다른 지역을 기반으로 사업을 하는 멤버사들 서너 곳이 로컬라이즈 사업에 관심을 보이면서 청년 창업팀들과 상품을 같이 개발하거나 공간을 제공하는 사업을 준비하고 있다. 군산은 물론 할 수 있다면 다른 곳들까지 엮어서 더 큰 창업 클러스터를 만들고 확장하는 것이 목표다.

그는 "아직 계획했던 3년이 다 끝난 건 아니지만 안팎의 평가는 좋은 편"이라고 했다. 하지만 지원이 모두 끝나 봐야 제대로 된 평가를 할 수 있다는 것도 그는 잘 알고 있다. 그래서 창업팀들에 앞으로 3년 동안 어떻게 살아남고 키워 나갈지 계획을 세워 보라고도 했다. 언더독스와 함께 투자받을 길도 찾아보고 있다. 그리고 무엇보다도 로컬라이즈 군산 모델을 잘 다듬어서 SK그룹 다른 멤버사들도 이 의미 있는 실험에 나서도록 할 생각이다.

"로컬라이즈 군산 모델을 그대로 심으면 좋겠지만, 가령 로컬라이즈 익산을 한다면 당연히 익산에 맞게 계획을 다시 짜야 해요. 창업가를 키워 지역을 되살린다는 큰 틀은 유지하되, 익산은 익산대로 지역 여건이나 사회문제가 다르니까요. 최근 SK넥실리스는 전북 정읍에 로컬라이즈 모델을 추진하려고 MOU를 맺었어요. 로컬라이즈 모델이 전국적으로 확산되면 우리 군산팀이 더 멋지게 활동하도록 지원해 보고 싶어요."

[로컬프렌들리 _김수진]

김수진 주식회사 로컬프렌들리 대표는 2019년 '로컬라이즈 군산'에 예비 창업자로 뽑혀 4개월의 창업교육을 받은 뒤 지난해 회사를 차렸다. 로컬프렌들리는 '로컬 커뮤니티 매니지먼트' 회사다. 조권능 대표가 운영하는 지방과 함께 영화타운 바로 길 건너에 자리한 커뮤니티호텔 '후즈'도 운영하고 있다.

커뮤니티호텔 후즈의 모습 ⓒ 로컬프렌들리

"커뮤니티호텔 후즈는 단순한 숙박 공간을 넘어 지역의 콘텐츠가 담긴 공간이에요. 이런 공간을 기획하는 일을 하죠. 또 지역민이 찾는 살롱을 운영하거나 여행객을 끌어들일 콘텐츠를 개발하는 일도 하고 있어요. 지역을 기반으로 커뮤니티 비즈니스를 한다고 보시면 돼요."

김 대표는 대구 사람이라고 했지만 고등학교를 졸업하고 가족 모두가 수도권으로 옮겨 간 뒤로 줄곧 수도권에서 살아왔다. 그래서 대구를 돌아가야 할 고향이라고 생각하지는 않는다. 서울로 대학 진학을 한 뒤에는 도시재생에 흥미를 느껴 신촌도시재생지원센터가 진행한 교육과 시범사업, 공동체 모임 등에 참여하면서 주민과 어울렸다. 이때 많은 시간을 보냈던 이화여대 앞을 비롯한 신촌 지역을 그는 처음으로 '내 동네'로 인식했다고 한다. 대학을 졸업한 뒤에는 서울에서 시민단체 활동가로서 로컬 청년들을 길러 내는 일을 했다. 사회적으로 의미 있는 일이었지만 지속 가능한 일인지 의문이 들었다.

"청년들이 사회를 변화시키면서 동시에 삶을 꾸려 갈 수 있는 수익까지 낼 수 있을지 의문이 들었어요. 마침 '로컬라이즈 군산' 프로젝트를 알게 돼 동료들이랑 소셜벤처를 창업해 보기로 했죠. 처음엔 서울로 다시 돌아갈 수도 있다는 생각을 했지만 지금은 군산에 남아 로컬에서의 삶을 어떻게 하면 지속 가능하게 할지 치열하게 고민해 보기로 마음먹었어요. 다 같이 주소지도 옮기고 로컬프렌들리를 창업했죠.”

　　공동체와 관계, 소통을 기반으로 원도심 문제를 해결해 볼 수 있을 것이라는 가설을 세우고 로컬라이즈 군산에 참여했다. 커뮤니티호텔 같은 공간을 운영해 보는 것도 가설을 실현하는 방안 가운데 하나다. 그 밖에도 사람들을 끌어들일 수 있는 여러 콘텐츠를 발굴하고 있다. 그는 스스로를 공간 운영자이자 로컬 콘텐츠 큐레이터라고 생각한다.

　　커뮤니티호텔 후즈는 갑작스레 운영하게 되었다. 지방과 함께 럭키마켓 2층과 3층에 게스트하우스 ‘후즈넥스트’를 준비하고 있었는데, 영화타운 바로 길 건너에 있던 숙박시설 운영자이자 건물주가 이제는 나이가 들어 더는 운영하지 못하게 된 숙박시설을 운영해 보지 않겠느냐고 제안해 왔다. ‘영화장’이라는 옛 목욕탕 건물을 리모델링하여 1, 2층은 미술관으로, 3층은 숙박시설로 쓰고 있었다. 오랫동안 묵혀 있던 먼지를 털어 내고 손을 본 뒤 문을 열었다. 숙박시설로 쓰던 곳이라 다행히 크게 손대지 않고도 문을 열 수 있었고, 운영을 해 보면서 여러 노하우도 익혔다. 문을 열자마자 코로나19 사태가 터지는 바람에 어려움도 겪었지만 방마다 욕실과 화장실이 딸려 있어 다행히 손님들이 꾸준하게 찾아 주고 있다.

　　“창업을 하고 나면 뭐든 빨리 실험해 보고 반응을 봐서 다시 재빨리 바꿔야 한다고 하지만 공간을 운영하는 건 다르다는 걸 배웠어요. 새 음식 메뉴를 개발하는 것처럼 빨리 반응을 알 수 없거든요. 외부 요인으로 멈춰 있다 보니까 처음엔 힘들었던 것도 사실이지만 차분하게 우리 일을 돌아보고 새로운 일들을 떠올려 보는 시간도 됐어요."

　김 대표는 게스트하우스의 규모를 늘리기보다는 더 많은 가게들과 촘촘하게 관계를 맺고 싶은 바람이 있다. 그는 벌써 군산에서 이름난 식당과 게스트하우스들은 모두 찾아가 봤다고 한다. 가게마다의 장단점들도 분석해서 차곡차곡 모아 두었다. 후즈에 묵는 여행객들에게 좋은 곳들을 소개해 주기도 하는데 따로 수수료를 받지는 않는다. 아직은 돈을 벌기보다는 좋은 동료를 만들고 싶은 마음이 더 크다. 로컬프렌들리에는 김 대표를 비롯해 서너 명이 일하는데 모두 군산 밖에서 나고 자란 청년들이다. 후즈의 예약 관리와 공간 운영, 청소까지 도맡아서 하고 있다.

　로컬프렌들리는 여러 공동체 프로그램도 기획해 운영하고 있다. 군산을 찾는 여행객들은 길어도 한나절을 머물다가 다른 곳으로 떠나곤 한다. 저녁이나 밤 시간에 즐길 거리가 부족해서다. 여행객이 많이 찾는 월명동 거리에도 해가 지고 나면 인적이 뜸하다.

　그래서 김 대표는 군산의 밤이 심심한 사람들을 모아 보기로 했다. 로컬라이즈타운 1층을 빌려 잘 먹고 잘 놀 수 있는 프로그램을 기획했다. 가까운 게스트하우스 주인장들에게도 프로그램을 알려 주면서 참여하고 싶은 손님이 있다면 보내 달라고 했다. 또 소규모 양조장 운영자들을 모셔다가 온라인 시음회를 진행해 보기도 했다. 군산에 사는 사람들의 접수를 받아 시음할 막걸리와 간식들을 키트로 만들어 직접 가져다주고 막걸리 주조사의 안내와 설명에 따라 함께 마시도록 했다. 비대면이었지만 모두가 진지하게 참여했다. 김 대표는 이러한 경험들로부터 공동체가 형성될 수 있다는 가능성을 확인했다.

　"군산은 엄청 재미있는 게 많은 곳이에요. 일단 가까운 곳에 바다를 비롯해서 누릴 수 있는 자연환경도 많아요. 오성산에 가면 패러글라이딩도 할 수 있고, 섬까지 이어진 도로를 따라 드라이브도 즐길 수 있어요. 소도시에서 창업가로 산다는 것이 청년으로서 불안감이 없진 않지만 그래도 아주 만족하면서 살고 있어요.”

동네가 곧 혁신 플랫폼인 군산 월명동

영화동에서 길 하나를 건너면 월명동이다. 그 사이에 신창동이 자리하기는 하지만 사람들은 그냥 영화동과 월명동이 붙어 있다고 여긴다. 게다가 행정동으로는 영화동(법정동)뿐 아니라 개복동, 신창동 그리고 중앙로 1가를 비롯한 군산의 원도심이 모두 월명동에 들어간다.

사람들이 먼저 찾기 시작한 동네는 영화동이 아니라 월명동이다. 영화 <8월의 크리스마스>(1998)에 나오는 '초원사진관'이 아직도 월명동에 남아 있다. 꼭 그것 때문은 아니겠지만 월명동 곳곳에 사람들의 발길을 잡아끌만한 가게들이 하나둘 생겨나면서 군산에서 제법 알려진 동네가 되었다. 큰 도시들에서 흔히 볼 수 있는 프렌차이즈들도 이곳에서는 만나기 어렵다.

월명동 길을 걷다 보면 째보식당, 메카닉, 군산과자조합(카페), 신민회(카페), 국제반점, 마리서사(책방), 모던사진관, 테디베어뮤지엄, 마이페이보릿(소품샵), 아랑게스트하우스처럼 이름만으로도 호기심을 자아내는, 월명동이 아니면 만나기 힘든 가게들을 끊임없이 마주치게 된다. 마치 누군가 적당한 거리를 두고 곳곳에 식당과 카페, 술집과 게스트하우스 그리고 소품샵과 공방들을 알맞게 배치하기라도 한 것처럼 넘치지도 모자라지도 않게 여러 가게들이 조화를 이루고 있다. 그런 점에서 월명동은 동네 자체가 혁신 플랫폼인 셈이다. 이제 월명동 혁신 플랫폼을 이끌어 가는 이들이 누구인지 살펴보기로 하자.

[째보식당 _고상한]

군산에 가면 꼭 한 번쯤 들르는 식당 가운데 하나가 '째보식당'이다. 영화타운에서 5분 정도 걸으면 나오는 이곳 주인장은 고상한 대표다. 고 대표는 군산 사람이다. 서울에서 태어나 초등학교 4학년 때 부모님을 따라 군산에 온 뒤로 대학 때까지 이곳에서 살았다. 호텔조리학과를 나온 그는 '서울을 동경해' 군 복무를 마치고는 서울로 취업을 했다. 호텔과 리조트, 외식업체 등에서 일하다가 공부를 더 하고 싶다는 생각에 무작정 일본으로 떠났다. 그곳에서 다시 대학에 입학한 뒤 학비를 벌려고 틈틈이 음식점에서 아르바이트를 하며 요리를 배웠다. 공부 욕심이 더 생겨 경영대학원에 입학했는데 하필 그때 동일본 대지진이 일어났다. 2013년, 서른 살이던 그는 한국으로 돌아왔다. 다행히 모 중견기업 해외사업팀에 들어갔지만 기대했던 해외 사업은 틀어졌고, 열심히 일을 해도 생활비를 감당하기가 만만치 않았다. 그러다 번아웃이 찾아왔다.

"(돈 말고) 부모님 사랑만 많이 받고 자랐죠. 대기업 식품연구소로 이직을 했는데 두 달 만에 나왔어요. 기대했던 일도 아니었고 적응을 못하겠더라고요. 여러 회사를 다녀 보니 제가 그 조직들 안에서는 그렇게 뛰어난 사람이 아니었어요. 그래서 내가 잘할 수 있는 길을 찾자고 마음먹었죠."

그때까지 모은 4,000만 원으로 서울 연남동에 꼬치집을 차렸다. 아직 연남동이 뜨지 않아 임대료도 쌌다. 3년 동안 그런대로 돈도 좀 벌었는데 혼자서 모든 일을 도맡아 하려니 몸이 버티지를 못했다.

그 즈음 이른바 방송을 타고 '스타 셰프'들이 하나둘 나타났다. 고 대표는 그들을 보면서 오기가 생겼다. 꼬치집을 아는 동생한테 넘기고 회사 동기의 가업이던 한과 사업에 함께 뛰어들었다. 식품 제조업이라는 새로운 세상에 눈을 뜬 기회였다. 먹거리를 어떻게 대량으로 만들어 대량으로 파는지를 배웠다. 이렇게 2년을 일하고 나니 또 새로운 일을 해 보고 싶은 마음이 생겼다. 바쁠 때면 쉬는 날도, 밤낮도 없이 매달려야 하는 일에 지치기도 했다. 무엇보다 그는 외로웠다고 한다. 2017년 5월, 그는 잠시 쉴 생각으로 고향 같은 군산으로 돌아왔다.

처음에는 연남동에서 했던 것처럼 작은 술집을 열었다. K네비게이션에서 전국을 통틀어 사람들이 가장 많이 검색한 가게 이름이 군산의 오래된 모 빵집일 만큼 군산을 찾는 이들이 많았지만, 하나같이 빵을 사고는 그리 멀지 않은 초원사진관에 잠깐 들러 사진만 찍고 곧바로 군산을 떠나던 때였다. 즐길 거리, 놀 거리가 없다는 말만 남기고 다들 가까운 전주나 더 먼 곳으로 발길을 돌렸다. 고 대표는 그런 군산에서 자신이 가장 잘할 수 있는 일로 인생을 걸어 보기로 했다.

그런데 왜 굳이 월명동이었을까. 고 대표는 어릴 적에 이곳에서 살았다. 유흥가였던 영화동과 달리 월명동에는 가족들과 함께, 또는 청년들이 마음 편히 다닐 수 있는 가게들이 많았고, 군산다운 느낌도 더 강했다. 그는 3년 동안이나 비어 있던 공간을 월세 50만 원에 빌려 째보식당을 열었다. 서울 연남동에서는 그 서너 배의 금액을 지불해야 빌릴 수 있는 공간이었다.

"지역색을 살릴 수 있는 해산물로 이것저것 안주거리를 만들다 보니게, 전복 등 다섯 가지 해산물로 장을 만들어 한 접시에 담아 내놓는 모듬 장이 가장 반응이 좋았어요. 그래서 나머지 메뉴들은 다 빼 버렸죠. 작은

새롭게 터를 잡은 째보식당 ⓒ 윤찬영

동네라 가게가 생기면 동네 사람들이 다 와 보거든요. 소문이 빨라요. 10월에 문을 열고 석 달이 지나니까 손익분기점을 넘더라고요."

　일본까지 가서 요리를 익히기는 했지만 군산의 해산물로 장을 만들려니 어머니 손을 빌려야 했다. 어머니에게 "도와주시면 더 빨리 더 크게 가게를 키울 수 있을 것 같다."라며 부탁했다. 아버지는 불안한 마음에 "가족들까지 끌어들이면 안 된다고, 너 이런 일하라고 유학까지 보낸 줄 아느냐?"라며 반대했지만 몇 달 지나 입소문이 나면서부터 마음을 돌렸다. 그렇게 집에 김치냉장고 여섯 대를 들여놓고 장을 채워 갔다. 당연히 시행착오도 많았지만, 지금은 전국에서 찾아오고 또 주문할 만큼 자리를 잡았다.

　처음부터 가게의 한계를 뛰어넘으려면 제조업도 함께 준비해 나가야 한다고 생각했고 그 생각은 옳았다. 지난해 2월에는 저염·저온숙성 기술로 해산물 제조 특허도 받았다. 돈이 어느 정도 모이자 초원사진관 근처 3층짜리 건물을 사서 2층에는 식품 제조 시설을 갖춰 놓고 인터넷 판매도 할 수 있도록 했다. 그리고 7월에는 째보식당을 이곳 1층으로 옮겼다. 처음 자리에는 곧 다른 식당을 열 생각이다.

지난해에 코로나19 사태가 터지고 식당을 찾는 손님은 줄었지만 다행히 인터넷 판매 덕에 매출은 꾸준히 늘고 있다. 2018년 5억 원을 넘겼고, 2019년에 7억 원을 넘긴 데 이어 지난해에는 8억 원을 훌쩍 넘겼다. 미리 만들어진 장을 내놓기 때문에 가게 회전율도 빠르고, 인터넷 판매도 하고 있어 작은 가게만으로는 낼 수 없는 매출을 올리고 있다. 고 대표는 "소 뒷걸음치다 쥐 잡은 격"이라고 하지만 미리 철저하게 준비했기에 가능한 일이다.

쉬는 날 없이 일주일 내내 일이 돌아가다 보니 직원들도 지쳐 갔다. 그래서 오랫동안 함께 일한 직원들을 모두 정직원으로 채용하고 주 5일 일하도록 했다. 그러다 보니 작은 가게에 고 대표를 빼고 직원만 8명이다.

"음식의 생리를 알아요. 그러니까 아무리 맛있는 음식이라도 사람들이 영원히 찾진 않죠. 3년 정도가 지나면 판매가 줄어들 거라고 봐요. 그렇게 보면 지금은 새 식당에 투자를 하면 안 되는 때죠. 벌어 놓은 걸 다 쏟아부으면 처음부터 다시 시작하게 되니까요. 그래서 단순히 이 메뉴뿐 아니라 스토리를 함께 넣어서 팔고 있어요. 지역의 이야기가 담긴, 그야말로 지역 먹거리를 파는 거죠. 일본과 미국 쪽으로 수출도 준비하고 있어요."

고 대표는 조권능 대표와 중학교 동창이다. 그는 조 대표가 개복동에서 고생하는 모습을 지켜봤다. 고 대표가 처음 군산에서 가게를 낼 때 조 대표가 많이 도와주기도 했다. 고 대표도 군산시에서 예비 창업자나 청년들에게 강의를 해 달라고 하면 거절하지 않는다. 로컬라이즈 군산에도 멘토로 강의를 했다. 그는 군산 청년들이 "아주 열정이 가득하다."라고 말한다.

"주변에서 저처럼 되고 싶어 하는 청년들이 많다고 추켜세우지만, 저는 창업 쉽게 생각하지 말라고 늘 얘기해요. 삼겹살 팔고 싶다고 창업하지 말고, 삼겹살 안에 있는 뼈까지 팔 자신 있으면 하라고…… 그래도 찾아오면 제가 아는 건 다 얘기해 줘요. 특허나 상표권 등록받는 법, 노하우도 다 알려 주고요. 그렇지만 그걸 실현하는 건 또 본인이 하기에 달려 있어요."

처음 월명동에 식당을 낼 때만 해도 가게 앞을 지나다니는 사람은 많지 않았고, 토박이 친구들도 "왜 월명동이냐?"라며 말렸지만 그 친구들 가운데 두 명이 곧 월명동에 가게를 낸다고 한다. 수성동 같은 신도시 말고 다른 곳에도 눈길을 돌리게 됐으니 느리지만 군산 사람들도 조금씩 생각을 고쳐먹고 있는 셈이다. 고상한 대표의 새로운 도전이 그 변화의 흐름에 힘을 보태고 있는 것은 물론이다.

[메카닉 _이정원, 강근웅]

메카닉은 월명동 터줏대감이다. 2014년에 처음 이곳에 자리를 잡았다. 정말 월명동에 '아무 것도 없던 때'였다. 주인장인 이정원 대표는 이곳에 터를 잡기 한 해 앞서 군산 미군 공군기지 정문 앞에 칵테일바를 열었다. 스무 살 때부터 바텐더 일을 배운, 한국 바텐더 1.5세대로 칵테일 쇼도 거뜬히 해내던 그는 미군들 입맛쯤은 사로잡을 자신이 있었다. 그런데 생각지도 못한 문제가 있었다. 어느 나라 군인이건 부대 근처에서 놀고 싶어 하지 않는다는 사실을 놓쳤던 것이다. 게다가 칵테일에 들어가는 위스키 같은 양주들이 부대 PX에서 엄청나게 싸게 팔린다는 점도 생각지 못했다. 이 대표는 그야말로 '참패'를 당했다고 했다.

"그 와중에도 친해진 미군들이 있어서 차에 태우고 월명동 구경을 시켜 줬어요. 일본식 건물들을 보여 주면서 한국의 여느 동네와는 다른 분위기를 느끼게 해 줬죠. 지금 미군기지가 일본군기지였다는 사실도 알려 주고, 또 해안가를 따라 철길이 나 있는데 옛날에 이 기찻길로 김제 평야에서 나는 좋은 쌀들을 실어다가 2차 세계대전 때 미군들 전투식량으로 썼다는 이야기도 들려줬죠. 그러면 호기심을 가지고 보더라고요.”

이 대표도 어느 순간 월명동의 고즈넉함에 빠져 남아 있던 500만 원으로 이곳에 가게를 냈다. 군산에서 태어난 그는 초등학교 6학년 때 딱 일 년간 월명동에서 살았다. 히로스 가옥으로 불리는 오래된 일본식 가정집 바로 뒤였다. 공놀이를 하다가 히로스 가옥으로 공이 넘어가면 주워 오지도 못할 만큼 으스스한 느낌의 집이었다고 한다.

10년도 훨씬 지나 다시 찾은 월명동은 모든 것이 새롭게 다가왔다. 곳곳의 낡아 빠진 풍경에서 그는 외려 안정감을 느꼈다. 그래서 남들이 뭐라 하건 이곳에서 다시 시작해 보기로 마음먹었다. 그렇다고 돈을 벌 수 있을 것이라고 기대했던 것은 아니었다. ‘도망치듯이 이곳에 와서 죽이 되든 밥이 되든 내가 잘할 수 있는 걸 한번 해 보자.’라는 마음이었다. 그렇게 월세 40만 원에 1층짜리 건물을 빌리고 목공 일을 하는 친구들한테 남는 목재들을 얻어다가 얼기설기 벽에 붙이고 탁자를 만들었다.

낮 12시부터 문을 열고서 몇 달을 기다려도 손님은 없었다. 수도검침원을 손님으로 알고 반갑게 인사를 한 적도 있었다. 그러다 정말 뭐하는 곳인지 궁금해서, ‘용기를 내어’ 문을 열고 들어오는 군산 사람들이 하나둘 생겨났고, 한 번 다녀간 이들 가운데 뭔지 모를 매력을 느껴 다시 찾는 이들도 늘어 갔다. 그는 ‘역시 장사는 오래 버티면 되는구나.’ 하고 깨달았다고 한다.

“요식업은 보통 2년을 버틸 실력과 끈기가 있어야 한다고 하는데, 정말

지나는 이의 눈길을 사로잡는 메카닉의 간판, 그리고 수제맥주 ⓒ 메카닉

2년이 지나니 단골도 어느 정도 생기고 우리가 하고 싶은 대로 장사를 할 수 있게 됐어요. 우리가 유도하는 방향으로 손님이 따라오더라는 거죠. 그 다음부터는 그게 장사 철학으로 자리를 잡았어요. 가령 우리가 좋아하는 색깔의 술, 우리가 만들고 싶은 칵테일의 종류가 있는데, 그런 것들을 손님들이 자연스럽게 이해하고 받아들이게 되더라고요."

강근웅 대표도 처음에 손님으로 메카닉을 찾았다가 그 매력에 빠졌다. 문을 열고 일 년쯤 됐을 무렵, 이 대표가 같이 일할 사람을 찾았고 단골이던 강 대표가 해 보겠다고 나섰다. 세 살 터울인 두 사람은 그렇게 벌써 6년째 같이 가게를 꾸려 오고 있다.

강 대표도 군산에서 태어났다. 어릴 적 어머니가 월명동에서 떡집을 했고, 한참 뒤에 친형도 이곳에서 카페를 한 적이 있다. 다른 지역에서 일을 하다 가끔 군산에 올 때면 형이 꼭 메카닉으로 그를 데려왔다. 2주에 한 번쯤은 찾아올 만큼 단골이 됐다. 하던 일을 그만두고 군산에서 다른 일을 구하고 있을 때 메카닉에서 일할 사람을 찾는다는 소식을 들었다. 그도 스무 살 때 칵테일 바에서 일한 적이 있었다.

"커피를 비롯해서 음료 만드는 일에 관심이 많았어요. 칵테일도 음료죠. 술이 들어가는 음료. 카페 음료들은 복잡하지 않아서 새로운 걸 만들어 보고 싶었어요. 칵테일은 새로운 걸 창조하는 일이라 제대로 배워 보고 싶었죠. 그리고 메카닉은 군산에서는 정말 찾아보기 힘든 뉴트로 감성이었거든요. 다른 지역에 가도 이런 가게들만 찾아다니는데 군산에 제가 찾던 곳이 생겨서 너무 좋았죠."

그는 앞으로도 월명동이 '이야기가 있는 동네'로 남았으면 하는 바람이 있다. 그러려면 가게 하나하나가 다 무언가 이야깃거리를 담고 있어야 한다. 여행객이 늘어나면서 다른 곳에서도 얼마든지 볼 수 있는 가게들도 하나둘 눈에 띄는데, 그러면 월명동을 찾는 발길도 뜸해질까 걱정스럽다. 이정원 대표도 메카닉을 찾는 이들 가운데 70% 가까이가 군산 사람들(나머지는 여행객이나 미군들)이라면서 "빠르고 시끄러운 것에 지쳐서 이곳만의 분위기를 찾아오는 것"이라고 했다. 가게마다 다르겠지만 이 대표는 여행객만을 바라보면 오래 가기 힘들 수도 있다는 점을 놓쳐서는 안 된다고 했다.

메카닉은 수제맥주도 만든다. '메이드 인 군산'이란 뜻에 같은 이름의 고양이 종을 떠올리게 하는 '메인쿤'이라는 브랜드로 시작했다. 그것 말고도 해망동이란 동네 이름을 딴 '해망동 라들러', 군산 '뜬부두'와 '째보선창'에서 이름을 따온 '뜬부두 페일에일', '째보선창 골든에일'도 있다. 유통도 하고 있는데, 군산에서 수제맥주를 만들어 판 것은 메카닉이 처음이라고 한다.

"맥주를 만들려면 돈이 많이 들어가요. 라벨, 병뚜껑, 박스, 거기다 배송에 들어가는 돈을 생각하면 소량으로는 이익이 안 나요. 그래도 미래를 위해서 선점을 해 놓는 게 좋겠다고 생각했어요. 지금은 돈을 못 벌어도 기술과 노하우를 쌓아 두면 나중에 큰 빛을 낼 때가 오지 않을까 생각하고 있어요. 또 저도 이제 마흔 살이 넘다보니까 손님들이 부담스러워 해요. 그래서 나이 들어도 편하게 일할 수 있는 곳이 양조장이지 않을까 하는 생각도 있었어요."_ (이정원 대표)

아직은 양조장이 없어 위탁 생산을 하고 있지만 최근 군산시가 옛 수협 창고를 되살려 마련한 양조장을 앞으로 5년 동안 쓸 수 있게 되면서 온전한 로컬 브루어리로 서게 될 날도 머지않았다. 브루어리 이름은 '메인쿤 브루잉'으로 지었다. 메인쿤 브루잉 말고도 3개 팀이 함께 뽑혔는데, 양조 설비는 4개 팀이 함께 쓰고 펍은 같은 건물에서 따로 운영한다. 그러니까 곧 가게가 하나 더 생기게 된다.

이 대표는 조권능 대표의 개복동 카페 나는섬 바로 아래층에서 타투숍을 운영했다고 한다. 그는 그때 본 나는섬이 "너무 충격적이었다."면서 "자기 느낌을 가게에 담아내는 걸 보면서 조권능이 정말 대단한 사람"이라고 생각했다고 한다. 가까운 영화동에서 벌어지고 있는 '영화타운'과 '로컬라이즈 군산' 프로젝트를 보면서는 동네가 더 넓어지는 것 같아 반갑다고 했다. 앞으로는 무언가 새롭게 해 보려는 청년들이 군산을 떠나지 않고 용기를 내서 도전해 볼 수 있는 여건이 마련되기를 바란다고도 했다. 행정도 건물을 바꾸려고 애쓰기보다 그들을 뒷받침 하는 일에 더 힘써 달라는 당부도 전했다. 그러면 자연스럽게 이곳도 더 나아질 것이라고.

지금 개복동은 어떻게 됐을까

조권능 대표가 개복동에 터를 닦고 청년 예술가들을 불러 모아 만든 첫 번째 혁신 플랫폼은 자그마치 10년이나 이어지면서 개복동에 다시금 뜨거운 피를 돌게 했다. 곳곳에 예술가들의 공방이 생겼고 비어 있던 건물들에는 술집과 식당들도 하나둘 들어섰다. 이 골목에 처음 문을 열었던 모 라멘집은 몇 년 뒤 다른 동네로 자리를 옮겨 지금은 군산에서 손에 꼽히는 맛집으로 이름을 날리고 있다. 하지만 아직은 거기까지다. 2008년 청년 조권능이 꿈꿨던 개복동은 아직 오지 않았다.

"큰길 하나를 사이에 두고 있는 개복동과 월명동은 옛날부터 경쟁 관계였어요. 한쪽이 살면 다른 한쪽이 죽는…… 둘 다 힘든 때는 있었어도 같이 잘된 때는 없었어요. 월명동이 살아나던 무렵에 그 기운을 개복동으로도 끌어 오고 싶었는데 역부족이었죠. 만일 나는섬을 개복동이 아니라 월명동에 냈다면 분명히 두세 배는 잘됐을 거예요."

2018년 나는섬과 앙팡테리블이 문을 닫은 뒤로 하루가 멀다 하고 개복동으로 모여들던 청년 예술가들의 발길은 뜸해졌지만 그렇다고 지난 10년 동안 어렵게 쌓아 올린 모든 것들이 사라진 것은 아니다.

앙팡테리블이 문을 닫은 그해 여름, 군산시민예술촌은 '개복동 거리예술제'를 열었다. "다시 희망, 다시 예술"이라는 캐치프레이즈를 내걸고, 무용가와 시민이 함께하는 흥춤 공연 '개복, 춤춰라', 시민과 함께하는 냄비난타 '길거리길노리', 시민의 이야기가 담긴 애장품을 나누고 파는 '아트스토리마켓 & 플리마켓' 등을 예술의 거리에 펼쳐 냈다. "다시 희망, 다시 예술"이라는 캐치프레이즈에서 알 수 있듯이 개복동의 첫 혁신 플랫폼이 사라진 자리를 시민예술촌이 메우려 하고 있는 것이다. 예술촌은 시민과 예술을 잇는 연결 고리가 되려고 한다.

그뿐이 아니다. 예술의 거리를 걷다 보면 낡은 건물들 곳곳에 박혀 있는 공방들과 카페들이 눈에 띈다. 또 로컬라이즈 군산을 거쳐 지방과 함께 커뮤니티호텔을 운영하는 로컬프렌들리는 최근 개복동에 전통주를 파는 보틀숍 '술 읽는 상점(술상)'을 열었다. 김수진 대표는 "작은 실험을 하고 있다."라고 했다.

개복동에 문을 연 술상 ⓒ 로컬프렌들리

"해외 와인 못지않은 우리 술도 많은데 생각만큼 많이 찾지 않아 안타까웠어요. 지역마다 특산물을 잘 살린 소규모 양조장들에서 만든 전통주들을 찾아 큐레이팅을 해 보고 싶었어요. 우리 술 소믈리에 교육도 받았는데, 자연스레 여러 지역을 알아가게 되더라고요. 앞으로 전통주에 어울리는 지역 특산품이나 지역 작가들이 만든 공예품들도 함께 팔 생각이에요."

이곳 술 읽는 상점에서는 로컬라이즈 군산 팀들이 만든 양초와 차를 팔고 있고, 개복동에 있는 다른 공방, 가게들과도 함께할 수 있는 일을 찾아 나가고 있다.

공교롭게도 나는섬과 앙팡테리블의 사잇골목에 자리한 이 공간은 2015년 새벽에 큰불이 나는 바람에 버려졌던 곳으로, 조권능 대표가 술을 마시며 책을 읽는 가게로 되살리려 했던 공간이다. 동료들과 함께 온몸에 재를 묻혀 가며 며칠을 매달렸지만 결국 여러 이유로 뜻을 이루지는 못했다. 그는 "개복동에서 마침표를 찍지 못한 단 하나의 공간"이라며 아쉬워했는데, 한참이 지난 2021년 여름에서야 되살아난 공간을 마주하게 된 것이다. 조권능의 혁신 플랫폼은 그렇게 끈질기게 이어지고 있다.

문화와 예술은 때로 정치나 돈으로 움직일 수 없는 것들을 움직여 세상을 바꾼다. 하지만 어렵게 만들어 낸 그 움직임과 변화를 오래도록 이어 가려면 정치와 돈도 필요하다. 개복동의 첫 번째 혁신 플랫폼이 눈부신 예술적 성취에 더해 의미 있는 경제적 실험들을 해 보았다면 어땠을까 하는 뒤늦은 아쉬움이 남는다. 지금은 흔해진 도시재생·창업 지원 사업이 조금 더일찍 개복동에도 흘러들었다면 더 많은 가게들이 예술의 거리와 개복동으로 사람들을 불러들이지 않았을까. 그랬다면 청년 예술가들이 어렵게 되살린 불씨를 더 오래도록 타오르게 할 수 있었을지 모른다.

2021년 개복동 풍경. 앙팡테리블 간판은 아직 그대로다. ⓒ 윤찬영

모종린 교수는 『인문학, 라이프스타일을 제안하다』에서 19세기 부르주아의 물질주의에 맞서 "부르주아를 떨게 만들자(Shock the Bourgeois)"라는 구호를 내걸고 예술로 맞섰던 보헤미안이 실패한 이유로 '상인'이 되지 못한 것을 꼽았다.

"19세기 보헤미안은 왜 실패한 것일까…… 그 이유는 보헤미안의 정체성에서 찾을 수 있다. 도시를 활용하기 위해서는 상인이 되어야 했지만, 상인에 대한 적대감을 중심으로 형성된 보헤미안의 정체성이 이를 허락하지 않았다."

모 교수는 19세기 위대한 보헤미안 실험은 1930년대 대공황과 전체주의, 제2차 세계대전을 거치며 막을 내렸지만, 20세기 보헤미안은 자본주의와 공존하는 새로운 방법을 찾았고, 결국 창조 도시를 개척하며 독립적인 산업 영역을 확보했다고 했다. 그렇게 21세기 보헤미안은 전통적 예술 활동을 넘어 공간 재생, 복합 문화 공간, 로컬 콘텐츠 등 창의적인 비즈니스 모델로 도시에서 사람을 모으는 공간을 창업하고 운영하고 있다고도 덧붙였다. [16]

"그래도 개복동에서의 10년은 의미 있었어요. 지역민들에게 '저 친구는 꾸준한 사람'이라는 인식을 심어 줬던 것 같아요. 적어도 내가 무언가를 할 때 갑자기 나타나서 헤집고 다니는 사람이라는 오해는 받지 않을 수 있게 됐죠." _ (조권능 대표) [17]

10년을 버텼던 개복동의 첫 번째 혁신 플랫폼이 없었다면 영화타운 프로젝트와 지방이라는 두 번째 혁신 플랫폼은 없었을 것이다. 아마 로컬라이즈 군산이라는 세 번째 혁신 플랫폼도 조금은 더 힘든 출발을 해야 했을지 모른다. 또 월명동이라는 또 하나의 혁신 플랫폼을 만들고 지켜 온 째보 식당이나 메카닉을 비롯한 여러 가게들이 없었어도 마찬가지다.

군산의 혁신 플랫폼들은 이렇게 서로 느슨하게나마 이어져 서로에게 힘을 실어 주면서 성장해나가고 있다. 군산 개복동과 영화동 그리고 월명동이 여기까지 올 수 있었던 데는 이들 혁신 플랫폼의 역할이 크다. 그리고 이들의 혁신 실험은 아직 끝나지 않았다. 군산의 이야기도 이제 다시 시작이다.

포틀랜드의 '프로스퍼 포틀랜드'와 로컬

포틀랜드에는 도시 재생과 경제 개발을 담당하는 '프로스퍼 포틀랜드(Prosper Portland)'라는 기구가 있다. 1958년 시민 투표로 만든 포틀랜드 개발 위원회(Portland Development Commission: PDC)를 2017년 시의회가 이름을 바꿨다. 이 기구는 소기업과 상인들을 지원하고, 직업교육의 접근성을 높이며, 일자리가 창출되도록 뒷받침하는 포괄적 범위의 프로그램들을 진행하면서 공정한 경제를 수립하는 데 초점을 맞춘다. 여러 파트너들과 협력해 공공의 자원이 여러 곳에 돌아가도록 하고, 시민의 참여도 이끌어 내려고 노력한다. 그럼으로써 공원이나 거리 경관의 개선, 공동체 센터 구축처럼 자본이 들어가는 프로젝트들에 시민이 힘을 보탤 때 포틀랜드가 더 살기 좋은 곳이 될 수 있다는 것을 시민 스스로 깨닫도록 한다.[18]

2011년부터 프로스퍼 포틀랜드의 전신인 PDC에서 매니저로 일했던 야마자키 미츠히로가 쓴 『포틀랜드, 내 삶을 바꾸는 도시혁명』은 이 기구가 어떠한 일을 하는지 잘 설명하고 있다. 책에 따르면 과거에는 포틀랜드에도 하드웨어 중심의 재개발이 주를 이뤘지만, 지금은 그것 못지않게 전략을 개발하고 수립하는 일도 중요해졌다. 그래서 프로스퍼 포틀랜드가 시의 수직적 행정인 각 부서, 디벨로퍼, 건축가와 엔지니어, 네이버후드 어소시에이션(주민 자치 조직)과 세입자 등 니즈가 다른 그룹을 소집해 도시 재생, 즉 도시 가치를 올리는 큰 목표를 위해 다 함께 지혜와 자금을 낼 수 있도록 정리하는 역할을 맡고 있다. 한마디로 프로스퍼 포틀랜드는 도시 구축의 프로젝트 매니저와 같은 존재다.

프로스퍼 포틀랜드가 생기기 전에는 도시의 유력 사업자와 상공회의소 관계자와 시의 담당자 등 백인 부유층 회원의 폐쇄적이고 비공식적인 재개발위원회에서 도시 개발을 주도해 오다가 1958년 프로스퍼 포틀랜드(전신인 PDC)가 창설되면서 많은 것들이 달라졌다. 하지만 행정과 시민과의 협력, 그러니까 민관 파트너십이 뿌리내리기 시작한 것은 그로부터 다시 15년이 지난 1973년, 골드 슈미츠가 시장이 되고 나서였고, 주민과의 대화형 합의가 만들어진 것도 이때부터였다. 그러다 또 한참이 지난 최근에서야 프로스퍼 포틀랜드는 부동산 개발을 넘어 지역 경제에 활력을 불어넣을 산업분야 개발 전략, 근린 지역 커뮤니티 개발 전략 등을 세우는 데 힘을 쏟고 있다.

프로스퍼 포틀랜드는 활기를 잃은 상점가 등을 중심으로 먼저 도시재생지구를 결정하고 여기에 재개발 예산을 투자한다. 그리고 나서 주민의 의견을 모으고, 이들이 주체로 설 수 있도록 지역재생을 담당하는 조직도 만든다. 여기서 프로스퍼 포틀랜드의 '커뮤니티 디벨로퍼(공동체 개발자)'가 다른 주민을 끌어들이고, 조직의 활동이 궤도에 오를 수 있게 뒷받침한다. 하나의 커뮤니티를 만들고 오래 지속되도록 하는 것이 프로스퍼 포틀랜드의 커뮤니티 디벨로퍼가 하는 일이다.

"어떤 상점가에 잡화점을 원하는 요구 사항이 생기면 낡은 건물을 수리해서 세입자를 불러들이고, 히스패닉 인구가 많은 지역에서 문화 시설을 원하는 요구에 대해서는 그 지역의 사업자와 함께 건물을 사들여 히스패닉 문화센터를 만드는 등 PDC(프로스퍼 포틀랜드) 담당자가 중심이 되어 실시한다."[19]

9년간 포틀랜드 시의 지속가능성관리국에서 선임경제계획자로 일했던 타일러 범프(Tyler Bump)는 지난 2019년 11월, 강화도 청풍 협동조합이 주최한 '지역생존 컨퍼런스' 강연에서 포틀랜드시와 프로스퍼 포틀랜드의 활동을 소개했다.

포틀랜드가 지속 가능한 발전을 해 나갈 수 있도록 여러 행정 부서들 간의 협력을 이끌어 내고 조율하는 역할을 담당했던 그는 "포틀랜드는 소상공인의 도시라고 불릴 만큼 로컬 커뮤니티 안에 DIY 사업가들을 비롯한 스타트업 사업가들이 굉장히 많다."면서 "이들 소상공인들이 모여서 네트워크와 시스템을 형성하면서 서로를 돕고 있다."라고 말했다. 포틀랜드에는 50개의 마을 상업지구에서 약 1만 9,200명의 소상공인들이 업을 꾸려 가고 있다고도 했다.

"포틀랜드엔 굉장히 작은 규모의 기업들, 소상공인들이 점차적으로 자신의 비즈니스를 키워 나갈 수 있는 환경이 구축되어 있습니다. 정책적으로 많은 지원이 이뤄지고 있고, 또 은행에서도 돈을 쉽게 빌릴 수 있어서 사람들이 창업 기회에 더 쉽게 접근할 수 있습니다. 포틀랜드에는 동네마다 작은 상업지구들이 있습니다…… 이런 비즈니스들이 저마다 굉장히 독특하다는 점도 특징입니다. 남이 하니까 따라하는 게 아니라 나만의 개성을 잘 살려서 독특한 비즈니스들을 진행하고 있습니다."[20]

프로스퍼 포틀랜드는 새로운 기업과 제품을 눈여겨보면서 실용성이 있다고 판단되면 시의 각 부국과 카운티, 메트로 등의 구매부와 협의해 제품을 검증하고 적용해 보는 '얼리어답터 프로그램', 소규모 제조사들이 수출을 늘릴 수 있도록 지원하는 메이커 전시회 'POP UP 포틀랜드'를 개최한다. 또 은행에서 대출을 받기 힘든 3년 미만의 벤처(포틀랜드 도시권에 자리한 기업의 80% 이상이 20명 이하의 소기업)들이 필요한 자금을 빌릴 수 있게 창업가들이 자산을 담보로 빌릴 수 있는 대출금과 실제로 필요한 금액 사이의 차액을 프로스퍼 포틀랜드가 빌려주는 Gap Financing(차액금융)을 제공하고, 연방정부의 중소 기업청에서 제공하는 시중 금리보다 싼 SBA론을 받을 수 있게 추천장도 써 준다. 또 도시재생 지구에서 가게 리뉴얼이 필요한 기업과 세입자들에게 가게 1층 현관 입구와 인도에 접한 벽면의 리뉴얼 비용을 보조해 주기도 하고, 투자를 이끌어 내는 일도 한다. [21]

타일러 범프는 포틀랜드시가 경제 정책을 개발하는 시작 단계부터 기업을 참여시키고 결정 권한도 나눈다는 점을 강조했다.

"로컬 비즈니스가 필요로 하는 것이 무엇인지, 또 커뮤니티와 비즈니스들이 어떠한 미래를 구상하고 있는지 들어 봐야 합니다. 직접 들어 보면 머릿속으로 생각했던 것과는 다른 이야기를 듣게 되고, 훨씬 구체적인 이야기들을 듣게 됩니다. 한발 더 나아가 의사 결정을 내려야 할 때는 기업 규모가 어떠하든 기업들이 목소리를 낼 수 있는 구조(틀)를 마련해 줘야 합니다." [22]

그는 다섯 명의 시의회 의원 가운데 한 명이 소상공인을 대표하며, 소상공인의 목소리를 듣는 역할을 맡는다고도 했다. 그렇다고 기업과 소상공인의 목소리만 중요하게 여기는 것은 아니다. 타일러 범프는 '근린 번영 네트워크(Neighbourhood Prosperity Network)'도 소개했는데, 사회적 자본에 기반을 둔 공동체 주도의 경제 발전을 뒷받침하려고 최근 프로스퍼 포틀랜드가 내놓은 프로그램이다. 이 네트워크는 저소득층과 비백인 사회에 초점을 맞춰 포틀랜드 전역에 걸쳐 경제적 기회와 활력을 증진하는 것을 목적으로 한다. 지금은 일곱 개 지구가 네트워크에 연결되어 있다. [23]

"각 지구에서 바라는 우선순위가 다릅니다. 어떤 지구에선 젠트리피케이션을 막는 것이 첫 번째 관심사고, 다른 지구는 소상공인들이 마음껏 날개를 펼칠 수 있는 환경을 구축하는 것이 먼저고, 또 다른 곳은 젊은 층들이 더 많은 교육을 받고 일자리를 찾을 수 있도록 하는 것을 중요하게 여깁니다."

프로스퍼 포틀랜드는 5년마다 경제개발전략을 세워 발표한다. 최근 보고서인 「전략 계획(2015-2020)」을 보면 다양한 이해관계자들 사이의 협력을 강조하고 있는 점이 눈에 띈다.

"변화를 이끄는 지역 구축(palce-making)과 일자리 창출 그리고 경제적 기회를 만들려는 활동은 공공 영역과 비즈니스 영역, 부동산 개발과 산업 파트너, 커뮤니티 기반 조직, 학계, 조직 노동, 비영리 기구와 자선 공동체들 사이의 협력과 파트너십에 달려 있다. 프로스퍼 포틀랜드는 커뮤니티들과 민간 영역 파트너들에게 더 많은 권한을 부여하고 지원함으로써 공동의 목표와 대중의 이익을 성취하도록 서로가 함께 일할 수 있게 할 것이다." [24]

포틀랜드 도시권에는 매주 약 300~400명이 이주를 해 오는데, 이 가운데 25~35세의 젊은 층이 가장 많고 약 30%는 대학 졸업 이상의 학력을 가지고 있다.[25]

1. 배지영(2020). 군산. 21세기북스,

2. 비로컬(2020. 11. 13.). "[11월 특집] 골목시장의 재발견, '영화타운'-〈지방〉 조권능 대표".

3. 매력도시연구소(2018). 매력도시 매거진 vol. 03. 군산의 악동: 앙팡테리블 조권능.

4. 윤주선 외(2020). 지역관리회사와 마을재생: 군산시 지역관리회사 사례.

5. 윤찬영(2020. 4. 9.). "[로컬에서 길 찾기 ③] 건축도시공간연구소 윤주선 마을재생센터장 인터뷰". 오마이뉴스.

6. 윤찬영(2020. 4. 9.). "[로컬에서 길 찾기 ③] 건축도시공간연구소 윤주선 마을재생센터장 인터뷰". 오마이뉴스.

7. 윤찬영(2020. 4. 9.). "[로컬에서 길 찾기 ③] 건축도시공간연구소 윤주선 마을재생센터장 인터뷰". 오마이뉴스.

8. 윤주선 외(2020). 지역관리회사와 마을재생: 군산시 지역관리회사 사례.

9. 윤주선 외(2020). 지역관리회사와 마을재생: 군산시 지역관리회사 사례.

10. 윤주선 외(2020). 지역관리회사와 마을재생: 군산시 지역관리회사 사례.

11. 문지연(2021. 3. 25.). "군산시민문화회관, 나운동 예술감성 깨우다". 군산미래신문.

12. 프로젝트 거인의 잠(2021.5.19.). 공연장은 전시장으로, 주차장은 광장으로 | 2021 거인의 초대. 유튜브 채널.

13. SK E&S는 도시가스 사업으로 시작해 지금은 수소와 친환경 LNG, 전력과 신재생에너지로 사업 영역을 넓혀 가고 있는 회사다.

14. 로컬라이즈 군산 사이트(http://localrise.co.kr)

15. 윤찬영(2020. 4. 9.). "[로컬에서 길 찾기 ③] 건축도시공간연구소 윤주선 마을재생센터장 인터뷰". 오마이뉴스.

16. 모종린(2019). 인문학, 라이프스타일을 제안하다. 지식의 숲.

17. 비로컬(2020. 11. 13.). "골목시장의 재발견, '영화타운'-〈지방〉 조권능 대표".

18. 프로스퍼 포틀랜드 사이트(https://prosperportland.us).

19. 야마자키 미츠히로(2017). 포틀랜드, 내 삶을 바꾸는 혁명. 어젠다.

20. 타일러 범프(2019). [지상강연] 포틀랜드의 커뮤니티 경제 개발.

21. 야마자키 미츠히로(2017). 포틀랜드, 내 삶을 바꾸는 혁명. 어젠다.

22. 타일러 범프(2019). [지상강연] 포틀랜드의 커뮤니티 경제 개발.

23. 프로스퍼 포틀랜드 사이트(https://prosperportland.us/neighborhood-prosperity-initiative).

24. Portland Development Commission(2015-2020). Portland Development Commission STRATEGIC PLAN.

25. 야마자키 미츠히로(2017). 포틀랜드, 내 삶을 바꾸는 혁명. 어젠다.

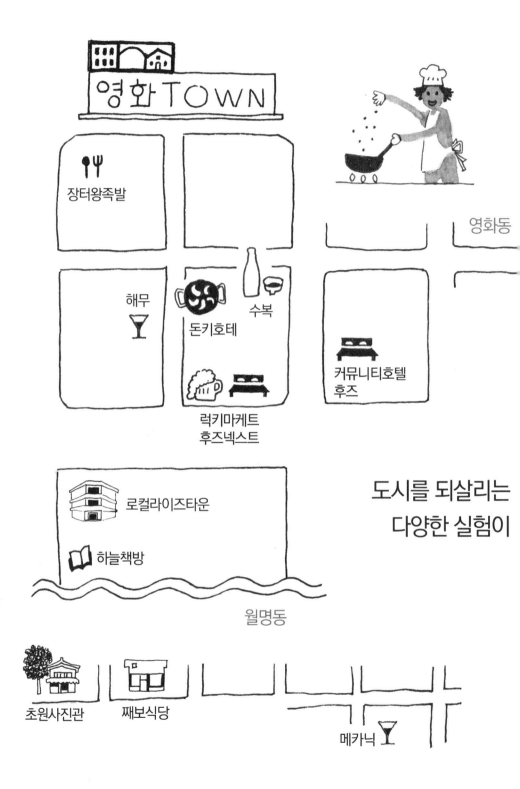

영화TOWN

장터왕족발

해무

돈키호테

수복

럭키마케트
후즈넥스트

커뮤니티호텔
후즈

로컬라이즈타운

하늘책방

영화동

월명동

초원사진관

째보식당

메카닉

도시를 되살리는
다양한 실험이

앙팡테리블

술읽는상점

개복동

시민예술촌

나는섬

군산시민문화회관

나운동

끊이지 않는 도시

영도, 오랜 역사 위에 다시 그리는 눈부신 미래
_ 부산 영도

영도는 너비 14.20㎢로, 한강 둔치까지 포함한 여의도 너비(4.5km²)의 세 배가 넘는 제법 큰 섬이다. 1912년 우리나라 최초의 근대식 조선소인 '다나카조선철공소'가 이곳 영도에 들어섰다. 해류가 만나 수풀이 우거진 영도 앞바다에서는 대구, 청어, 갈치, 멸치, 오징어, 복어 등 여러 물고기들이 잡혔다. 영도에서 조금만 더 가면 '물 반 고기 반'으로 불리던 주요 어장이 나오는데, 오징어와 갈치가 많이 잡혀 1876년(고종 13년) 부산항이 개항하면서 일본 어선들이 몰려와 물고기들을 싹 다 잡아 갔다고 한다.

일본인들이 섬 곳곳에 공장을 지으려고 대규모 매립공사를 벌이면서 섬의 모양도 바뀌기 시작했다. 한때는 부산 시내를 가로지르던 트램이 영도까지 이어졌다고 한다. 그만큼 사람들이 많이 찾는 섬이었다. 1930년대에 뭍에서 영도를 잇는 영도대교를 놓으면서 또 한 번의 대대적인 매립공사를 벌였고 지금의 모양이 만들어졌다. 1949년 부산부가 부산시가 되고 1951년 영도출장소가 설치되었다가 6년 뒤 다시 영도구가 되었다(1963년 부산시가 부산직할시로, 1995년 다시 부산광역시로 바뀜).

『비밀영도』의 머리글에서는 영도를 "알려지지 않은 섬, 알려 주고 싶지 않은 섬"이라고 표현했다.

부산 영도 풍경 ⓒ 알티비피 얼라이언스

"영도는 멀다. 남포동에서 영도대교 하나를 건널 뿐인데도 멀다. 그 다리를 피해서 돌아가도 또 부산대교 하나를 건널 뿐이지만 멀다. 다리 아래로 철렁철렁 굵은 쇠사슬이 출렁이듯 찬 바닷물이 깊게 흔들린다. 바다를 건넜지만 풍경을 건넌 것처럼 영도에서는 다른 세계가 펼쳐진다. 방금 전까지 스타벅스와 유니클로가 있는 거리를 걸었지만 다리를 넘으면 갑자기 다른 세상이다. 어딘가로 멀리 한참 온 듯한 땅이다…… 과거의 풍경은 곳곳에 이어진다. 마치 20~30년 전으로 돌아간 풍경, 변하지 않은 시대가 외지인을 맞는다."

이렇게 운을 뗀 긴 소개는 "요즘 영도에 사람들이 모여들고 있다…… 이제 영도가 가깝다."라고 맺는다. 하지만 아직 숫자가 보여 주는 영도의 현실은 크게 달라지지 않았다. 영도를 품고 있는 부산은 우리나라에서 인구가 가장 빠르게 줄어드는 도시다. 지난해까지 25년째 줄곧 인구가 줄어든 데다 2019~2020년에는 5만 명 넘게 줄었다. 한때 400만 만 명을 바라보던 인구는 머지않아 330만 명 밑으로 떨어질 것이란 이야기가 들린다. 2년마다 자치구가 하나씩 사라진 셈인데 이 가운데서도 가장 빨리 줄어드는 곳이 바로 영도다. 영도에는 2021년 8월 기준으로 11만 1,386명이 산다. 1984년 22만 명을 넘어섰던 인구가 조금씩 줄기 시작하더니 36년 만에 절반으로 줄었다.

무엇보다 안타까운 것은 청년들이 떠나고 있다는 사실이다. 2014~2019년 청년인구 현황(19세~34세)을 살펴보면, 전체 인구에서 청년이 차지하는 비율은 평균 16.9%로 전국 평균인 21.7%에 견주어 크게 낮다. 영도구의 청년 인구는 해마다 평균 6.3%씩 감소해 왔는데, 이는 전체 인구 감소 비율인 2.6%의 3배에 달한다. 청년들이 지역민으로서 가지는 자부심도 다른 세대보다 낮다. 60대 이상은 52.2%가 '영도구민이라는 사실이 자랑스럽다.'고 답했지만, 2030은 60% 넘게 부정적이었다.

사람과 공간, 낡고 익숙한 것의 가치를 찾는 알티비피 얼라이언스

김철우 알티비피 얼라이언스(RTBP Alliance) 대표는 부산에서 태어나 고등학교까지 다녔다. 영도는 아버지의 오랜 일터였다. 영도는 개항이 된 뒤부터 나무배를 시작으로 늘 배를 만들던 곳이다. 젊은 시절 화물선 기관사로 일했던 그의 아버지도 더는 배를 타지 않게 되면서부터 깡깡이마을로 알려진 영도 대평동 부둣가에서 선용품(배에서 쓰는 물건)을 팔았다. 부두를 따라 끝없이 늘어선 크고 작은 배들 사이로 날마다 망치질 소리와 용접 불꽃이 끊이지 않던 시절이었다.

그도 그럴 것이 김 대표가 중학생이던 1989년 한진그룹이 조선소를 사들인 뒤로 20년 동안 늘 흑자였다. 2000년대 들어 10년 동안 벌어들인 돈만 4,000억 원이 넘었고, 매출로 따지면 3조 원에 달해 부산에서 첫 손에 꼽힐 정도였다. 조선기자재 납품업체와 하청업체까지 2만 명이 배 만드는 일에 매달렸다. 1970년대 박정희 정부가 거제에 짓기 시작한 조선소들보다 규모는 한참 작았지만 우리나라에서 LNG운반선과 석유시추선을 처음으로 건조한 곳도 바로 영도였다.[1]

그렇다고 김 대표가 부산에서 오래도록 살 생각을 했던 것은 아니다. 공부든 예체능이든 학교에서 뭐 좀 한다는 아이들은 하나같이 서울로 가거나 외국으로 유학을 가야 한다는 생각뿐이었다. 부산에 남아 그나마 대접을 받으려면 교사나 되거나 은행원이 되어야 했다. 김 대표도 친구들처럼 서울에 있는 대학으로 진학했다. 세상에 궁금한 것도 불만도 많던 그는 영화과에서 영화연출을 공부했다. 대학 때부터 영화 좀 만든다는 이야기를 들었고, 졸업 작품 <된꼬까리>(2001)로 프랑스 엑상프로방스 영화제에 초청을 받기도 했다. 하지만 기회는 생각처럼 쉽게 오지 않았다.

영화로 세상을 바꿔 보겠다는 꿈이 거대 자본 권력에 휘둘리는 한국 영화 산업의 현실 앞에서 절망으로 바뀌던 무렵, 아버지가 갑자기 쓰러졌다는 소식을 들었다. 2001년, 서른 살이던 그는 영도로 돌아왔다. 10년 만에 다시 돌아온 아버지의 오랜 일터 영도는 조선업 활황으로 바쁘게 돌아가고 있었다. 하지만 몇 년 뒤 글로벌 금융위기가 터지면서 언제까지고 뜨겁게 타오를 것 같던 조선업의 불꽃도 서서히 사그라들었다. 배를 두드리던 망치 소리와 용접 불꽃이 그 길었던 세월만큼 늙어 가는 사이 그 빈자리를 메울 새로운 무언가는 만들어지지 않았다. 그런 영도의 풍경이 김 대표의 마음을 무겁게 눌렀다.

아버지 일을 도우면서도 이곳 영도에서 새로운 시도를 해 보려고 마음 맞는 사람들을 찾아보고, 여기저기 그럴듯한 제안도 해 봤지만 그의 말에 귀를 기울여 주거나 마음만큼 움직여 주는 곳은 없었다. 그는 먼저 실력을 갖춰야겠다고 생각했다.

"여가 문화에 관심이 많았어요. 보통 여가를 즐기려면 일을 해야 하고, 일을 해서 돈을 벌려면 안정된 주거가 필요하다는 생각을 했죠. 그래서 일, 여가 그리고 주거, 이 세 가지를 연결하는 그 무언가를 하고 싶었어요. 그런데 일을 벌일 자본이나 네트워크가 없었으니까 일단 돈을 벌자고 마음먹었어요. 10년 동안 돈을 벌어서 여러 대안을 만들어 봐야겠다고 생각했죠."

신도시나 산업단지를 만드는 데는 많은 돈을 쓰면서도 청년들의 새로운 도전에는 아무도 관심을 두지 않던 때였다. 그는 아버지 가게를 거들다가 창업 아이디어를 떠올렸고, 2004년 개인사업자를 내고 선박 안전장비 UX(사용자 경험) 디자인 회사를 세웠다. 디자이너와 엔지니어들과 함께 배에 들어갈 기자재와 해양장비를 개발했다. 다시 대학과 대학원에서 조선공학도 공부했다. 다행히 조선업 호황으로 회사는 잘됐고, 낮에는 일을 하면서도 저녁과 주말에는 사람을 찾아다닐 여유도 조금 생겼다.

　그는 지금은 사라진 '바이널언더그라운드' 같은 펍에서 예술가들을 사귀었다. 그리고 정말 10년쯤 지나 그동안 부지런히 모은 돈으로 법인을 세우고, 오랫동안 가슴 깊이 품어 온 꿈을 세상 밖으로 꺼내 보였다. 어느덧 김 대표도 마흔 살이 지나 있었다.

　그는 2018년 어느 인터뷰에서 "비록 황금알을 보장할 수 있는 사업은 아니지만 우리 아이가 부산에서 유쾌하고 즐겁게 삶을 영위할 수 있도록 터전을 만드는 가치 있는 사업이기에 나중이 아닌 '지금 당장' 시작했다."라고 말했다.[2] 김 대표가 가장 먼저 주목한 주제는 '일'이었다. 좋은 일을 만들지 못하면 여가도, 주거도 없다고 생각해서다.

플랫폼135에서 이뤄진 작업들 ⓒ 알티비피 얼라이언스

　"회사 이름에 알티비피(RTBP)를 넣은 건 부산항으로 돌아오란 뜻(Return to Busan Port)이에요. 부산을 떠나서 하고 싶은 일을 마음껏 했으면 이제 돌아와서 부산에서 다시 한 번 뜻을 펼쳐 달라는 제 바람을 담았죠. 혼자 할 수 없으니 연대하자는 뜻으로 얼라이언스를 붙였고요. 다 같이 모여서 우리가 바라는 새로운 삶의 방식을 만들어 가 보자는, 이름이 좀 어렵긴 하지만 미션처럼, 구호처럼 내걸었다고 할 수 있어요."

알티비피 얼라이언스는 스스로를 "사람과 그 공간에 집중하고, 낡고 익숙한 것에서 가치를 발견한다."라고 소개하고 있다. 김 대표가 입버릇처럼 되뇌곤 하는 "쓸모없는 것들의 쓸모를 찾는다."라는 말도 같은 뜻이다. 그러니까 알티비피 얼라이언스는 쓸모없다고 여겨지는 사람과 공간을 허투루 보지 않고 그것들로부터 새로운 가치를 이끌어 내는 일을 하는 회사다.

알티비피 얼라이언스를 세운 뒤 김 대표는 먼저 '플랫폼135'라는 이름의 공간을 열었다. 메이커 스페이스와 코워킹 스페이스를 합쳐 놓은 새로운 공간이었다. 부산항대교 오른편으로 길게 이어진 부두와 길 하나를 사이에 둔 기자재 공단에 문을 닫는 공장들이 늘어 가던 무렵, 일감이 떨어진 어느 회사 건물 3층의 비어 있던 널찍한 사무실을 빌렸다. 월세는 내지 않고 회사가 필요로 하는 연구·개발을 해 주겠다고 했다. 회사 대표는 김 대표가 해오던 일을 익히 알고 있었기에 흔쾌히 받아들였다. 그는 사람들의 발길이 뜸해진 동네에 다시 사람들을 불러들이겠다는 포부도 덧붙였다. 죽어 가는 동네를 살린다는 데 건물주로서는 마다할 이유가 없었다. 김 대표는 이곳에 책상 네 개를 놓고 엔지니어 한 명과 예술가 한 명을 뽑았다.

"이 건물엔 기계도 있고 창고도 있으니까 뭔가를 만들어 보고는 싶은데, 공간이나 설비가 없는 사람들에게 기회를 주고 싶었어요. 일자리를 찾는 청년들이나 나이 들어 은퇴한 기술장인들이 다 같이 모여 여기서 머리를 맞대고 뭔가 만들어 보자…… 새로 하려는 일과 10년 동안 하던 일의 연결 고리도 자연스럽게 만들어진 거죠. 다른 게 있다면 여기선 배에 들어가는 부품 말고도 도시나 건축 쪽에 필요한 모든 걸 디자인할 수 있다는 점이죠. 메이커들을 위한 코워킹 스페이스였던 셈이에요."

첫 프로젝트는 빈집 옥상에 태양광 발전기를 설치하고 여기서 얻은 전

기로 수경 농장을 만드는 실험인 루팜(ROOFARM)이었다. 제트컬(JET CURL)
이라는, 크기를 늘리고 줄일 수 있는 전동 레저용 서핑보드도 입주팀과 함
께 개발했다. 그 뒤로도 새로운 일을 해 보려는 이들이 아름아름 소개를
받아 플랫폼135를 찾아왔다. 조선소에서 퇴직한 장인을 비롯해, 많을 때는
플랫폼135에 사업자를 낸 사람만 10명이었다. 그렇다고 월세나 수수료를
받지는 않았다.

"보통 코워킹 스페이스는 돈을 내야 자리를 받을 수 있지만, 플랫폼135
는 블록체인처럼 자기가 가지고 있는 능력이나 재능을 내놓고 다른 사람
들하고 협력하는 플랫폼이었어요. '내가 디자인해 줄 테니 너는 제작을 해
줘.' 하는 식이죠."

플랫폼135를 열고 2~3년이 지나는 동안 부산에도 젊은 창업자들이 많
아졌다. 필요한 일이 있으면 그들을 찾아가서 협력을 제안하거나 곧바로 일
을 맡기면 되니까 굳이 한곳에 모일 필요가 없어졌다.

2018년 1월에는 '도시문제 해결을 위한 어반테크 메이커스 워크숍 - 돌
아와요 부산항에'를 열었다. 워크숍이란 이름에서 알 수 있듯이 도시 문제
의 혁신적 해법을 찾아보려는 이들이 함께 머리를 맞대는 자리로 기획했
다. 70여 명의 청년 예술가와 기업인 등이 모여 이틀 동안 도시 문제를 새
롭게 해석하고 검증하면서 구현 가능한 해법들을 찾아갔다. 이 워크숍에서
인연을 맺은 몇몇 청년 창업자와 스타트업들에 플랫폼135 공간을 내주며
협력을 이어 갔다. 2019년 무렵 알티비피 얼라이언스는 벌써 100여 개의
크고 작은 기업들과 협력 관계를 맺고 일을 해 나가고 있었다.

그가 일 다음으로 관심을 둔 주제는 '여가'였다.

"술 마시고 노는 것 말도 더 다양한 여가가 필요하다는 생각도 있었지만, 여가의 경험이 자극과 영감을 줘서 다음 단계의 일로 연결되길 바랐어요. 또 문턱 없는 여가 활동을 할 수 있는 공간을 만들고도 싶었죠. 격식을 차리지 않아도 되는 갤러리, 일하다가 작업복 차림으로도 찾아가 같이 어울리고 만져 보고 또 참여해 볼 수 있는 그런 문화 공간, 그러면서도 '어, 이게 뭐지?' 하면서 임팩트도 느낄 수 있는 공간…… 그래서 '끄티'라는 곳을 만들었죠."

빈 공장을 찾아다니다 플랫폼135 건너편 부둣가에 비어 있던 널찍한 물류창고를 찾았다. 1979년 금호타이어 물류창고로 지은 뒤 1990년대부터는 조선소들의 하청 공장으로 쓰이던 곳이다. 조선업이 어려워지면서 2015년 문을 닫았고, 건물 주변 공터에는 밤이면 빛 한 줄기 비추지 않았다.

김 대표는 영도 곳곳에서 마주치는 비슷한 풍경들이 안타까웠고, 이곳을 문화 공간으로 탈바꿈해 하나의 불씨로 삼아야겠다고 마음먹었다. 돈을 들여 뜯어고칠까 하는 생각도 해 봤지만 곳곳에 새겨진 세월의 흔적을 차마 지울 수가 없었다. 또 많은 조선소와 공장들이 문을 닫았다고는 해도 아직 동네를 떠나지 않은 노동자들이 남아 일을 하고 있는 상황에서 주변에 위화감을 주지 않으려면 긴 시간이 빚은 정체성만큼은 건드려선 안 된다고 생각했다. 그래서 가급적 겉모습에는 손을 대지 않으면서 사람과 콘텐츠만으로 공간을 되살리기로 했다. 이곳에서 만들어질 아주 색다른 문화 콘텐츠가 회사를 브랜딩하는 데 도움이 될 것이란 기대도 있었다. 그렇게 세상에 하나뿐인 공간 끄티(GGTI)가 태어났다. 그리고 그의 기대처럼 이 독특한 공간은 곧 큰 관심을 받았다.

끄티에서는 다채로운 공연과 전시가 밤이 깊도록 펼쳐졌다. ⓒ 알티비피 얼라이언스

　그는 끄티에서 다른 갤러리나 공연장에서 받아 줄 수 없는 것들을 받아 주기로 결심했다. 그것이 보는 이들에게 더 큰 임팩트를 줄 것이고, 그래야 또 다른 무언가를 떠올릴 수 있는 원동력이 될 것이라고 믿었다. 다행히 공간을 쓰려는 예술가도 많았고, 공연과 전시를 보러 찾아오는 이들도 많았다. 지난 10년 동안 만난 예술가들도 끄티를 채우는 데 큰 힘이 되었다.

　이번에도 김 대표는 기관이나 대기업에만 대관료를 받고, 관객들에게는 입장료로 2,000~3,000원만 받거나 그마저도 받지 않았다. 바다가 앞마당처럼 펼쳐진 이곳에서 문화 공연과 축제가 밤늦도록 이어지곤 했다. 다른 곳에서는 보기 힘든 독특한 볼거리들로 서른 번이 넘는 공연과 전시가 채워졌고, 많을 때는 100여 명이 모여 불빛 하나 없던 이곳에 새로운 생명을 불어넣었다. 예술가들은 끄티에서의 공연이나 전시를 지렛대로 삼아 더 큰 꿈을 꿀 수 있었다. 최근에는 코로나19 사태로 문을 닫은 날들이 더 많기는 하지만 지금도 끄티에서 전시회나 공연을 하고 싶어 하는 예술가들이 많다.

"유휴 공간을 어떻게 쓸 수 있을지를 실험해 본 프로토타입이라고 생각해요. 또 임팩트를 줄 수 있는 콘텐츠를 어떻게 만들 수 있는지, 보는 이들의 욕구는 무엇이었는지도 확인해 보는 기회였어요."

마지막으로 남은 주제는 '주거'였다. 김 대표의 눈에 빠르게 늘어 가는 빈집들이 들어왔다. 그는 이 빈집들을 여행객이 며칠 묵을 숙소로 쓰거나 한두 달 살아 볼 수 있는 공간으로 바꾸면 어떨까 하고 고민했다. 사람들이 머물면서 일도 하고 여가도 즐길 수 있으려면 이 모두를 아우를 기획자이자 관리자의 역할도 필요하다고 봤다. 그렇게 한곳에 몇 달을 머물다 보면 반쯤은 주민처럼 살 수 있을 것이라는 기대도 있었다.

봉산마을 풍경과 알티비피 얼라이언스가 조성한 비탈의 안과 밖 ⓒ 알티비피 얼라이언스

2019년 그는 바다 건너 부산항이 한눈에 내려다보이는 봉래산 산비탈에 자리한 아주 오래된 마을인 봉산마을(봉래2동 산복도로 마을이란 뜻)에서 빈집 두 채와 4층짜리 건물 한 채를 사들였다. 한진중공업 영도조선소에서 길 하나를 건너 꼬불꼬불 미로처럼 이어진 좁고 가파른 골목길을 따라 펼쳐진 봉산마을은 한때 조선업 노동자들이 모여 살던 곳이다. 김정환 봉산마을 주민협의체 회장은 "한진중공업이 한창 번성했던 1970년대에는 골목에 어깨가 부딪히면서 걸어갈 정도로 사람이 많았다."라고 했다.[3] 그러나 조선업이 어려움을 겪으면서 주택 420여 채 가운데 87채가 비어 버렸다. 지은 지 30년이 넘은 집들이 대부분인 이곳은 한때 뉴타운 지역으로 선정되었다가 해제되기도 했다. 바로 옆 마을에 높다란 아파트 단지가 들어서면서 마을의 그늘은 더 짙어졌다.

김 대표는 좁은 골목길 담벼락마다 새겨져 있을 다채로운 이야기들과 바다가 내려다보이는 풍광이라면 당장은 쓸모없어 보이는 이곳 빈집들도 얼마든지 사람들이 찾고 싶은 곳으로 되살릴 수 있을 것이라 생각했다. 그래서 봉산마을을 마을 리조트로 되살리기로 마음먹었다. 이름 하여 '머물봉산' 프로젝트다. 그 무렵 봉산마을이 국토교통부가 추진한 200억 원 규모의 도시재생 뉴딜사업(2018~2020년)에 선정되었고, 영도구는 김 대표에게 '민간총괄 디렉터'를 제안했다. 그는 보수도 받지 않고 일 년을 매달렸다.

"제가 먼저 빈 건물과 집들을 사고 거점을 조성하니까 관련 기관들도 파트너십을 제안하더라고요. 위험을 감수하고 먼저 실행하지 않으면 누가 믿겠어요. 저는 생각과 말과 행동이 같이 가야 파급력을 만들 수 있다고 믿어요."

그는 사들인 건물들을 몇 년간 모두 도시재생 뉴딜사업에 내놓다시피

했다. 4층짜리 건물에는 '비탈'이란 이름을 붙이고 층마다 마을 리조트에 필요한 기능들을 구비했다. 먹거리를 만들고 나눌 주방과 책방 그리고 갤러리와 숙소까지, 이곳에서 몇 달을 살아가는 데 필요한 것들을 빠짐없이 갖추려 했다. 1층은 공유 주방 '스쳐', 2층은 책방이자 커뮤니티 라운지인 '올라서당', 3층은 '봉산마을 도시재생현장지원센터'이자 코워킹 스페이스 그리고 4층은 예술가 레지던스 '머물'로 꾸몄다. 또 비탈과 골목 하나를 사이에 두고 앞뒤로 이어진 집 두 채 가운데 큰길에 접한 앞집은 주민 협동조합이 만든 먹거리 등을 파는 '마을점빵'으로, 뒷집은 행정안전부 '국민해결 2018' 공모를 거쳐 영도의 청년 뮤지컬 팀인 '다원'의 연습실로 되살아났다.

그는 디렉터로 일하던 2019년에 어느 인터뷰에서 "(도시재생) 사업지로 선정되면 국토부에서 예산을 받아 2~3년 동안은 뉴스에도 나오고 관심을 받지만 예산이 다 소진되면 다들 의욕을 잃고 사업에서 빠지고 만다."면서 "건물과 같은 하드웨어에만 기댈 것이 아니라 사람과 콘텐츠로 만든 비즈니스 모델을 찾아야 한다."라고 말했다. [4]

"지역의 자산을 그 지역 안에서 찾는 노력이 선행되어야 해요. 환경, 역사, 사람, 공동체, 문화 등 다양한 유·무형의 자산을 최대한 오랫동안 찾고 끄집어낸 후에 콘텐츠나 프로그램, 디자인을 통해 그 자산들을 활용하는 것이 지속 가능성 면에서 도움이 된다고 생각해요. 또 자료 조사나 통계를 지나치게 맹신해 단번에 대규모 사업을 벌이기보다는 자료를 바탕으로 가설을 수립한 뒤 소규모 가설 검증을 거치며 한 발씩 나아가는 자세가 필요하죠."[5]

일 년이 지나 디렉터 자리는 내려놓았지만 그렇다고 그가 할 일이 끝난 것은 아니다. 어쩌면 정부의 지원이 곧 끊기게 될 지금이 그가 다시 팔을 걷어붙어야 할 때일지도 모른다.

알티비피 얼라이언스는 지금까지 벌인 일도 많지만 앞으로 하고 싶은 일은 더 많다. 그 많은 일들을 해 나가려면 당연히 많은 돈이 들 수밖에 없다. 김 대표는 사업을 시작할 때부터 투자를 염두에 두면서 틈나는 대로 금융과 재무를 공부해 왔고, 투자심사역 교육도 받았다. 그래서 회사에 따로 CFO(재무 담당 최고책임자)를 두지 않고도 자금 흐름을 관리하면서 재무적 의사 결정과 투자 유치를 무리 없이 해내고 있다. 그런 노력 끝에 알티비피 얼라이언스는 2019년 쿨리지코너인베스트먼트로부터 20억 원을 투자받은 데 이어 다시 올해 4월에는 더웰스인베스트먼트, 케이브릿지인베스트먼트 등으로부터 26억 원 규모의 투자(시리즈 A)를 받았다.

[쿨리지코너인베스트먼트 _권혁태]

알티비티 얼라이언스에 처음 투자했던 쿨리지코너인베스트먼트는 우리나라에서 이른바 소셜 임팩트(Social Impact) 투자에 가장 먼저 나섰던 벤처캐피탈로 꼽힌다. 2019년 알티비피 얼라이언스에 20억 원을 투자하기로 했다는 소식이 알려지면서 사람들의 관심이 쏠렸다. 투자를 결정한 것은 권혁태 의장이었다.

"우리 삶에 어떤 사회문제들이 있는가를 살펴보다가 로컬이 쇠퇴하면서 겪게 되는 문제들, 특히 청년들이 떠나고 남아 있는 주민은 재개발 과정에서 쫓겨나고, 또 역사적인 전통과 스토리들이 다 없어지는 게 굉장히 큰 사회 문제라는 걸 알게 됐어요. 2015년부터 소셜 임팩트 투자를 해 왔고, 로컬 투자는 2018년에 시작했으니 그 연장선이라고 보시면 돼요."

쿨리지코너인베스트먼트는 2021년 4월 기준 전체 투자 금액의 3분의 1 정도인 약 500억 원을 소셜벤처에 투자하고 있다. 권 의장은 2010년부터 벤처들에 투자하면서 창업경진대회를 열곤 했는데, 부산에 가서 보니 서울에 견주어 제대로 된 인프라가 너무 부족하다는 사실을 알게 됐다. 이렇다 할 벤처캐피탈도 없었다. 그는 이러한 현실을 새로운 기회로 보고 부산에 지사를 내고 심사역도 뽑았다. 그러다 벤처들이 모인 네트워킹 자리에서 김철우 대표를 처음 만났다. 그는 "김 대표의 첫 인상이 예술가 같았다."라고 했다.

"이런저런 얘기를 하다가 '아, 이런 사업도 투자의 대상이 될 수 있겠구나.'하는 생각이 들었어요. 확신을 가지기까진 당연히 시간이 좀 걸렸죠. 옳은 길, 남들과는 다른 길을 가고 있고, 또 예술적 면모 등은 확실한데 정말 큰 기업가로 성장할 수 있을까 하는 고민은 있었죠. 그 뒤로 몇 달 동안 여러 번 만났어요. 사업장들도 가보고 끄티에서 하는 행사에도 갔어요."

쿨리지코너인베스트먼트의 로컬 투자는 알티비피 얼라이언스가 1호였다. 그는 투자에 그치지 않고 다른 투자사들을 소개해주는 역할도 했다. 권 의장은 수익가치만을 놓고 보면 이른바 로컬에 투자하기는 쉽지 않다고 털어놨다. 수익가치에 자산가치를 더한 기업가치를 염두에 둘 수밖에 없다는 뜻이다. 로컬 기업들에게도 "수익가치와 자산가치를 적절히 섞는 법을 배워야 한다."고 당부했다.

"자산 가치에 투자하면 그건 부동산 투자라는 식으로 이분법적으로 바라보기도 해요. 하지만 기업은 가치 균형이 맞아야 해요. 벤처라고 무조건 수익가치만 내야 한다는 법은 없지 않을까요. 로컬에서 활동하는 분들을 여럿 만나 보니까 잘 하시는 분들은 기업가치 안에 자산가치가 녹아있었어요. 그렇지 않은 분들은 잘 한다고 소문이 나도 오래 못 가더라고요. 로컬에선 J커브(가파른 상승곡선)를 그리면서 매출을 올릴 비즈니스를 만들긴 어려우니까 가능하면 조금 더 안정적인 수익구조를 만들도록 돕고 있어요.”

그는 영도 말고 다른 항구 도시들도 눈 여겨 보고 있다. 항구 도시들이 가장 빠르게 번성했다가 쇠퇴하는 만큼 좋은 재생 모델을 만든다면 앞으로 더 많은 기회가 생길 것이라고 그는 믿는다. “앞으로는 부동산을 가진 쪽이 아니라 콘텐츠를 가진 쪽이 더 큰 힘을 가지고 플레이를 할 수 있을 것”이라고도 했다.

“확실한 사업가 마인드를 가졌으면 좋겠어요. 옳은 일을 하고 있다는 자부심도 좋지만 그런 집단에 가보면 4년마다 사람들이 바뀌어요. 오래 가기 힘든 거죠. 그래도 그 뜻을 지키면서 남아있는 분들은 사업가 마인드를 가지고 계신 분들이더라고요.”

알티비피 얼라이언스의 미래

알티비피 얼라이언스가 지금까지는 일과 여가 그리고 주거를 주제로 점을 하나씩 찍었다면 앞으로는 이 세 가지를 한곳에서 실험해 보려고 한다. 그래서 ‘영도물산장려회관’이라는 건물을 짓고 있다. 1917년 일본이 세운 조선경질도기 공장이 있던 자리다. 오랫동안 비어 있던 이곳에 9층짜리 건물을 지어 ‘살면서 일도 하고 여가를 즐길 수 있는 공간’으로 만들 생각이다.

영도물산장려회관이 들어설 터와 그 주변 골목 풍경 ⓒ 알티비피 얼라이언스

"레지던스에 짧게는 보름, 길게는 일 년을 살면서 공유 공간이나 코워킹 스페이스에서 자연스럽게 이웃들을 만나 협업을 하는 거죠. 마음이 맞으면 팀이 만들어지고 무언가 새로운 프로젝트를 같이 해 보는 거예요. 그러려면 이런 새로운 라이프스타일이 어울리는 사람들이 많이 와야 한다고 생각해요. 내가 진짜 좋아하는 일로 돈도 벌고 여가도 선택하는 사람들, 취향을 일로 만든 사람들이랄까요. 그런 사람들에겐 같은 공간에서 비슷한 마인드를 가진 사람을 만나는 게 아주 흥미롭거든요."

김 대표는 도시를 제대로 되살리려면 알티비피 얼라이언스와 같은 소셜벤처들이 공공성과 수익성이라는 두 마리 토끼를 모두 잡아야 한다고도 했다. '영도물산장려회관'이 그에게는 수익형 비즈니스 모델을 실험해 보는 기회이기도 한 셈이다.

그는 지역 자산 온라인 데이터베이스 플랫폼 '가를로'도 개발하고 있다. '가를로'란 이름은 '우리가 영도를 영도다운 영도로'에서 조사인 '가', '를', '로' 세 글자를 뽑아 만들었다. 공간과 이야기, 사람이라는 열쇠 말로 영도 곳곳에서 뽑아낸 숨어 있는 자산 3,000여 개를 분석하고 엮음으로써 영도를 찾는 이들에게 꼭 맞는 여행 정보를 제공하는 것이 목표다. 또 부산과 영도의 작가들이 만들어 낸 여러 콘텐츠를 팔 수 있는 온라인 거점인 커머스 플랫폼도 준비하고 있다.

"영도가 산업도시로 다시 살아나는 것도 좋지만, 특정 계층만 머무는 곳보다는 여러 분야에서 일하는 사람들이 뒤섞일 수 있는 곳이 되는 게 더 좋을 거라고 믿어요. 또 일만 하는 곳이 아니라 여가도 즐기고 편하게 머물다 갈 수 있는 곳이었으면 좋겠어요. 산업단지나 아파트단지만 만들어선 지속 가능성이 떨어질 거라고 생각하는 새로운 흐름, 낡은 생각을 뛰어넘으려는 움직임이 만들어지고 있어서 다행이죠."

김 대표는 지금도 영도의 정체성으로부터 새로운 가치를 길어 올리려 애쓰고 있다. 우리나라에서 고구마를 처음 재배한 곳이 영도라는 이야기를 듣고 영도 특산물인 조내기고구마를 모티브로 영도만의 고구마주 '봉래'를 만들기도 했다. 로컬 공동체와 개인이 가진 문화와 역사, 또 기술을 눈여겨보면서 모두가 영도에서 가치 있는 삶을 누릴 수 있도록 끊임없이 새로운 무언가를 만들어 내고 있는 것이다.

그는 어느 인터뷰에서 "누군가는 이 지역에서 자라면서 받았던 혜택, '나'라는 사람의 일부를 구성하고 있을 지역의 문화와 정신, 이런 것들을 지역에 다시 돌려줘야 하지 않을까 싶었다."라고 말했다. 그렇지 않으면 지역의 문화와 정신, 삶을 배워야 할 사람들이 보고 배울 모델이 사라져 버릴 것이라며 걱정했다. 그가 부산 영도로 돌아왔고, 또 돌아오고 싶은 곳으로 만들려는 이유 가운데 하나다. [6]

알티비피 얼라이언스는 올해로 6년 차가 되었다. 김철우 대표는 영도물산장려회관이 영도에 뿌리내리고 나면 우리나라를 넘어 외국의 항구도시에 영도물산장려회관 모델을 수출해 보고 싶은 바람도 있다. 그의 꿈은 언

알티비피 얼라이언스가 제주도에 조성하고 있는 탑동꼬띠의 모습 ⓒ 알티비피 얼라이언스

젠가 이뤄질 것이다. 지금까지 그래왔듯 그는 서두르지 않고 조심스럽게 한 발 한 발을 내딛으며 우직하게 앞으로 나아갈 테니까.

[무명일기 _오재민]

알티비피 얼라이언스가 물산장려회관을 짓고 있는 곳에서 바다 쪽으로 한 골목을 더 들어가면 부둣가가 나온다. ○○공업사, ○○정밀이라는 간판이 걸린 크고 오래된 공장과 창고들이 줄지어 서 있는 그곳에 '無名日記 (무명일기)'라는 간판이 눈에 띈다. 겉보기에는 별다를 것 없어서 넋 놓고 걷다 보면 지나치기 십상이다. 이곳은 카페이자 복합 문화·예술 공간이다. 주인장은 오재민 대표로, 그는 부산에서 나고 자랐다. 대학에서 디자인을 전공하고 서울에 있는 병역특례업체에서 3년 동안 일했다. 그러다 서울의 숨막히는 갑갑함을 못 견디고 부산으로 돌아왔다.

"부산에 특별한 매력을 느꼈다기보다는 서울이나 부산이나 별다를 것 없다고 생각했어요. 그런데 시간이 갈수록 모든 게 서울로만 몰리더라고

무명일기와 무명일기가 자리한 부둣가 풍경 ⓒ 무명일기 & 알티비피 얼라이언스

요. 부산 말에 '다구지긴다.'는 게 있는데, 가령 택시가 안 잡혀도 지하철이
나 버스를 타러 안 가고 그냥 택시가 올 때까지 기다리는 그런 고집 같은
거예요. 저도 그런 심정으로 부산에 남았어요."

　디자인 회사에서 일하면서 남의 것만 디자인하는 것이 싫어서 2015년
부산 국제시장 건너편 보수동 헌책방 골목에 '충무로'라는 이름의 충무김
밥 식당을 차렸다. 한국전쟁이 끝난 뒤부터 책방들이 모여들면서 만들어진
거리에는 아직도 1950~1960년대의 정취가 진하게 배어 있었다. 오 대표는
그런 느낌이 좋았다. 그는 '충무로'를 "음식과 디자인이 결합된 로컬 푸드
매장"이라고 했다. 그가 보기에 충무김밥은 통영뿐 아니라 부산을 비롯해
남해와 맞닿은 지역을 상징할 수 있는 음식이었다.

　메르스(중동호흡기증후군) 사태가 터지면서 한곳에 머물러 있기보다 여러
곳을 돌아다니면서 사람들을 만나 보고 싶다는 생각을 하게 되었다. 때마
침 푸드트럭이 등장하는 영화인 <아메리칸 셰프>를 보고 '저거다!'라며 무
릎을 쳤다. 영화에 나오는 트럭을 사려고 여기저기 알아보다가 우리나라에
서는 찾을 수가 없어서 온라인 플랫폼으로 미국에 있던 트럭을 3,000만 원
에 샀다. 배로 실어 오려면 1,000만 원이 더 들었다. 오 대표에게는 큰돈이

드는 모험이었다. 다행히 차는 쓸 만했고 리모델링을 거쳐 푸드트럭으로 다시 태어났다. 여기까지 오는 데 일 년이 걸렸다. 그는 우리나라에 하나뿐인 이 푸드트럭을 몰고 축제나 영화제 등을 찾아다니면서 지역 축제에 음식을 결합하려는 여러 시도들을 했다.

그렇게 3년쯤 지나자 오 대표는 정체되고 있다는 느낌을 받았다. 변하지 않으면 안 되겠다는 생각에 이번에는 '음식'에서 '라이프(생활)'로 사업 영역을 넓히기로 했다. 해외의 여러 로컬 도시재생 사례들을 공부하면서 부산이 가진 자원과 의미를 담아낼 방안들을 찾게 되었고, 그렇게 지속적으로 변화 가능한 로컬 생활·문화 콘텐츠로서 무명일기를 시작하게 되었다. 그렇다면 왜 영도, 그것도 공업사들이 즐비한 부둣가였을까?

오 대표의 조부모가 피난을 와서 처음 정착한 곳이 바로 이곳 영도였다. 지금 무명일기 자리에서 그리 멀지 않은 곳에 천막을 치고 살았다고 한다. 그래서 오 대표의 본적도 영도 봉래동이고, 그가 자란 곳도 바다 너머로 영도 봉래산이 보이는, 부산항여객터미널과 맞닿아 있는 동구 수정동이다.

새로운 공간을 찾던 오 대표가 우연히 영도구 봉래 1동 도시재생 사업인 '대통전수방' M마켓에 참여하려고 영도를 찾았고, 옛 기억이 되살아나면서 영도를 다시 보게 되었다. 그는 "영도는 부산과는 다른 영도의 느낌이 있는데…… 좀 억세고, 삶의 풍파가 고스란히 묻어나는 그런 느낌"이라고 했다.

"이런 좋은 공간을 두고 왜 엄한 곳들을 찾아다녔을까 하는 생각이 들었어요. 여기가 바로 부산인데…… 돈은 없었지만 3~4년을 시간 날 때마다 영도 공간들을 보러 다녔어요. 푸드트럭 다음 단계로 이런 공장들을 손봐서 되살리고 싶은 욕심이 있었죠. 사상공단 같은 데도 가 봤지만 사람이 사는 공업지역은 여기밖에 없더라고요. 사람이 살고 돌아다니니까 분명히 문화라는 게 있는데 잘 드러나지 않았어요. 그때부터 집중적으로 고민했어요.”

지금 무명일기가 자리한 곳은 1959년에 지어져 항만 물류창고와 공업소로 쓰이던 공간이다. 소개를 받고 처음 안에 들어선 날, 오 대표는 마음을 굳혔다. 텅 비어 있던 낡고 널찍한 건물을 보면서 그는 머릿속에 뭔가 그려졌다고 했다. 리모델링에는 적지 않은 비용이 들었는데 푸드트럭을 팔아 부족한 돈을 메웠고, 2018년 여름부터 6개월을 매달린 끝에 지금의 모습으로 되살릴 수 있었다.

“처음엔 여기에 정말 사람이 올까 하는 걱정도 있었지만, 시간이 흐를수록 이 공간이 사람들로 가득 채워지는 경험을 했어요. 그러면서 여기서 뭔가를 할 수 있겠다는 확신이 섰죠.”[7]

그는 ‘무명일기스러움이 뭘까?’를 끊임없이 고민한다고 했다. 새로운 라이프스타일을 제안하는 ‘로컬 라이프 컨시어지’이자 디자이너 또는 메이커로서 새로운 것들을 만들어 내는 ‘로컬 크리에이티브 스튜디오’가 그가 만들어 가려는 무명일기의 큰 줄기라고 할 수 있다. 또 “어떤 회사라고 말하긴 어렵지만 어느 누구와, 무엇이든 협업할 수 있는 무한한 가능성이 있는 브랜드”라고도 했다.

“브랜드와 고객들이 함께 나이를 먹어 가도 무명일기는 계속 새로운 제안을 할 수 있어야 한다고 생각해요. 그게 무명일기가 추구하는 가치죠. 의류를 나름의 시선으로 해석해 보기도 하고, 음식을 다르게 해석해 보기도 하죠. 새로운 생활·문화 상품도 디자인해 보고, 저희랑 결이 맞는 또 다른 어떤 무형의 서비스들을 결합해 보기도 해요.”

그는 무명일기라는 공간과 콘텐츠는 끊임없이 변하고 있다고 했다. 고객들이 이곳을 찾을 때마다 무언가 새로운 것을 보여 주고 싶은 마음에서다. 지난해에는 영도의 사람과 흙, 바다에 담긴 이야기를 음식에 담아 '영도소반'이라는 메뉴를 내놓았다.

올해 목표는 다른 브랜드들과 협업해 보는 것이다. 지난해 영도 조내기고구마와 협업해 만든 그래놀라를 시작으로 올해는 뉴트로를 주제로 1980~1990년대에 어린 시절을 보낸 이들의 마음을 움직일 브랜드와 콘텐츠를 준비하고 있다.

"서울 성수동에 갔을 때 정말 충격적이었던 건 누가 시키지도 않았는데 1인 아티스트와 창업자들이 자연스럽게 모여드는 모습이었어요. 영도에도 많은 사람들이 모여서 새로운 것들이 만들어졌으면 해요. 그래서 영도를 제대로 보려면 3일은 머물러야 된다는 말이 나올 정도로…… 지금은 다들 띄엄띄엄 떨어져 있죠. 이곳을 비롯해서 곳곳에 크고 작은 무리들이 생겼으면 해요."

오 대표는 이 공간을 사들일 생각은 없다고 했다. 뭔가 일을 해 보고 싶은 공간이긴 하지만 그렇다고 소유하고 싶은 공간은 아니라는 것이다. 무명일기가 추구하는, 손에 잡힐 듯 잡히지 않는 가치가 사람들의 가슴에 남도록 하는 것이 그의 목표고, 공간은 그런 가치를 실현할 스케치북이라고 했다. 또 "부동산 가치는 한계치가 있다."면서 "그런 가치를 좇다 보면 무명일기라는 브랜드가 지켜야 할 무형의 가치들을 잃을 수 있다."라고도 했다.

"기회가 된다면 열 평짜리 아담한 공간을 소유하고 싶어요. 이런 공간은 제 주제에 맞지 않아요. 체할 것 같아요. 나중에 기회가 되면 여럿이 모여서 해 볼 생각은 있어요. 직접 운영해 보니까 장단점을 누구보다 잘 알죠. 저는 한 평짜리 공간만 있어도 할 수 있을 거고, 그 100배 공간이 있어도 할 수 있는데, 일단은 가볍고 미니멀하게 접근하자고 마음먹었어요."

빈집 줄게! 살러 올래? 봉산마을

[봉산마을 도시재생현장지원센터 _신병윤]

신병윤 동의대 건축과 교수는 영도 봉산마을도시재생현장지원센터 센터장을 맡고 있다. 그는 경남 의령에서 태어났다. 부산에서 대학을 나와 서울에 있는 설계사무소에서 일하다 유학길에 올랐다. 한국에 돌아와서는 2011년부터 동의대 건축학과 교수로 학생들을 가르치고 있다.

학생들을 가르치는 일 말고 사회에 기여할 수 있는 일을 찾다가 마을에서 주민과 함께 도시 문제의 해법을 찾아보기로 했다. 그렇게 벌써 10년째, 그는 부산 곳곳에서 주민 공동체와 부대끼며 일해 오고 있다. 학교 밖 현장을 찾아 강의도 자주 하는데, 한번은 강의가 끝나자 봉래동 동장이 인사를 건네면서 침체된 봉산마을을 되살리고 싶은데 도와달라고 했다.

신 교수는 며칠 뒤 봉산마을을 찾았다. 활기를 잃어 가고 있는 가운데서도 두레패를 비롯해 마을공동체 조직이 제법 잘 꾸려져 있는 모습이 인상적이었다. 신 교수는 봉산마을 공동체와 '행복마을 만들기' 사업을 함께 준비했다. 그리고 3년 뒤인 2019년 봉산마을은 무려 200억 원 규모의 도시재생 뉴딜 사업지로 뽑혔다.

봉산마을 도시재생 뉴딜사업의 핵심은 흉물처럼 버려진 빈집들을 되살리는 일이다. 봉산마을은 주민들 나이도 많은 데다 그나마 살던 이들도 계속 마을을 떠나고 있다. 몇 년 전에 87채였던 빈집은 그사이 100채 가까이로 늘었다. 더는 인구가 줄지 않게 하려면 마을에 새로운 활력을 불어넣어야 했다.

영도구는 넘쳐 나는 빈집 가운데 어렵사리 37채를 사들일 수 있었다. 안지현 봉산마을도시재생현장지원센터 사무국장은 "1950년대부터 피난민들이 살던 곳이라 무허가 집들이 많아 매입도 힘들었다."라고 했다. 재개발이 될지 모른다는 기대들도 없지 않았다. 그래서 37채를 사들이는 데 사업 기간의 절반인 일 년 반이 걸렸다.

빈집은 허물거나 리모델링을 하되 새로 짓는 일은 가급적 하지 않기로 했다. 빈집을 조금 손봐서 공간이 필요한 이들에게 빌려주는 사업으로 '빈집줄게! 살러올래?'도 진행했다. 사들인 빈집들 가운데 7채를 공모를 거쳐 창업 공간으로 내주기로 했다. 마을 곳곳에 흩어져 있던 작은 집들은 달리 쓸 수 있는 길이 없기도 했고, 마을에 외지인과 청년들을 불러들여 새로운 힘을 불어넣고 싶은 바람도 있었다.

'빈집줄게! 살러올래?' 사업에 심사를 거쳐 뽑힌 팀은 5년 동안 빈집을 공짜로 쓸 수 있도록 했다. 건물 외부를 보강하거나 꾸미는 데 드는 돈도 시에서 대 주고 5년째가 되는 해에 평가를 거쳐 더 머물 수 있도록 했다. 7개 팀을 뽑는데 전국에서 44개 팀이 몰렸다. 칵테일바 '청마가옥', 건축학교 '알로하 그린' 그리고 도예공방 겸 갤러리 '우리동네공작소 목금토' 등이 치열한 경쟁 끝에 뽑혔다.

봉산마을 풍경과 도시재생 사업으로 조성한 공간들 © 알티비피 얼라이언스 & 윤찬영

"주민들과 만나서 관계를 맺도록 하는 시간을 가졌어요. 다른 지자체에서 비슷한 사업을 해 보니 무상임대를 하면 주민들하고 갈등이 생기기도 하고, 창업에 실패해서 다시 빈집이 되어 버리는 일이 많더라고요. 그래서 주민들하고 만나는 시간도 가졌고, 창업 컨설팅도 해 주고 집에 애착을 가질 수 있도록 노력했죠. 지금 일곱 곳에 8개 팀이 들어가 있어요." _ (신병윤 교수)

나머지 집들 30여 채는 대부분 허물어서 청년행복주택과 복합커뮤니티시설 그리고 마을농장 등을 짓기로 했다. 지금은 한창 건물을 허물고 새롭게 터를 닦고 있다. 안지현 국장은 "동네가 바뀌는 것을 보며 쥐죽은 듯 조용하던 마을이 젊은 사람들로 북적여서 좋다고 하는 주민도 있고 시샘하는 이들도 없지 않다."라고 했다. 창업자들과 주민들 사이에 갈등이 생기면 주민대표와 행정, 현장지원센터와 창업자들이 모이는 갈등조정위원회를 열어서 머리를 맞대고 해법을 찾는다.

"빈집을 헐어 내면서 마을의 밀도를 낮추고 그렇게 생긴 공간에는 주차장이나 공동작업장 같은, 주민들이 함께 쓸 수 있는 공간을 만들기로 했어요. 남아 있는 사람들이 더 나은 환경에서 살 수 있어야 하니까요."

신 교수는 공간을 손보는 일 만큼이나 사람을 살피는 일에도 공을 들였다고 했다. 주민들이 어떤 병을 앓고 있고, 또 누구와 친한지 조사하고 이를 토대로 마을 상담실을 만들어 사회적 고립으로부터 벗어날 수 있도록 도왔다. 또 원예치료 같은 프로그램을 마련해 주민들을 불러 모으고, 마을 방송국을 세워 이웃들의 소식도 전했다. 정원 전문가인 김수진 카페 리케이온 대표를 불러 동네 곳곳에 정원과 꽃길도 꾸몄다.

하지만 올해로 국가 지원이 끝나고 도시재생지원센터가 문을 닫으면 마을이 어떻게 될지 신 교수는 걱정이라고 했다.

"국가 지원금으로 사업을 하고 있는데 이 돈이 정말 주민 자립을 도와주게 될지 의문이 들어요. 어쩌면 올해로 사업이 끝나고 나면 건물은 그대로 남을 텐데 오히려 동네에 부담만 주지는 않을지 걱정이 되는 것도 솔직한 심정이에요. 그러니까 4년 동안 큰돈을 쓰라고 줄 게 아니라 진짜 주민이 주도해서 10년, 20년 동안 조금씩, 감당할 수 있을 만큼 나아간다면 나중엔 정말 탄탄한 마을이 되어 있을 것도 같아요."

신 교수는 작은 마을에 4년 만에 200억 원이라는 큰돈을 쏟아붓는 것을 '마약을 먹여 흥분시키는 것'에 빗대기도 했다. 약효가 떨어지면 축 늘어지지는 않을까 걱정이라는 것이다. 물론 그 동안 이른바 '주민 역량'을 키우고 스스로 설 수 있는 방안을 찾으려고 부지런히 애를 써오기는 했다. 블루베리를 따다가 잼을 만들어 보기도 했지만 워낙 규모가 작아서 수익을 내기가 쉽지 않았다. 인건비를 생각하면 손이 많이 갈수록 손해다.

그는 만약 조금 더 시간이 주어진다면 이번에는 자신과 같은 외부 전문가들이 아니라 주민 스스로 하나부터 열까지 마을에서 해결해야 할 문제와 그 해법까지 찾는, 그야말로 아래로부터 위로 올라가는 방식으로 새롭게 일을 시작해 보고 싶다고 했다. 그렇게 마을 공방이든 온실이든 주민 스스로 해법을 찾아내고 그 일을 해 나가는 데 꼭 필요한 만큼의 돈을 지원해야 한다고도 했다.

"우리의 실험은 계속되고 있는 거예요. 부산에서는 영도구와 중구, 동구 이렇게 원도심 세 곳에 지역 소멸을 경고하는 경고등이 들어왔어요. 어떻게 하면 피해를 최소화할 수 있을지, 마을 공동체가 어떻게 대처해야 할

지 그 해법을 찾아보려고 다양한 시도를 해 보고 있는 거죠. 성공적 모델로 자리 잡아서 다른 곳에도 적용해 볼 수 있기를 바라죠."

[봉산마을 주민협의체 _김정환]

김정환 봉산마을주민협의체 회장은 철도공무원으로 일하다가 한창 때인 40대 중반에 몸을 다쳐서 그만둬야 했다. 아내가 봉산마을에서 어묵 가게를 열면서 이곳과 연을 맺고 그 뒤로 줄곧 여기서 살아왔다. 치킨 가게도 해보고 꽃집도 해 봤다. 옆집 세탁소 주인장이 바르게살기운동본부 같은 곳에 가입해야 장사가 잘된다고 해서 여러 단체들에 이름을 올리다가 새마을운동본부 총무를 거쳐 바르게살기운동본부 위원장까지 떠맡게 됐다.

2008년 봉산마을은 제대로 된 사업성 검토도 없이 뉴타운 지역으로 지정됐다가 6년이나 지나 해제됐다. 사업성이 떨어진다는 것이 가장 큰 이유였지만 이곳 집들의 3분의 1이 국유지에 지어진 데다가 지붕 하나에 소유자가 네 명인 곳들도 있을 만큼 소유 관계가 복잡한 것도 한몫했다. 6년 동안 증개축은커녕 제대로 집을 손볼 수도 없다 보니 그렇지 않아도 오래된 집들이 빠르게 낡아 갔다. 게다가 바로 옆 동네에는 계획대로 아파트 단지가 들어서면서 주민의 상실감은 더욱 커져만 갔다.

그러다 2013년에 주민들이 뜻을 모아 주민 공동체 '봉산마을 두레패'를 만들었다. 침체되고 상실감에 빠져 있는 마을에서 뭐라도 해 보자는 생각이었다. 스물다섯 명이 10만 원씩 돈을 모아 블루베리를 키워 보기로 하고, '우리家협동조합'도 꾸렸다(지금은 봉산마을마을관리사회적협동조합으로 바뀌었다). 마을 청소에서 시작해 풍물패도 만들고 마을 축제도 열었다. 그러다 신병윤 교수와 함께 2014년 '행복마을' 지원 사업에 참여해 선정됐다.

봉산마을 풍경과 도시재생 사업으로 조성한 공간들 ⓒ 알티비피 얼라이언스 & 윤찬영

"처음 행복마을로 선정됐을 때 정말 좋았어요. 결과가 나오기를 기다리면서 얼마나 마음을 졸였는지 몰라요. 처음엔 마을회관을 지어서 주민 공동체 공간으로 활용하려고 했는데 우리가 선정된 해부터 물리적 공간을 못 짓게 했어요. 그래서 기대했던 만큼 성과를 남기지 못한 건 좀 아쉬워요."

그리고 몇 년 뒤인 2018년 우리 마을 살리기형 도시재생 뉴딜사업에 선정돼 무려 232억 원의 사업비를 받게 되었다. 협동조합은 두 가지 원칙을 세웠는데, 하나는 '주민 주도', 다시 말해 '무슨 일을 하든 주민에게 이롭거나 즐겁거나 보람과 가치가 있어야 한다는 것'이었고, 또 하나는 '지속가능성'이었다.

주민들은 빈집을 사서 게스트하우스를 만들고 모임과 회의 체계도 마련했다. 주민 모두가 한 식구가 되었으면 하는 바람을 담아 매달 한 번씩 같이 밥을 해서 먹는 '공동체 밥상'도 진행하고, 주마다 한 번씩 주민과 도시재생지원센터 그리고 구청 공무원과 전문가들이 모이는 '혁신팀 회의'도 열었다. 회의에서 치열하게 싸울수록 현장에서의 갈등은 줄었다. 또 달마다 모든 사업의 최종 의사결정권을 가진 주민협의체 회의도 열어 중요한 결정들을 내리도록 했다.

"우리 마을의 꿈은 공모 사업에 열중하지 않아도 마을이 자생적으로 굴러갈 수 있는 힘을 갖추는 것입니다." _ (권혁 봉산마을마을관리사회적협동조합 사무국장) [8]

마을 공동체는 '블루베리 체험마을'을 만들기로 했다. 방문객들을 끌어들여 고립에서 벗어나면서도 넘쳐 나는 여행객들이 마을의 분위기를 해치는 일은 없도록 하는 길이었다. 빈집들도 손을 봐서 체험마을에 활용하기로 했다. 지금은 몇 년째 이어 온 블루베리 농사가 제법 자리를 잡아 가고 유치원과 초·중·고등학교 사이에서도 도심에서 멀지 않은 체험마을로 조금씩 입소문이 나고 있다.

전체 주민의 40%에 달하는 65세 이상 독거노인을 돌보는 일에도 힘을 쏟고 있다. 독거노인들을 일상적으로 보살필 수 있게 '소통박스'라는 앱을 만들어 스마트 커뮤니티케어(공동체 돌봄)를 시작했다. 한번은 혼자 사는 노인 한 명이 넘어져서 얼굴을 다쳤는데, 소통박스로 사고를 확인한 활동가가 약국에서 연고를 사서 달려간 일도 있었다. 협동조합 활동을 지켜보던 주민이 임야 6,600㎡를 20년 동안 쓰라며 협동조합에 내준 일도 있었다. 협동조합 활동의 가치를 인정받은 순간이었다.

지속 가능한 공동체를 뒷받침할 수익 모델을 만드는 일은 아직 숙제다. 빈집들을 허물고 1,650㎡ 규모의 기반 시설 두 곳을 조성 중인데, 하나는 어린이도서관과 마을회관 그리고 코워킹 스페이스로 쓰고, 다른 하나는 마을 온실과 공동작업장으로 쓸 생각이다. 기존 주택들 가운데는 합법적으로 쓸 수 있는 공간이 거의 없어서 어려움이 많다.

빈집 재생 프로젝트 '빈집줄게! 살러올래?'에 뽑힌 칵테일바 '청마가옥'도 무허가 건물에서 장사하다가 결국 문을 닫고 말았다. 풍경이 좋아 제법 입소문이 나던 가게였는데 피해가 이만저만이 아니다. 그나마 새로 지을 건물에 입주할 수 있게 되어 다행이다. 그래서 최근에는 2억 원을 들여 게스트하우스를 새로 지었다. 그리고 2018년부터 주민협동조합이 운영해 온 게스트하우스 '우리家'는 이번에 마을에 터를 잡은 젊은 창업팀에 운영을 맡겼다.

주민 4,000명 가운데 조합원 수는 50명이지만, 500명 정도가 크고 작은 일들에 힘을 보태고 있다. 조합원을 더 늘리고 싶어도 많은 이들과 꾸준히 소통하면서 관리하는 일이 쉽지 않다. 총회를 한 번 하려고 해도 작은 마을에서는 공간도 마땅찮다. 무엇보다 김 회장은 올해로 도시재생 뉴딜사업 지원이 끊기면 앞으로 어떻게 될지 막막하다고 했다.

"마을 방송국도 뉴딜사업으로 인건비를 주고 있어요. 올해 8월이면 예산이 소진되는데 밤에 잠이 안 와요. 가만히 생각해 보면 이건 뭐 행정에서 주민들한테 덤터기 씌우는 사업인가 하는 생각마저 들어요. 물론 주민들도 수익 모델을 만들려고 노력해야겠지만 행정도 함께 고민해 줘야 해요."

김 회장은 새로 들어온 청년 창업팀들도 마을 주민이라는 생각과 책임으로 제 몫을 해 주기를 기대하고 있다. 앞으로 지어질 공동 작업장 옆에 창업팀이 쓸 수 있는 목공소도 만들고 있다. 그는 "청년들이 새 조합원이 돼서 마을을 이끌어 갔으면 좋겠다."라는 바람을 전했다.

[리케이온 _김수진]

봉래산과 중리산 한가운데 '리케이온'이라는 카페가 있다. 리케이온 (Lykeion)은 고대 그리스 아테네에서 철학자를 길러 내던 학교이자 정원이다. 카페 리케이온도 학교이자 정원으로 쓰인다. 주인장은 김수진, 김은주 부부다. 아내인 김은주 대표가 카페를 꾸려 간다면, 남편인 김수진 대표는 이곳에서 꽃과 나무를 가꾸면서 조경 교육을 한다.

김수진 대표는 경남 창원에서 태어나 어린 시절을 보내고 서울에 있는 대학으로 진학했다. 카페 건물은 조부모가 살던 집이었는데, 할머니가 먼저 세상을 떠난 뒤 할아버지가 홀로 남게 되자 김 대표 부모가 이 집으로 이사를 왔다. 김 대표는 서울에서 회사를 다니고, 또 영국으로 유학을 다녀오느라 한 번도 이 집에서 살지 않았다. 서른두 살에 '한국 전통 조경'을 공부해 박사학위를 받은 그는 삼성 에버랜드에서 조경 일을 했다. 그러다 서른아홉 살에 회사를 나와 아내와 함께 영국으로 떠났다.

"도시를 되살리는 데 정원과 그 정원을 이루는 식물이 가장 중요한 요소 중 하나라고 생각해요. 건축은 시간이 갈수록 노후화되지만, 식물은 시간이 흐를수록 더 좋아지고 정원과 함께 살아가는 사람의 마음도 훨씬 더 풍족해지거든요."

2017년 마흔 살 무렵 유학을 마치고 한국으로 돌아온 김 대표는 처음으로 이 집에 살게 됐다. 그때만 해도 오래 머물 생각은 없었다. 새 일자리를 구하는 대로 떠날 생각이었는데, 어머니 건강이 생각보다 좋지 않다는 사실을 알게 되었다. 그래서 이곳에 머무는 동안 어머니에게 예쁜 정원을 꾸며 드리기로 마음먹었다. 시간이나 돈이 넉넉하지 않아 콘크리트 바닥 위에 흙을 두텁게 깔고 꽃과 나무를 심었다. 벌써 4년이 흘러 지금은 600종의 꽃과 나무가 자라고 있다.

카페는 지난해 초에 열었다. 멀리 다른 지역의 학교들을 오가며 강의하는 일이 점점 힘에 부쳤고 그 즈음 오랫동안 바라던 교수 자리가 삶의 전부는 아니라는 생각도 들었다.

리케이온의 정원 ⓒ 비로컬

"더 나이를 먹으면 지역에서 사람들하고 정원을 가꾸는 일을 하고 싶었어요. 생각해 보니 그걸 지금 하면 안 될 이유가 없더라고요. 전통 조경을 공부하다 보면 옛날 유학자들이 지역에 가서 자신의 철학도 세우고 교육도 하던, 그런 모습이 제 머릿속에 이상향처럼 새겨져 있었죠. 그래서 공간을 열어야겠다고 생각했어요."

카페는 아담하다. 그나마 공간의 절반을 차지하는 김 대표의 서재는 강의실로 쓰려고 그대로 두고 그 안에 10명 정도가 둘러앉을 수 있게 커다란 테이블을 들여놓았다. 여느 카페라면 어울리지 않을 공간이지만 리케이온이기에 별로 이상할 것이 없다. 이 방에는 작은 도서관이라고 해도 될 만큼 책이 빼곡하다. 김 대표도 "조경이나 도시에 관한 책은 거의 다 있을 겁니다."라고 했다. 그의 말대로 지금은 구할 수 없는 책과 외국 책들도 많다. 김 대표는 "누구라도 필요한 사람들이 읽기를 바란다."라고 했다.

조경 강의는 한 기수에 열 명씩, 모두 5기수가 돌아가고 있다. 졸업을 하려면 2년에 걸쳐 60강을 들어야 한다. 중간에 빠진 사람도 있지만 아직도 40명 넘는 이들이 수업을 들으러 온다. 놀라운 것은 그 많은 사람을 데리고 수업을 하면서 돈 한 푼 받지 않는다는 것이다.

"적어도 2년은 저를 만나야 제가 가진 기본 생각들을 가지고 제대로 나눌 수 있어요. 또 600종이나 되는 식물들이 언제 피고 지는지를 이해하려면 시간이 걸릴 수밖에 없죠. 정원도 결국엔 인간의 삶이라서 그냥 식물 얘기만이 아니라 역사와 문화, 정치와 경제 이야기를 같이 해야 해요."

일 년도 안 되어 입소문을 타고 사람들이 몰려들면서 수업을 듣겠다고 줄을 서 있는 이들만 서른 명이 넘는다. 봉산마을도시재생현장지원센터의 부탁을 받고 마을에 아담한 정원을 만들어 주기도 했다. 리케이온을 중심으로 영도의 새로운 관계망이 탄탄하게 구축되면서, 그는 사람과 지역을 변화시키는 데 꼭 크고 좋은 공간이 필요하지는 않다는 사실을 깨달았다. 그는 "지금은 하나의 작은 점이지만 앞으로 선이 되고, 또 면으로 만날 수도 있을 겁니다."라고 말했다.

그의 수업을 들은 누군가가 영도 청학동 약 500㎡ 정도 되는 땅에 또 다른 정원 카페를 만들 준비를 하고 있다는 소식도 들려왔다. 그는 영국에서 시민이 스스로 정원을 가꾸며 공동체를 단단하게 꾸려 가듯이 이곳 리케이온에서 수업을 들은 영도 시민도 자신만의 정원을 가꾸고, 또 정치에 필요한 요구들을 해 나가면서 조금씩 사회를 바꿔 갈 수 있을 것이라고 했다.

김 대표는 이곳 영도가 옛날 '왕의 정원'이었다고 했다. 영도에는 삼국시대부터 말을 키운 '국마장'이 있었다는 기록이 있다. 영도의 남쪽 끝에 자리한 태종대는 신라 태종 무열왕이 활을 쏘고 무예를 닦은 곳으로 알려져 있는데, 이 역시 영도에서 말을 키웠다는 사실과 닿아 있다. 영도라는 이름도 절영도(絶影島)에서 왔는데, 여기서 '절영'이란 '그림자를 끊어 낸다.'는 뜻으로 영도에서 키운 말은 자신의 그림자도 쫓아오지 못할 만큼 빨랐다는 데서 붙여졌다.

"동양이든 서양이든 왕이 아무 데서나 사냥을 하진 않았어요. 정해진 곳에 담장을 둘러쳐 놓고 몰이꾼도 두고 안전하게 사냥을 했죠. 그게 왕의 정원인 셈이죠. 서양에선 그걸 파크(park)라고 불렀는데, 산업혁명이 일어나고 노동자들이 쉴 공간을 달라고 하니까 파크를 열어서 퍼블릭 파크(public park)를 만들었죠. 동양에선 그걸 수렵원이라고 불렀어요. 이곳이 왕의 정원이었다는 사실이 영도 사람들한테 자부심으로 남을 수 있었으면 해요."

그는 서양 정원, 그 가운데서도 이슬람 정원에 대한 책을 쓰고 있다. 유럽과 중동은 물론 아프리카까지 가서 다른 나라의 여러 정원들을 둘러보았는데, 우리나라에 외국 정원을 소개한 좋은 책을 찾아보기 어렵다는 사실을 알게 됐다. 그는 서양 정원의 뿌리가 이슬람에 있다고 보고 그 역사를 제대로 알리는 책을 쓰기로 마음먹었다.

최근에는 경남 양산에서 약 28만㎡에 달하는 너른 땅에 정원을 조성하는 프로젝트도 맡았다. 정원 곳곳에 어린이미술관과 생태체험학습장 같은 시설들도 들어선다. 그가 이 아담한 정원에 뿌린 씨앗이 어느새 싹을 틔우고 꽃을 피워 멀리까지 씨를 흩뿌린 셈이다.

그는 공간의 경쟁력은 공간 그 자체가 아니라 그곳을 운영하는 사람의 경쟁력에서 비롯된다고 믿는다. 장소를 예쁘게 만드는 것에 앞서 장소를 어떤 곳으로 만들어 갈지 '생각과 태도'를 잘 갖추는 것이 필요하다는 뜻이기도 하다.

"이 동네가 앞으로 어떻게 바뀔지 모르지만 적어도 이웃끼리 서로 유대를 맺고 서로를 보듬어 줄 수 있는 동네가 되길 바라요. 강남에서도 살아 봤지만 좋은 기억은 별로 없어요. 결국 사람 좋은 게 좋은 거더라고요. 더 큰 도시로 가고 싶은 생각도 없어요. 지금 생활이 좋고 편안해요. 이제 복잡하게 살고 싶지 않아요. 그래도 밥벌이는 해야죠."

삶이 곧 예술이 되는 깡깡이예술마을

[문화예술 플랜비 _송교성]

부산 자갈치시장에서 바라보면 바다 건너 영도에 배를 고치는 수리조선소들이 모여 있는 곳이 보인다. 영도대교를 타고 영도로 들어가는 길에 오른쪽으로 보이는 마을이다. 이곳은 '깡깡이마을'이라 불리는데, 배 바닥에 붙은 녹이나 조개 따위의 해조류를 떼어 내려고 망치로 두들길 때 '깡깡'하며 울려 퍼지던 소리가 끊이지 않았다고 해서 붙은 이름이다.

커다란 배에 위태롭게 매달려 쇳가루와 바닷물을 뒤집어써 가며 그 힘든 망치질을 했던 이들은 그렇게 해서라도 자식들을 키워 내야 했던 여성들, '깡깡이 아지매'였다. 깡깡이 아지매들은 양쪽 끝을 밧줄로 묶은 족장 또는 아시바라 불리는 나무판자에 몇 명씩 나란히 앉아 지상 5~7m 높이에 매달려 일을 했다. 바닷속에 들어가 배 밑바닥에 붙은 녹을 떼어 내는 일도 마다하지 않았다.

깡깡이아지매의 요즘 작업 모습. 망치질도 계속되고 있다. ⓒ 깡깡이예술마을사업단

"전쟁 통에 남편을 잃거나 다양한 사정으로 젊은 나이에 홀로 되어 여자 혼자 자식들을 길러야 하는 상황에서 깡깡이 일은 고되지만 거의 유일하게 잡을 수 있는 지푸라기였다. 그녀들은 작은 깡깡이 망치 하나를 들고 매일 새벽마다 거친 바닷바람을 맞으며 배 위에 올라 쇠를 때려서 아이들을 키웠다. 그녀들에게 깡깡이 망치는 척박하고 거친 삶을 일구는 거의 유일한 무기였던 셈이다. 아시바에서 떨어져 누워 있을 때도, 매일매일 귀를 때리는 깡깡 소리에 청력을 잃어도, 망치질할 때마다 튀는 녹과 페인트 부스러기에 얼굴 피부가 상해도 그만둘 수 없는 일이었다." [9]

이 마을에는 '대평동'이라는 더 오래된 이름도 있다. 1990년대 후반 들어 인구가 빠르게 줄면서 1998년 영도구 남항동에 편입되었지만 사람들은 아직도 대평동이란 이름을 버리지 못하고 있다. 이곳은 지금도 대한민국 '수리조선소 1번지'로 꼽힌다. 못 고치는 배가 없다는 자부심이 배어 있다.

하지만 가만히 들여다보면 가슴 아픈 역사의 상흔이 깊이 새겨져 있기도 하다. 19세기 부산항이 개항한 뒤로 일본인들이 조선의 어장을 제멋대로 들락거렸는데 부산 남항 바로 건너에 있던 이곳 영도 대풍포(대평동의 옛 이름으로 '바람을 피하는 갯가'라는 뜻. 1947년 일본식 동명을 대평동으로 바꾸면서 파도와 바람이 잔잔해지기를 바라는 마음으로 '風'을 '平'으로 바꿈)는 바람을 피할 수 있어 배를 수리하기에 좋은 자리였다.

그리하여 1912년 초 우리나라의 첫 근대식 조선소로 알려진 '다나카조선철공소'가 이곳에 들어섰다. 엔진을 단 목선이 처음 만들어진 것이 바로 다나카조선철공소다. 훗날 우리나라 '수리조선소 1번지'가 된 영도 대평동 깡깡이마을의 운명을 바꾼 사건이었다. 일본인들이 물러간 뒤에도 여러 조선소들이 이름을 바꿔 가며 다나카조선소 자리(한 번 옮김)에 들어섰고 지금은 '우리조선'이 그 자리를 지키고 있다. 우리조선 말고도 8개의 수리조선소

깡깡이예술마을에 가면 눈앞에서 배를 수리하는 모습을 볼 수 있다. ⓒ 깡깡이예술마을사업단

와 260여 개에 달하는 공업사들이 영도 깡깡이마을에 남아 '수리조선소 1
번지'라는 이름을 지키고 있다.

　1970년대 원양어업이 등장하면서 깡깡이마을에도 큰 배들이 몰려들
었다. 1972년엔 1만 8,000t급 선박을 건조할 수 있을 만큼 기술도 늘었고,
1980년대에는 엔진을 만들어 수출도 했다. '대평동에 가면 못 고치는 배가
없다.'는 말이 나온 것도 이 무렵이었다. 주민들은 그 무렵(1970~1980년대) 대
평동을 '부산에서 세금을 두 번째로 많이 내는 동네'로 기억하고 있다.

　하지만 1990년대에 들어서자 선박들이 더 커지고 조선소들도 부산 감
천이나 다대포, 경남 진해와 거제로 빠져나가면서 이곳에는 작은 조선소들
만 남게 되었고, 남아 있던 부품 회사와 공장들도 일거리가 줄어 갔다. 자
연스레 사람들이 마을을 떠나면서 30년 사이 인구는 절반으로 줄었고 빈

집도 늘었다. 지금은 "해가 지면 도시가스가 들어오지 않아 가로등의 가녀린 불빛조차 없는 칠흑처럼 어두운 골목 사이로 쇳내와 짠 내만 가득"[10]한 곳이 되어 버렸다. 준공업지역으로 묶인 이곳은 남항동과 합쳐지면서 파출소와 동사무소가 사라졌고, 병원과 약국도 모두 떠났다. 새마을금고도 더는 버티지 못하고 문을 닫으면서 은행을 가려면 멀리까지 나가야 한다.

문화예술 플랜비(plan b)는 2014년 더 건강하고 풍요로운 지역 문화예술 생태계를 만들고자 여러 전문가들이 모여 세운 문화예술법인으로 현장의 목소리를 담아 문화정책을 연구하고 전문 인력을 키운다. 또 지역의 고유한 가치를 담은 콘텐츠도 개발한다. 플랜비에는 '익숙한 주류 관행에 안주하지 않는 창의적이고 대안적인 발상에 더해 부산의 지역 정체성을 기반으로 한 새로운 문화예술적 실험을 추구한다.'는 뜻이 담겼다.

송교성 실장은 지식공유실을 책임지고 있으면서 상임이사도 맡고 있다. '깡깡이예술마을 프로젝트'는 서병수 전 부산시장 때 그 유명한 감천마을의 뒤를 이을 프로젝트를 찾으면서 3년 동안 35억 원이란 큰돈을 문화예술 사업에 쓰기로 하면서 시작했다. 이름부터가 '예술상상마을' 사업이었다. 송 실장도 "지금 와서 생각해 보면 꽤 괜찮게 설계된 사업이었다."라고 할 만큼 대담한 시도였다. 처음부터 깡깡이마을을 염두에 둔 사업은 아니었다. 플랜비는 2~3년 사이에 의미 있는 변화를 만들어 낼 수 있을 만한 곳을 찾아 부산 곳곳을 돌아다녔다. 그때 강동진 경성대 도시공학과 교수(플랜비 이사)가 이곳 대평동 수리조선소 마을을 제안했다.

"아, 부산에 이런 곳이 있었구나. 어떻게 보면 부산의 모든 역사가 응축된 원형 같은 곳이라는 느낌을 받았어요. 그래서 '여기서 한번 도전해 보자.' 하고 생각했죠."

2015년 8월 플랜비가 제안한 사업 계획이 뽑혔고, 이듬해 5월부터 2018년까지 1,176세대 2,771명(2015년)이 살고 있고 8곳의 소규모 수리조선소와 260여 곳의 선박부품업체가 있던 이곳에서 3년간 사업을 진행했다.

"(깡깡이마을은) 개항과 근대화 시대를 거치며 부산이 우리나라 최대 항구도시로 성장하는 역사의 굴곡과 자취를 고스란히 간직한 공간이다······ 깡깡이마을이란 별칭은 배를 수리하는 과정에서 녹슨 배의 표면을 벗겨내는 재생의 망치질 소리에서 유래했듯이, 깡깡이예술마을은 바다를 생활의 터전으로 살아가는 사람들의 역동적인 삶을 통해 항구도시 부산의 원형을 되살리는 도시재생 프로젝트다." [11]

처음부터 모든 것이 매끄럽지는 않았다. 플랜비는 구청, 대평동 마을회 등을 만나 함께하자고 제안했지만, 영도구는 도시재생 경험이 없었던 데다 문화와 예술을 기반으로 도시를 되살린다는 것도 낯설던 때였다. 구청 건축과가 일을 맡게 됐는데 건축과가 보기에 35억 원은 건물 하나 지으면 끝날 푼돈이기도 했다. 마을회에는 적지 않은 돈이지만 대체 무엇을 하겠다는 것인지 이해하고 받아들이는 일이 쉽지 않았다.

가난하던 시절 하층 여성 노동자들이 하던 일을 떠올리게 한다며 '깡깡이마을'이란 이름이 싫다는 이들도 있었다. 그뿐이 아니다. 구와 마을회끼리 생각이 부딪히기도 했고, 35억 원이라는 큰돈을 어떤 방식으로 쓸지도 결정해야 했다. 그래서 사업자로 뽑히고 나서도 여섯 달 동안이나 논의를 이어 가야 했다. 결국 영도문화원에 '깡깡이예술마을사업단'을 만들고, 송 실장을 비롯해 플랜비를 비롯한 여러 전문가와 일꾼들이 다 같이 힘을 모으기로 했다.

처음 석 달은 마을 조사에만 매달렸다. 마을 주민, 식당 주인, 깡깡이 아지매, 공업사 사장을 비롯한 여러 구성원들을 두루 만나면서 마을과 수리조선업의 역사와 현황을 살폈다. 이를 바탕으로 사업의 밑그림을 그려 나갔고 또 '마을박물관 프로젝트'의 하나로 『깡깡이마을 100년의 울림』이라는 제목으로 세 권의 책(역사, 산업, 생활)을 내기도 했다. 영도 도선복원, 퍼블릭아트, 마을박물관, 문화사랑방, 공공예술페스티벌, 깡깡이크리에이티브 등 총 6개의 핵심 사업과 그에 따른 19개의 세부 사업을 기획해 진행했고, 28명의 국내외 작가들을 모아 공공예술작품들을 동네 곳곳에 그리고 세웠다.

동네를 거닐다 보면 벽마다 그려진 벽화와 더불어 기어나 닻으로 만든 조형물들을 만날 수 있다. 불빛 하나 없던 골목에는 구름 모양의 가로등을 세웠고, 선창가에는 그물을 본떠 LED 가로등을 세웠다. 버려진 농이나 닻을 가져다가 주민들이 앉아서 쉴 수 있는 벤치도 만들었다. 또 공터에 주민 쉼터인 쌈지공원과 거리정원을 만들기도 했다.

깡깡이생활문화센터 2층에는 약 400점에 달하는 수리조선, 철공, 선박 부품과 자료들, 또 영상 자료들을 모아 마을박물관을 열었다. 그렇게 깡깡이 마을은 '예술마을'로 거듭났다. 플랜비는 "기획 단계에서부터 제작, 설

마을박물관과 마을다방이 들어선 깡깡이생활문화센터, 그리고 마을 곳곳에서 만나게 되는 벽화와 조형물, 거리박물관 등의 예술작품들 ⓒ 깡깡이예술마을사업단

치 과정까지 지속적으로 주민들의 요구와 의견을 수렴하여 작품에 대한 주민들의 관심과 이용을 이끌어 내는 것에 초점을 맞췄다."라고 했다.

마을과 수리조선소 건물 곳곳에 그려진 알록달록한 벽화는 깡깡이예술마을의 상징 가운데 하나가 됐다. 수리조선소 벽에 벽화를 그린다고 했을 때 조선소 대표들이나 노동자들은 선뜻 받아들였을까. 다행히 오랫동안 같은 공간에서 주민과 부대끼며 지내 와서 마을회가 나서서 취지를 설명하자 대부분이 큰 반대 없이 그러자고 했다. 어떤 대표는 살아오면서 예술 작품을 가까이서 볼 기회가 없었다면서 자기 건물 벽에 그려 달라고 먼저 부탁해 오기도 했다. 작가에 따라 어떤 그림은 너무 추상적이기도 했지만, 마음에 안 든다며 지워 달라고 하는 일도 거의 없었다.

"벽화가 못 사는 동네의 상징처럼 여겨지기도 해요. 또 어떤 곳의 벽화들은 수준이 너무 떨어지는 것도 사실이고요. 우리는 벽화에 그 지역의 정체성과 특성이 드러나고, 또 그렇게 그린 벽화가 지역이 필요로 하는 것과 잘 맞물려야 한다고 생각했어요. 그렇게만 된다면 두려워할 필요는 없다는 거죠. 그래서 예술감독을 뽑고 예술가들을 찾아서 제안하고 몇 번씩 함께 워크숍을 가졌어요."

1980년에 지은 우리나라의 첫 주공복합아파트인 대동대교맨션 12층 건물의 한쪽 벽면에 그린 '우리 모두의 어머니'는 깡깡이예술마을을 찾는 이들에게 묵직하면서도 긴 울림을 준다. 독일 작가 ECB(헨드릭 바이키르히)가 하루 10시간씩 5일을 매달린 끝에 완성한 작품으로 송 실장의 말처럼 영도를 드러내면서도 영도가 필요로 하는 벽화였던 셈이다. 작가는 사람들의 관계를 단절하는 콘크리트 벽체가 자신의 작품을 통해 소통의 매개체가 될 수 있기를 희망했다고 한다.[12]

주민이 참여하는 여러 동아리도 만들었다. 시화 동아리에서는 주민들이 시를 짓고 그림을 그려 전시회를 열고 시집도 냈다. 춤 동아리에서는 여섯 명의 할머니들이 자신들의 이야기가 담긴 몸짓을 만들어 마을축제 무대에 오르기도 했다. 마을정원사 동아리에서는 예술가들과 함께 공터에 쌈지공원을 만들고 골목길 곳곳에 꽃을 심어 거리정원을 꾸몄다. 그리고 마을다방 동아리는 세 명의 주민을 바리스타로 키워 냈다. 이들은 자격증까지 따서 마을다방과 공동체부엌을 운영해 나가고 있다. 또 다른 동아리에서는 마을 기자와 해설사를 길러 내서 이곳을 찾는 여행객들을 맞았고, 마을신문 '만사대평'도 발간했다. 지난 3년은 이렇듯 문화와 예술로 지속 가능한 마을 공동체를 만들어 온 과정이었다.

"적지 않은 예산이 투여되고, 복잡하고 날카로운 이해관계들이 얽히면서 적잖은 갈등이 발생하곤 하는 도시재생 사업에서 문화적·예술적 접근이 가질 수 있는 장점은 경계심을 허물고 신뢰와 연대감을 높일 수 있다는 것이다. 즉, 사업에 직접적으로 개입하는 것이 아닌, 춤을 통해, 시 쓰기를 통해, 마을 해설을 하면서, 마을신문을 만들며, 마을의 화초를 가꾸고, 함께 축제를 준비하는 문화예술 동아리 활동을 통해 사업에 편안하게 접근하고 주체로 성장해 나갈 수 있다." _ (송교성 실장)[13]

다행히 마을회를 이끄는 주민들이 플랜비를 지지해 줬다. "젊은 친구들이 뭔가 새로운 시도를 할 때는 그냥 힘닿는 대로 도와주는 게 맞다.", "이건 우리 마을만 잘 살자고 하는 일이 아니다."라면서 힘을 실어 주는 주민들도 있었다.

송 실장은 아직 성공이라 말하기는 어렵지만 기대했던 것보다 많이 알려질 수 있었던 힘도 절반 이상이 대평동 마을회에서 나왔다고 했다. 대평동 마을회는 1981년에 정식으로 문을 열어 올해로 40년이 되었다. 마을회가 소유하고 있던 마을회관은 일제강점기 일본 사찰이 있던 자리에 지은 건물로, 1950년대에 주민들이 돈을 모아 사들였다. 이곳을 마을다방과 부엌(1층), 마을박물관(2층)으로 되살려 앞으로도 오래오래 마을 공동체의 심장으로 남도록 했다.

사업이 잘되면 사람들이 많이 찾아올 것이란 생각은 했지만 그렇다고 처음부터 관광지를 목표로 했던 것은 아니다. 그보다는 그동안 문화와 예술을 제대로 누려 본 적 없는 주민들이 일상에서 조금 더 쉽게 그런 것들을 누릴 수 있도록 하면서 마을의 역사를 자랑스럽게 여길 수 있도록 하고 싶었다. 여행객들이 몰리면 수리조선소 일에 방해를 줄 수 있다는 점도 걱정이었다. 그래서 '마을 해설사'를 길러내고 가급적 사람들을 모아서 둘러보도록 했다. 사진 촬영도 하지 않도록 늘 당부한다. 또 사람들의 방문이 마을에 이익이 될 수 있도록 처음부터 투어 입장료도 받았고, 마을다방에서 여정이 끝나도록 했다.

1980년대까지만 해도 바로 바다 건너 자갈치시장 옆 남항선착장에서 배(도선)를 타면 5분 만에 영도에 닿을 수 있었다. 지금은 차를 타고 영도대교를 건너서 오려면 300m 남짓한 거리의 다섯 배를 돌아와야 한다. 사업단은 이 도선을 복원하는 프로젝트를 추진해 지금은 대평동 조선소와 자갈치시장 등 남항 일대를 돌아보는 '깡깡이 유람선'이 다니고 있다.

"이곳을 찾는 이들에게 깡깡이예술마을이 그저 관광지가 아니라 항구 도시이면서 산업의 현장이고, 또 역사의 흔적이 그대로 남아 있는 옛 도시로 다가가길 바라요. 육지에 세워진 커다란 배의 밑바닥을 볼 기회가 별로 없잖아요. 아이들도 거대한 프로펠러를 보면서 정말 신기해해요. 은퇴한 배나 모형 배가 아니라 어떻게 보면 살아 있는 배를 만나는 거니 조선업을 제대로 이해할 수 있는 기회인 거죠."

눈에 보이는 변화보다 더 큰 변화는 마을 주민의 삶에서 찾을 수 있다. 바리스타가 되는 일은 꿈에서도 떠올린 적이 없던 어느 주민은 "나이 70이 다 돼서 누군가에게 커피 한 잔을 대접할 수 있어 뿌듯하다."라고 했다. 저녁에 조선소들이 문을 닫으면 죽은 듯 조용하던 마을에 생기가 돌아서 좋다는 이들도 있다. 60~80대 노인 여섯 명이 글쓰기 동아리에 모여 자서전을 쓰고 이를 한 권의 책으로 엮기도 했다.

"30년 전 먹고살기 힘들어서 조선소에 깡깡이 일을 하러 갔다. 그때는 온 동네가 왁자지껄했다. 외지에서 대평동으로 일하러 도선장에서 배를 타고 사람들이 많이도 왔다. 8시부터 시작해 조선소 배에서 망치를 가지고 두드리면 온 동네가 시끄러웠다. 철공소 기계 소리, 조선소 깡깡이 소리…… 참 힘들었지만 그때가 좋았다. 사람 사는 맛이 있었기 때문이다."[14]

예술마을사업은 2017년에 끝났지만 그 뒤로도 문화체육관광부 문화적 도시재생 사업과 문화도시사업 등에 뽑혀 지원이 이어지고 있다. 최근 문화도시사업단이 다시 꾸려졌지만 플랜비는 이번에는 참여하지 않기로 했다. 송 실장은 "물론 지속 가능성을 어떻게 보느냐를 두고 견해차가 있을 수 있지만 이 사업은 예산 없이는 지속되기 힘들다고 생각한다."라고 털어놓았다. 공공의 지원과 관심이 필요하다는 뜻이다.

지난해 대평동은 다시 도시재생 뉴딜 사업지로 뽑혔다. 정부와 시는 앞으로 6년 동안 무려 1,966억 원을 투입해 대평동을 해양산업의 혁신 기지로 바꿔 놓을 계획이다. 유명해진 만큼 걱정도 많다. 송 실장은 '주민의 속도'를 앞서가지 않았으면 하는 바람이 있는데, 행정과 자본의 욕망이 걷잡을 수 없이 몰아치고 있는 것은 아닌지 걱정이라고 했다.

로컬과 함께 성장하는 삼진이음

[사단법인 삼진이음 _홍순연]

영도에는 '삼진어묵'이라는 오래된 기업이 있다. 1953년 영도 봉래시장에서 작은 어묵 가게로 시작해 오늘날 부산에서도 손꼽힐 만큼 탄탄한 기업으로 성장했다. 고향이나 다름없는 영도가 다시 일어서기를 바라는 마음으로 2016년 사단법인 '삼진이음'을 세우고 영도구 봉래시장 근처(봉래 1동)에서 도시재생 사업인 '대통전수방'을 시작했다. 대통전수방은 영도의 오래된 시장과 항만시설 및 창고, 주거지를 되살리는 사업으로, 노포들이 가진 기술을 청년 창업자들에게 전수해 청년의 정착을 돕는 일이 핵심이다. 행정과 예산은 영도구가 맡고, 프로그램 기획과 운영은 삼진이음이 맡기로 했다. '대통전수방'은 '좋은 기운이 통하고, 그런 기운을 전수한다.'는 뜻이다.

이 사업을 처음부터 기획하고 꾸려 온 이가 홍순연 삼진이음 상임이사다. 홍 이사는 부산에서 도시재생 사업이 첫 삽을 뜨던 때부터 그 일을 해왔다. 역사·문화 자원을 보존하고 활용하는 연구로 박사학위를 받고 건축사무소에서 일하고 있었는데, 마침 부산에 마을 만들기 사업이 시작되면서 근대 건축물을 비롯한 역사·문화 자원의 가치를 새롭게 바라보는 흐름이 만들어 졌다. 그때부터 그는 10여 년 동안 크고 작은 도시재생 사업에 참여해 왔다. 그러다 홍 이사가 봉래시장이 가진 무형의 자원을 기반으로 도시재생을 활성화하자는 내용으로 쓴 제안서를 눈여겨 본 박용준 삼진어묵 대표가 도움을 요청하면서 여기까지 오게 됐다.

"창업자의 손자인 박용준 대표에게 이 동네 사람들은 아재나 이모예요. 그러니까 어릴 적부터 '너네(삼진어묵)가 잘되면 우리도 잘되겠지.' 하는 말들을 들으면서 자란 거죠. 지역을 되살리는 일에 관심을 가지게 된 건 자연스러운 선택인 거죠. 박 대표가 제 제안서를 실행에 옮겨 보고 싶다고 해서 그러면 독립적인 비영리 법인을 만들고 직원도 몇 명 뽑아서 사업을 뒷받침할 수 있는 사람들도 키워야 한다고 이야기했어요. 저는 마침 다니던 회사에 육아휴직을 하려고 했는데, 박 대표가 그럴 거면 법인을 맡아 달라고 했죠."

홍 이사는 자신이 세운 계획이 현장에서 어떻게 구현되는지 궁금했다고 한다. A부터 Z까지 다 해 볼 수 있는 기회에 끌렸다는 것이다. 그렇게 상임이사를 맡은 것이 2016년이었으니 벌써 5년째다. 마침 영도구 담당 공무원들도 국가가 이끌어 가는 도시재생 사업의 지속 가능성에 한계가 있다는 점을 걱정하고 있어서 삼진어묵이라는 기업이 제안한 사업에 관심을 보였다. 이듬해부터 부산시와 영도구, 국토교통부 등과 함께 대통전수방 1기를 모집해 지금까지 운영해 오고 있다.

대통전수방 프로젝트는 두 개의 궤도로 움직이는데, 첫 번째는 시장의 제조 장인들이 청년들한테 기술을 전수하고 원자재를 납품하거나 OEM 방식으로 제조할 수 있도록 하는 것이다. 이것이 핵심 콘텐츠다. 두 번째 궤도는 상인들이 풀지 못하는 묵은 문제를 '브랜딩 학교' 같은 교육과 협업으로 풀 수 있도록 하는 것이다. 새로운 아이디어와 패기로 뭉친 청년 창업가들에게 접하기 힘든 기술을 익힐 수 있도록 기회를 주고, 오랜 세월 틀에 갇힌 채로 한 길을 고집해 온 장인들에게는 시대가 바라는 새로운 흐름을 알려 주는, 그야말로 서로가 서로에게 도움이 되는 협력의 장을 마련해 주는 프로젝트다.

창업자들에게 두부와 어묵 기술을 전수하고 있다. ⓒ 삼진이음

그렇다고 처음부터 상인들이 반겼던 것은 아니다. "돈 안 되는 쓸데없는 짓 하지 말라."는 말이나 "귀찮게 하지 말라."는 볼멘소리도 많이 들어야 했다. 벌써 재래시장 현대화 사업이나 관광 활성화 사업을 비롯한 여러 행정 주도 사업들을 겪어 보면서 보여 주기 식 사업들에 지친 탓이다. 삼진이음은 이들의 마음을 어떻게 열었을까?

"비가 오고 나면 아케이드에 물이 차는데, 한번은 우리 매니저 한 명이 아케이드 청소를 해야 되겠다고 하더라고요. 그래서 우리 직원들 예닐곱 명이 다 같이 붙어서 배수구를 막고 있던 찌꺼기들을 다 걷어 냈죠. 그 모습을 보더니 상인 분들 태도가 달라지더라고요. 어떻게 보면 별일 아닌데 상인들 입장에서는 아무도 나서지 않던 일에 젊은 친구들이 매달리니까 달리 보였던 거죠."

독특한 분위기와 상품들로 사람들을 불러 모으는 M마켓 ⓒ 삼진이음

M마켓이라는 플리마켓도 중요한 전환점이 됐다. 상인들 가운데는 "실제로 돈 되는 사업을 가지고 와라."라고 말하는 이들도 있었고, 그것이 바로 삼진이음의 큰 숙제이기도 했다. 홍 이사는 60년 동안 어디 내놓아도 손색이 없을 두부를 매일 같이 만들어 파는 두부 가게가 오로지 모두부만을 파는 것이 안타까웠다. 그래서 일부러 그 두부 가게 옆에서 플리마켓을 열면서 두부로 샐러드를 만들어 파는 청년 창업가를 데려다가 놓았다. 바로 옆 가게에서 김이 모락모락 나는 모두부를 받아다가 샐러드를 만들어 훨씬 더 높은 가격에 파는 모습을 두부 장인이 지켜보게 한 것이다.

"플리마켓 끝나고 두부 장인이 찾아오시더니 '내가 뭘 하면 좋겠냐?' 하고 먼저 물으시더라고요. 지금까지 새벽 4시에 일어나서 모두부를 만들었는데, 젊은 친구는 그 두부 4분의 1쪽으로 샐러드를 만들어서 훨씬 더 큰 수익을 올리는 걸 보면서 충격을 받은 거죠. 스스로 바꿔야 한다는 걸 깨달으신 거예요. 두부 장인 말고도 몇 분 더 있어요."

참기름 장인에게는 예쁜 용기를 만들어 주고, 건어물 장인에게도 검은 비닐봉지 말고 새로운 포장방법을 알려 주었다. 두부 장인에게는 더 깨끗한 환경에서 두부를 만들 수 있도록 가게 리뉴얼을 제안하고 돈도 보태면서 두부 기술을 익히려는 청년들도 함께 공간을 쓸 수 있도록 해 달라고 했다. 그렇게 '찐 팬'들이 생겼다고 한다. 지금은 상인들이 먼저 찾아와서 아이디어를 꺼내 놓기도 한다.

해를 거듭할수록 교육 프로그램도 나아지고 있다. 대통전수방 프로그램은 철저히 현장에서 써먹을 수 있는 제조 기술을 익힐 수 있게 짠다. 그래서 대학 교수들을 강사로 섭외하는 일은 거의 없다. 어묵 수업은 삼진어묵을 만드는 팀장이 와서 하고, 두부는 가게를 운영하는 봉래시장 성실두부 장인을 중심으로 운영했다. 참여자들의 의견을 들으면서 커리큘럼도 계속 손보고 있고, 3기부터는 교과서도 만들었다. 지금까지 기술을 익힌 44명 가운데 13명이 취업이나 창업에 나섰다.

대통전수방은 정부와 지자체의 지원금에 더해 기업의 지원까지 받아서 사업을 하고 있지만, 다른 도시재생 사업에 견주어 자유롭게 돈을 쓸 수 있다는 점이 장점이다. 여느 사업단처럼 돈을 쓸 때마다 행정이나 중간지원기관의 허락을 받지 않고 일 년에 많게는 10억 원가량 되는 지원금을 받아서 스스로 세운 계획에 따라 집행하면 되도록 했다. 도지재생 활성화 계획안에 운영 주체로 들어가 있어서 가능한 일이다.

직원을 뽑는 과정도 독특했다. 처음에 뽑은 두 명은 홍 이사가 특강을 하러 갔다가 만난 청년들이었고, 그 뒤로 뽑은 직원들은 처음 두 명이 새로운 업무가 필요하다고 제안해서 그 둘에게 알아서 뽑으라고 맡겼다. 그러니까 처음 두 명을 뺀 나머지 다섯 명의 매니저는 먼저 뽑힌 직원들이 뽑은 셈이다.

삼진이음은 최근 '아레아6'(AREA6)라는 공간을 열었다. 2020년에 대통전수방 사업이 공식적으로 끝나는 것에 맞추어 2018년부터 포스트 대통전수방으로 준비해 온 프로젝트이자 공간이다.

"창업 교육을 4~5년 해 보니까 창업자들도 (스스로 정해 놓은) 한계선이 있다는 걸 확인했어요. 가령, 작은 가게로 만족하는 사람이 있는가 하면 큰 기업을 꿈꾸는 창업자도 있어요. 어느 쪽이든 단계별로 문제점이나 어려움은 다 있고, 또 묘한 건 비슷한 생각을 가진 이들끼리만 모인다는 거예요. 그래서 이런 다양한 생각을 가진 창업자들을 다 섞으면 다 같이 다음 단계로 성장할 수 있지 않을까 생각했어요. 그렇게 해서 만든 게 '아레아6'라는 공간 플랫폼이에요."

처음 계기는 간단했지만 막상 현실은 그렇지 않았다. 홍 이사는 "지난 2년이 어떻게 갔는지 모르겠다."라고 말했다. 열 번이 넘는 플리마켓을 하면서 소비자들로부터 진정성을 인정받은 정말 작은 가게들은 입주와 함께 공간 디자인과 브랜딩을 도왔고, 제법 인지도 있는 브랜드를 가졌지만 거점 공간이 없는 곳들도 찾아 입점시켰다. 또 기업으로서 어느 정도 성장을 한 곳들 가운데 B2C보다는 B2B에만 힘을 쏟아 온 곳들은 B2C로 전환할 수 있는 계기가 될 수 있도록 도왔다. 그렇게 M마켓 셀러에서 시작해 창업한 브랜드(인어아지매, 희희호호), 로컬과 전통을 새롭게 해석한 브랜드(티가렛, 부산주당), 디자인을 바탕으로 벤처처럼 새로운 분야를 개척한 브랜드(취프로젝트, 컬럼니스트), 제조업에서 B2C로 가는 브랜드(WSJ), 로컬 기업으로 성장해 다른 브랜드를 이끌어 줄 수 있는 브랜드(송월타올, 삼진어묵) 등 9개 팀으로 공간이 채워졌다.[15]

홍 이사는 "건물을 짓는 건 별로 어렵지 않았는데 그런 기획이 정말 어려웠다."라고 털어놓았다. 입주 팀도 일일이 공개 모집 절차를 거치지 않고 직접 발로 뛰면서 찾아다녔다. 또 작은 가게에서 시작한 삼진어묵이 오늘날 부산을 대표하는 로컬 기업으로 성장해 온 만큼 그 과정에서 겪었을 성공과 실패를 아레아6 입주 팀과 공유할 수 있는 공간이자 플랫폼도 필요하다고 봤다.

아레아6의 모습과 상품들 ⓒ 삼진이음

"건물을 짓고 있을 때 부산에서 영향력 좀 있다는 사람들이 구경을 와서는 '부산에서, 그것도 영도에서 무슨 콘텐츠야. 건물만 그럴싸하게 짓지. 건물을 왜 이렇게 지었어?'라고 하더라고요. 부산에서는 콘텐츠나 브랜드로 성공할 수 없다는 뜻이었죠. 그래서 제가 우리 매니저들한테 '그러면 우리가 처음 하는 거니까 잘해서 성공하자.'라고 했어요."

홍 이사는 100년이나 이어져 온 시장에 차곡차곡 쌓인 인프라와 콘텐츠에서 가능성을 봤다. 시장 장인과 청년을 이어 줄 수 있는 거점만 있으면 자연스럽게 뭔가 일이 될 것이라는 믿음이 있었다. 게다가 바로 옆 삼진어묵 본점 방문객이 한 해에 80만 명이라는 점도 무시할 수 없는 매력이었다. 홍 이사는 한 달에 한 번씩 입주 팀들과 간담회를 하면서 의견을 조율하고 매출 추이도 분석하면서 함께 해결책을 만들어 가고 있다.

아레아6 1층은 원래 있던 오래된 골목길을 따라 벽을 두지 않고 공간을 열어 두었다. 삼진어묵을 찾는 이들이 아레아6를 둘러본 뒤 자연스럽게 봉래시장으로 발길을 옮기도록 길을 낸 것이다. 또 나무도 심고 벤치도 마련해 마치 작은 공원 같은 역할을 하도록 했다. 새 건물이 들어섰음에도 익숙한 골목이 그대로 남아 있어 주민들은 오가며 자연스레 벤치에 앉아 잠시 숨을 돌린다. 여행객들의 발길이 뜸한 평일에는 동네 주민들이 건물을 채운다.

"아들이랑 봉래시장을 지나가면 1,000원짜리 한 장이라도 쥐어 주세요. 그럴 때면 '아, 그래도 다행히 커뮤니티가 잘 형성됐구나.' 하고 생각하죠."

아레아6를 지으면서 민원이 단 한 건도 들어오지 않은 것도 놀랍다. 주민들이 "언제 다 짓는대?"라며 궁금해 하면서도 시끄럽다거나 먼지 날린다는 불평은 하지 않았다고 한다. 홍 이사는 고마운 마음에 건물을 다 짓고 나서 동네에 떡을 돌렸다. 아레아6를 짓는 데 들어간 돈은 HUG(주택도시보증공사) 대출 15억 원을 포함해 27억 원이다. 홍 이사는 상환 기간 10년 동안 운영비와 감가상각비까지 손익분기점만 맞추기로 했다.

"아레아6를 거점으로 로컬 브랜드가 모여 있는 군집을 여러 개 만들면서 확장을 하면 영도 지역 전체가 성장할 수 있을 거예요. 이미 아레아6 주변으로 빵집 '르봉B', 비건 식당 '아르포arp', '다시부산' 등 청년 대표가 운영하는 공간이 생기기 시작했어요. 이런 로컬 브랜드들이 연결되면서 영역이 확장되면 자연스럽게 지역 활성화가 이뤄지고 새로운 사람들을 유입할 수 있을 거라고 봐요⋯⋯ 아레아6가 지금까지 쌓은 대통전수방의 노하우가 발현되는 공간이 되어 전국의 로컬 브랜드가 인사이트를 얻고, 크리에이터와 창업자가 성장을 꿈꾸는 공간이 되기를 바라요."[16]

홍 이사가 처음 영도에 지역 조사를 하러 왔을 때만 해도 그의 눈에 비친 영도는 그냥 외딴섬이었다. 그는 그사이 바뀐 영도를 보며 걱정도 든다고 했다. 영도가 본래 가지고 있던 콘텐츠가 발현되기보다는 자연경관과 카페 같은 키워드들로 기울어져 있어 안타깝다는 것이다. 그는 특별한 정체성을 가진 콘텐츠들이 영도에 더 많아지길 바란다고 했다.

"아직 큰 건물이 없는 영도에 개발 광풍이 불면서 갑자기 대규모 아파트 단지나 큰 건물들이 들어서면 영도가 가진 본래의 스카이라인이나 해안선이 무너지지 않을까 걱정돼요. 개발의 논리가 가장 빠르게 밀려드는 동네인 만큼 기본 정체성을 어떻게 유지하느냐가 숙제죠."

영도에서 만난 이들은 하나같이 가슴 저 깊은 곳에 차마 버리지 못하는 아주 낡고 오래된 무언가를 하나쯤 품고 있는 것처럼 보였다. 알티비피 얼라이언스는 영도의 기술과 공간을, 무명일기는 영도의 라이프스타일을, 문화예술 플랜비는 영도의 자부심을, 리케이온은 영도의 역사를, 봉산마을관리사회적협동조합은 영도의 마을을 그리고 삼진이음은 영도의 맛을 품고 있었다. 이들이 꽃 피우려는 영도의 미래도 자칫 잊힐 수 있던 그 낡고 오래된 가치들 위에 아주 깊고도 단단하게 뿌리를 내리고 있었다. 그래서 아직 오지 않은 그 미래가 낯설기보다는 정겹고 따뜻하게 다가왔다.

"마치 20~30년 전으로 돌아간 풍경, 변하지 않은 시대가 외지인을 맞는다."라는 말은 영도의 첫 인상을 설명할 뿐, 더는 영도의 전부를 보여주지 못한다. 이제 영도는 그 '변하지 않은 시대'를 딛고 아무도 쉽게 흉내 내거나 쫓아올 수 없는 영도만의 미래로 거침없이 나아가고 있으니 말이다.

낭트섬의 도시재생과 로컬 [17]

　프랑스 북서부에서 가장 큰 도시인 낭트(Nantes)의 남쪽을 가로지르는 루아르(Loire) 강에는 여의도 너비만한 낭트섬(Ile de Nantes)이 떠 있다. 영도 너비의 3분의 1밖에 안 되는 섬이지만 여러모로 영도와 닮았다. 부산처럼 낭트라는 큰 도시에 속해 있다는 점이 그렇고, 무역항으로 시작해 조선업과 철강 등을 기반으로 산업도시로 번성하다 산업의 변화와 함께 쇠락의 길을 걸었다는 점도 그렇다.

　그러나 오늘날 두 도시의 풍경은 다르다. 낭트섬은 영도와 달리 2000년대부터 인구가 다시 늘기 시작했고, 2019년까지 해마다 100만 명이 넘는 여행객이 찾았다. 2000년에 시작한 '낭트섬 도시재생'이 큰 성공을 거두었기 때문이다.

　민유기 경희대학교 사학과 교수는 『세계의 지속가능 도시재생』이란 책에서 낭트섬 도시재생을 아주 자세히 다루었다. 낭트섬 도시재생은 1987년 무려 144년 만에 문을 닫은 뒤비종 조선소와 그 주변 땅을 되살리는 데서 출발했다. 우파가 집권하던 당시 시와 시의회는 부동산투자회사와 은행들을 끌어들여 이곳에 국제업무단지를 건설하기로 하고, 조선소에 남아 있던 거대한 철골 구조물들을 모조리 철거하려고 했다.

　그러자 은퇴한 노동자들이 '낭트선박건조역사협회'를 만들어 작업 도구와 문서들 그리고 선박 모형들을 지키는 활동에 나섰다. 시민단체들과 함께 반대 시위도 벌였다. 마침 1989년 3월 지방선거에서 노동자와 시민의 목소리가 모아졌고, 사회당 소속인 장-마르크 애로(Jean-Marc Ayrault) 후보가 좌파연합 후보로 나서서 당선됐다. 그는 "국제업무단지 건설이 낭트섬이 지닌 산업과 노동자의 역사와 정체성을 거부하는 것"이라며 계획을 백지화하고 철거도 중단시켰다. 그러고는 버려진 땅들을 사들이면서 '도시의 장기적인 미래 발전 전략'을 세우고 이해관계자들과 시민을 결정에 참여하도록 했다.

그는 전문가 집단에도 연구를 맡겼는데, 연구진은 조선소와 그 주변의 산업 시설들을 넘어 낭트섬과 루아르강, 나아가 낭트광역시의 미래 성장전략까지를 내다보면서 담대한 계획을 수립했다. 시도 이 계획을 받아들였다. 이렇게 만든 '낭트섬 도시재생 최종 보고서'는 1995년에 시민에게도 공개되었다. 조선소가 문을 닫은 지 8년 만이었다. 그리고 그해 6월 애로 시장은 재선에 성공했다(애로 시장은 2008년까지 모두 네 번의 시장 선거에서 잇달아 승리한 뒤 2012년 임기를 2년 남기고 프랑스 총리로 임명되어 낭트를 떠났다).

오늘날 낭트섬은 어떤 모습일까? 버려졌던 조선소 땅은 국제업무단지 같은 상업지구가 아닌 '조선소 공원'으로 거듭났다. 이 가운데 조선소 작업홀이던 너비 1만 500㎡, 높이 24m의 철제구조로 된 거대한 공간은 긴 논의를 거쳐 '섬기계(Les machines de l'ile) 전시관'으로 되살아났다. 조선소와 공장에 있던 부속들을 모아 움직이는 커다란 기계 동물과 놀이시설을 지은 것이다. 높이 12m에 무게가 44t에 달하는 기계 코끼리, '르 그랑 엘레팡(Le Grand Elephant)'을 비롯해 다른 어느 곳에서도 보기 힘든 놀라운 기구들이 즐비하다. 이 코끼리는 한 번에 52명을 태우고 공원 곳곳을 30분 동안 돌아다닌다. '산업기술과 예술의 혁신적 결합'을 내세운 이러한 작품과 공간은 낭트 출신의 공상과학 소설가 쥘 베른(Jules Verne)의 작품에서 영감을 얻었고, 코끼리 제작에는 낭트 지역 63개 중소기업들이 힘을 모았다. 코끼리가 첫 선을 보인 2007년 첫 해에만 무려 19만 명이, 이듬해에는 24만 명이 이곳을 찾았다.

"단지 상업적 성공과 지역경제 활성화만이 중요한 건 아니다. 조선소공원 곳곳에 남겨진 과거 산업 활동의 흔적들을 보면서 장소의 기억과 역사를 이해하게 되었다. 과거에 대한 존중뿐 아니라 문화창조산업과 바이오산업의 중심도시가 되려는 낭트의 미래와도 연결되었다."

이것이 끝이 아니다. 낭트시는 2006년에 조선소 주변의 문 닫은 공장 부지를 창조지구로 전환하기로 하고 땅과 건물들을 사들인 뒤 미디어산업과 문화예술산업 그리고 교육기관과 벤처기업들을 묶는 클러스터를 조성했다. 2009년 낭트섬 서북 강둑에 국립낭트고등건축학교가 문을 연 데 이어 2010년에는 그래픽예술센터가 들어섰고, 그 뒤로도 영화시각예술대학(2014년), 지역 민간방송국과 미디어 콘텐츠 제작 기업들이 입주한 메디아캉퓌스(M'ediaCampus)(2017년), 낭트-생나제르미술학교(2017년)가 들어섰다. 늘어나는 청년들이 살 수 있도록 2009년에는 사회주택도 지었다. 2012년 낭트섬의 문화예술산업 분야에서 새로 생긴 일자리는 3만 6,400개에 달한다.

또 공유지나 공공 소유 건물을 상업용으로 개발하면서 지역 소상공인들이 부담 없이 빌려 쓸 수 있도록 했다. 1950년에 지은 수입농작물 보관 창고는 오늘날 사람들이 즐겨 찾는 강변 레스토랑으로 되살아났다.

프랑스 주간지 『르포엥(Le Point)』은 해마다 '프랑스에서 살기 좋은 100개 도시'를 뽑아 발표하는데, 낭트가 2002년과 2003년에 처음으로 이름을 올렸다. 조선소가 문을 닫은 지 꼭 15년 만이다.

낭트섬에는 있는데 영도에는 없는 것은 뭘까(물론 영도에는 있는데 낭트섬에는 없는 것도 많다.) 크고 유연하게 방향을 정하고 이를 바탕으로 지역사회의 공감대를 만들어 가려는 노력이 아닐까.

"단기간의 성과에 급급해 졸속으로 추진되는 사업이 아니라 수십 년을 내다보며 가장 적합한 도시재생 사업의 모델을 도출하도록 오랜 논의와 준비를 거치고 그 과정에서 시민들의 의견을 존중해야 한다는 것이 낭트섬의 성공적 도시재생 사례를 통해 얻을 수 있는 첫 번째 시사점이다."

산업 유산을 지키되 보존 그 자체에 머무르지 않고 새로운 산업으로 발전시켜 나가는 과정도 눈여겨볼 만하다. 이는 큰 테마파크나 미술관을 지역에 억지로 끌어들이는 것과는 다르다. 책에서는 이를 "장소에서 비롯되는 프로그램을 발명해 낸 것", "제조업의 탈산업화를 창조산업으로 재산업화한 것"이라고 했다.

1. 김영호(2011. 6. 29.). "한진중공업의 노림수는 영도조선소 폐쇄인가". 미디어스.
2. 박금현(2018. 3. 23.). "알티비피 얼라이언스㈜ 김철우 대표". 월간인물.
3. 봉산마을도시재생현장지원센터(2020. 9.). 2020봉산마을 빈집재생 프로젝트 빈집줄게! 살러올래?.
4. 이은석(2019. 3.). 비밀영도(No. 2). 삼진이음. 최명환.
5. 북저널리즘 #132 saturday edition. 돌아와요. 힙한 부산항에.
6. 노윤정(2020. 7. 11.). "RTBP가 말하는 '쓸모', 도시와 삶의 또 다른 가치를 찾다". 라이프인.
7. 비로컬(2021. 2. 19.). [인투더로컬 (1)] 무명일기 오재민 대표.
8. 유튜브채널. 대전도시재생지원센터(2021. 7. 7.). [오정동] 마을관리협동조합 봉산 복덕방 빈집은행 이야기.
9. 깡깡이예술마을사업단. 『깡깡이 마을, 100년의 울림 · 역사』(깡깡이예술마을교양서 1).
10. 깡깡이예술마을사업단. 『깡깡이 마을, 100년의 울림 · 역사』(깡깡이예술마을교양서 1).
11. 깡깡이예술마을사업단. 『깡깡이 마을, 100년의 울림 · 생활』(깡깡이예술마을교양서 3).
12. 깡깡이예술마을사업단(2018). 깡깡이 마을, 100년의 울림 · 생활. 호밀밭.
13. 송교성(2018. 4.). 깡깡이예술마을과 문화적 도시재생. 현장비평 '로컬리티 인문학' 19.
14. 김길자 외(2019). 부끄러버서 할 말도 없는데. 호밀밭.허영은(2021. 6. 4.).
15. "부산 영도를 밝혀주는 아티장 골목, 아레아식스 (1)". 디자인프레스.
16. 허영은(2021. 6. 4.). "부산 영도를 밝혀주는 아티장 골목, 아레아식스 (1)". 디자인프레스.
17. 민유기 외(2018). 세계의 지속가능 도시재생. 국토연구원.

무명일기

영도물산장려회관((

AREA6

삼진이음
대통전수방

깡깡이예술마을

낡고 오래된 것의 가치를 지키며
미래로 거침없이 나아가는 섬 그리고 사람들

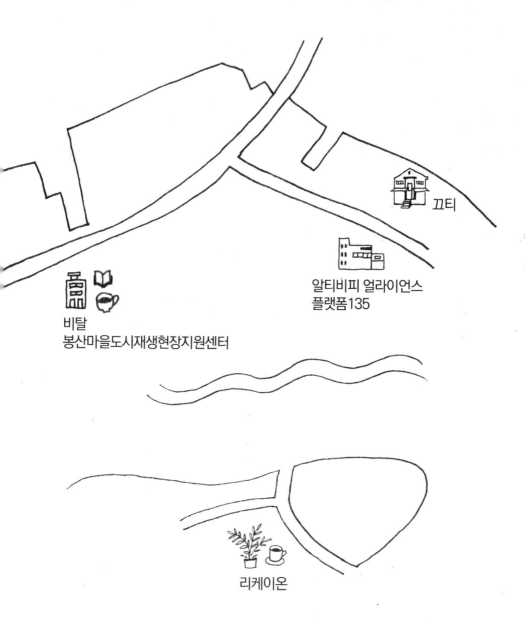

끄티

알티비피 얼라이언스
플랫폼135

비탈
봉산마을도시재생현장지원센터

리케이온

속초의 운명을 바꿔 사람들을
불러들이는 개척자들

_ 속초 동명동, 교동

"속초는 설악산과 동해 사이에 놓인 땅이다 높은 산맥과 광활한 동해를 속초만큼 지척에 둔 곳은 드물다. 태백산맥에서 가장 높은 설악산 최정상 대청봉에 올라서면 큰 호수 두 개를 끼고 있는 속초의 전경이 한눈에 들어온다. 속초시 면적은 105.72㎢로 강릉의 약 10분의 1밖에 안 된다. 이 작은 공간에 명산과 호수, 바다까지 모두 어우러져 있는 셈이다."

『속초』를 쓴 김영건 동아서점 대표가 그리고 있는 속초의 풍경이다. 그는 속초를 "언제나 젊은 도시"라고도 했다. 무슨 뜻일까? 느리게 바뀌는 다른 작은 도시들과 달리 속초는 한국전쟁을 지나면서 "몸살과 같은 격변"을 맞았고, 그러면서 이름 없던 고기잡이 마을이던 이곳이 어느새 사람들로 북적이는 도시로 빠르게 커 왔다는 뜻이다. 전쟁 통에 남쪽으로 밀려온 피란민들이 고향으로 돌아갈 날만을 손꼽아 기다리며 고향에서 그리 멀지 않은 바닷가 한 켠에 움막을 짓고 살기 시작한 것이 지금의 아바이마을이다. 아바이순대와 함흥냉면이라는 간판을 단 가게가 38선 남쪽에서 처음 문을 연 곳도 그래서 속초다.

한때 속초 앞바다에는 명태와 오징어가 넘쳐 났고 가진 것 없는 피란민들도 이 물고기들 덕에 버틸 수 있었다. 1960~1970년대 속초 인구 7만 명 가운데 무려 5만 명이 수산업이나 수산물가공업·유통업에 종사했다고 한다. 그 뒤로 사람들의 살림살이가 나아지면서 속초로 놀러 오는 이들이 생겨났고, 속초의 바다는 설악산과 더불어 다른 쓸모를 찾았다. 고기 잡는 어부만 따지면 속초읍이 시로 승격되던 해인 1963년에 7,000명이나 되던 수가 2015년에 이르러서는 328명으로 쪼그라들었다.[1] 속초에는 지금도 동명항과 속초항이 있고 날마다 드넓은 바다에서 싱싱한 물고기들을 길어 올리고 있지만, 이제 속초를 찾는 이유는 단지 그뿐만은 아니다. 언제부턴가 사람들은 저마다 다른 이유로 속초를 찾고 있다.

소호거리의 시작, 소호259

[트리밸 _이상혁 이승아]

강원도 속초에는 '소호거리'라 불리는 곳이 있다. 게스트하우스 '소호 259 클래식'(1호점)이 생기면서 붙은 이름이다. 미국 뉴욕이나 영국 런던에 있는 같은 이름의 거리처럼 높다란 건물들과 화려한 가게들이 끝없이 이어지지는 않지만, 속초를 찾는 이들이라면 한 번쯤 들르는 곳이다. 속초시외버스터미널에 내려 주차장을 가로지르면 소호거리 입구 '소호259 호스텔'(2호점)에 닿는다. 여기서부터 양쪽으로 갈린 200m 남짓한 고즈넉한 골목길이 소호거리다.

'소호259 호스텔' 1층은 '소호카페', 2층부터 세 개 층은 호스텔이다. 트리밸의 두 대표인 이상혁, 이승아 남매가 함께 이곳을 꾸려 간다. 둘은 20대이던 2012년 겨울에 함께 유럽으로 배낭여행을 다녀왔다. 이상혁 대표가 은행 입사를 앞두고 처음 떠난 외국 여행이었다. 체코와 헝가리에서 출발해 독일, 오스트리아, 네덜란드 그리고 영국을 거쳐 프랑스와 이탈리아까지 10여 개국을 돌아다녔다.

한국인이 운영하는 게스트하우스에서 자주 묵었는데, 그곳에서 접한 새로운 문화와 분위기가 두 사람 모두에게 잊지 못할 추억으로 남았다. 낯선 여행지에서 처음 만난 여행객들과 자연스럽게 어울렸던 시간들이 더없이 행복했다. 다른 남매 여행객과 며칠을 함께 보내기도 했다. 서먹했던 둘 사이도 한결 가까워졌다. 이승아 대표는 "오빠와 함께 지내면서 우리가 이런 비슷한 점도 있었구나 하는 걸 처음 알았다."라고 했다. 한국으로 돌아온 남매는 게스트하우스를 함께해 보기로 마음먹었다. 처음에는 영국에서 해 볼 생각이었는데 넘어야 할 벽이 많아서 어쩔 수 없이 한국으로 눈길을 돌렸다. 그 뒤로 적당한 곳을 찾아 전국을 돌아다녔다.

"포털 사이트 지도를 열고 숙박, 카페로 검색을 하면 다 나와요. 일단 중심지를 정하고 동심원을 그려 가면서, 가령 반경 2km 안에 게스트하우스나 카페들이 몇 개나 있는가를 보죠. 관광지가 있는지도…… 서울에서 차로 두 시간 이상은 걸려야 자고 갈 거란 점도 고려했고, 경쟁이 너무 치열한 곳들은 뺐어요. 그렇게 하니까 서너 군데 정도로 추려졌어요. 그때부터는 부동산에 전화해서 괜찮은 공간들을 알아보고 직접 찾아가서 확인하는 일들을 계속했어요." _ (이상혁 대표)

회사를 다니면서도 주말마다 전국을 누볐다. 일 년 동안 고르고 골라 찾아낸 곳들이 제천, 단양, 포항, 통영 그리고 속초였다. 속초에만도 손에 꼽을 수 없을 만큼 많이 다녀갔고 올 때마다 부동산 한 군데씩은 꼭 들렀다. 그러다 소호259 클래식(1호점)을 낸 낡은 여인숙을 만났다. 둘은 그날을 지금도 잊지 못한다고 했다.

속초시외버스터미널에서 내리면 소호259 호스텔이 보인다. 수복로259번길 11-3 ⓒ 트리밸

"속초의 옛 모습을 간직하고 있다는 점 그리고 현재의 속초와 조화롭게 어우러진다는 점에 큰 매력을 느꼈어요. 또 여행자가 많이 드나드는 시외버스터미널 바로 뒤에 위치한 골목에 자리하고 있는 점도 크게 끌렸죠." _ (이상혁 대표)

"마당에 풀이 무성하게 자라있는, 거의 무너질 것 같은 '은광 여인숙'이란 간판이 붙은, ㅁ자 모양으로 방 열 개가 들어찬 낡은 한옥이었는데 그 마당으로 햇빛이 들어왔어요. 세월의 흔적이 느껴지는 빛바랜 하늘색 기와지붕이 있었고…… 너무 예뻤어요. 소름이 끼칠 정도로…… 집에 들어선 지 10분도 안 돼서 계약하기로 마음먹었죠." _ (이승아 대표)

서울 익선동에 오래된 한옥을 단장한 카페들이 하나둘 생겨나던 무렵부터 둘은 식물이 유난히 많던 어느 카페를 자주 찾곤 했다. 아늑하면서도 세련된 분위기가 좋았고, 게스트하우스를 열더라도 그런 카페처럼 만들고 싶다는 생각을 했다. 동네 분위기와 어울리지 않는 곳이어서도 안 된다고 생각했다. 유럽에서 묵었던 게스트하우스들 가운데 동네 분위기를 흐트러뜨리는 곳은 단 한 곳도 없었다.

주인이 처음에는 일억 원 넘는 값을 불렀다가 8,000만 원으로 내렸다. 덜컥 계약을 했지만 아직 10만 원을 내고 한 달을 사는, 이른바 '달방' 손님들이 남아 있었다. 주인은 건물을 팔고 나서는 이들을 내보내는 일은 나 몰라라 했고 한참을 기다려도 나갈 기미가 안 보여서 결국 이사할 곳을 알아봐 주고 이사 비용까지 대 줘야 했다. 그렇게 두 달이 지나서야 이곳은 온전히 두 사람의 것이 되었다. 2015년 8월이었다.

"지금 생각해 보면 뭘 몰라서 그렇게 할 수 있었어요. 그냥 그 느낌이 너

무 좋았고, 그거면 다 된 거라고 생각했어요."_ (이승아 대표)

　　"그렇게 고칠 게 많은 줄 그땐 몰랐어요. 예쁜 점만 보면서 어떻게 바꿀지만 생각했지 정확한 과정은 몰랐죠."_ (이상혁 대표)

　　집을 산 뒤에는 셀프 인테리어 강의를 들으면서 직접 손을 보기 시작했고, 두 달 만에 새 단장을 마쳤다. 두 사람이 2년간 모은 돈에 대출을 보탰다. 문을 열고 나서도 일 년간은 계속 고칠 것들이 생겼고 그만큼 돈은 더 들어갔다. 돈을 벌면서 손을 보는 수밖에 없었다. 대문도 문을 열고 나서 석 달 뒤에 바꿨고, 에어컨도 여름을 앞두고서야 부랴부랴 설치했다. 정식으로 문을 연 것은 2015년 12월이었다. 벌써 6년이 다 되어 간다. 소호259란 이름은 soho(소호)에 259(번길)를 붙인 것이다. 이승아 대표는 뉴욕과 홍콩, 런던의 소호거리를 모두 다녀 봤다. 그런 곳들처럼 사람들이 많이 찾는 거리가 되는 것이 이들의 꿈이다.

　　소호거리에서 10분 정도 걸으면 속초항이 나오고 그만큼을 더 가면 동명항에 닿는다. 골목을 빠져나오면 양쪽으로 차 두 대씩 지나다니는 잘 닦인 길이 나오지만, 1980년대에는 차 한 대가 겨우 지나다닐 만한 좁은 길을 따라 술집들이 길에 늘어서 있었고, 골목에는 여인숙들이 많았다. 고기를 가득 싣고 속초항과 동명항으로 돌아온 어부들이 이곳을 지나다 붙잡혀 주머니가 탈탈 털리곤 했다고 한다.

　　골목을 나와 큰길을 건너면 지금은 없어진 속초역도 멀지 않은 곳에 있었다. 한국전쟁으로 동해북부선이 파괴되면서 기차가 다니지 않다가 결국 1978년에 역사마저 사라졌다. 동네를 정화하겠다며 속초시가 그 많던 술집들을 모조리 다른 동네로 옮기자 여인숙들만 덩그러니 남았다. 그렇게 어느새 10년이 훌쩍 흘렀다. 지금도 골목에는 10여 가구가 살고 있는데 모두

가 예순 살을 넘긴 어르신들이다. 이들이 처음부터 두 남매를 반겼던 것은
아니다.

"처음에 와서 떡을 돌리면서 인사를 드렸지만 우리를 반기는 이웃이 한
명도 없었어요. 우리 같은 20대들이 게스트하우스를 하겠다고 온 것도 처
음이었고, 아무런 연고가 없다 보니까 우리를 어떻게 판단해야 할지 다들
기준이 없었던 것 같아요. 우리도 지역사회랑 부딪히는 게 처음이었고……
그땐 정말 너무 당황스러웠어요." _ (이승아 대표)

한번은 이상혁 대표가 소호259 클래식 마당에 심다가 남은 잔디들을
뒷산에 심을 생각으로 가지고 올라갔다가 모기들이 가득한 낡은 우물이
눈에 띄어 모기도 죽일 겸 진흙이 묻은 잔디를 그 안에 던져 넣은 일이 있
었다. 안 쓰는 우물로 보였고 모기를 죽이면 동네에도 좋은 일이라 생각했
다. 그런데 얼마 뒤 이웃 어르신 한 명이 들이닥쳐서는 누가 우물을 못 쓰
게 만들었느냐고 따지는 것이 아닌가. 경찰을 부르겠다며 목소리를 높이는
통에 어쩔 수 없이 우물 안으로 들어가서 몇 시간 동안 진흙과 잔디를 도로
들어내야 했다. 정화조를 설치하지 않은 것 아니냐며 눈으로 직접 봐야겠
다고 한 주민도 있었고, 어두운 골목을 밝히려고 가로등을 설치해 달라고
시에 민원을 넣었다가 "왜 전기세 더 나오게 그런 일을 벌였느냐?"라는 볼
멘소리도 들어야 했다.

"처음 이곳으로 정할 때 동네 구성이나 분위기는 별로 신경 쓰지 않았
어요. 내가 할 일만 잘하면 된다, 잘 헤쳐 나가면 될 거라고 생각했어요. 살
아 보지 않고는 알 수 있는 방법도 없었고요. 지금 생각해 보면 그냥 한몫
챙겨서 곧 떠날 애들이라고 생각했던 것 같기도 해요. 행정도 마찬가지였어

요. 아는 사람들끼리는 쉽게 해 주는 일도 우리한텐 엄청 엄격한 잣대를 들이대는 느낌이었어요. 그래서 많이 싸우기도 했어요.”_ (이상혁 대표)

2019년 4월 강원도 고성에서 난 산불이 속초 영랑호를 지나 소호거리에서 겨우 몇 백 미터 떨어진 보광사까지 번진 일이 있었다. 그리 멀지 않은 곳에서 불길이 타오르니 머물고 있던 손님들과 함께 대피했다가 돌아와야 했다. 당연히 다음 날부터 예약 취소가 이어졌다. 시간을 내서 봉사활동을 하러 나갔는데 멀리서 온 자원봉사자들이 머물 숙소가 마땅치 않다는 사실을 알게 되었다. 마침 방이 비었으니 자원봉사자들에게 방을 내주기로 했다. 봉사센터나 SNS로 묵을 곳 없는 봉사자들을 모아 잠시나마 편하게 쉬다 갈 수 있도록 했다. 이 일이 알려지면서 이웃들의 태도도 달라졌다.

“이미지 만들려고 한 일은 아닌데 미담 기사로 소개가 되면서 동네 사람들도 좋게 봐 주시고 속초시장님도 너무 고맙다면서 선물을 보내 주셨어요. 처음 문 열고 나서 그렇게 되기까지 3~4년 걸린 셈이죠.”_ (이상혁 대표)

이제는 동네 어르신들도 두 젊은 이웃에게 많이 기댄다. 차표를 끊어 달라는 부탁도 하고, 휴대폰 사용법을 알려 달라고도 한다. 김장김치나 반찬을 가져다주는 이웃 어르신들도 생겼다. 두 대표도 이웃 어르신들과 함께할 수 있는 프로그램을 기획하면서 더 좋은 관계를 맺으려 애쓰고 있다. 한 번은 플리마켓을 열면서 음식도 팔았는데, 어르신들이 와서 음식도 사 먹고 막걸리도 한 잔씩 하면서 흥겹게 힘을 보탠 일도 있었다.

“마을 분들과 함께했던 ‘소호 위크 어른이날’ 프로젝트가 가장 기억에 남아요. 저희가 기획한 프로그램을 마을 분들이 자연스럽게 이용하셔서 정말 훨씬 더 풍성해졌어요. '젊은이들이 많이 다니게 되어서 아주 기쁘고 고맙다.'며 칭찬해 주시는데…… 너무 감동이었죠." _ (이승아 대표) [2]

두 대표는 유럽을 돌며 게스트하우스들에서 접했던 편안하면서도 설레던 분위기를 이곳 속초에 그대로 되살리고 싶었다. 그래서 날마다 투숙객들을 불러 모아 마당에서 파티를 열었다. 술과 안주로 분위기를 달구는 여느 게스트하우스들과는 달랐다. 가만히 앉아 술을 마시는 시간보다 몸을 움직이며 놀거나 자연스럽게 이야기를 이끌어 내는 프로그램이 더 많았다.

마침 20·30대 사이에서 '느슨한 관계 맺기'를 좇는 흐름이 번져 가고 있었다. 소호259가 문을 열었던 같은 해에 서울에서는 '트레바리'라는 독서 모임이 사람들을 끌어 모았다. 가족이나 회사 동료들과는 나눌 수 없는 속 깊은 이야기나 굳이 드러내고 싶지 않던 생각을 처음 보는 사람들과 뒤섞여 편하게 나누다가도 다시 서로가 있던 자리로 돌아갈 때는 모든 기억을 그곳에 두고 가는 것이다. 서울과 제주에서 시작해 다른 지역으로 번져 갔던, 그야말로 '갈 데까지 가던' 게스트하우스 파티와는 달랐던 것도 사람들이 소호259를 많이 찾았던 이유 가운데 하나다.

"우리나라 게스트하우스들도 많이 다녀 봤지만 배울 게 없었어요. 느슨한 관계를 맺으면서 서로 부담 없이 얘기를 나누다 가는 걸 바라는 사람들도 많았어요. 그런 수요가 맞아떨어진 거죠. 유럽에서 경험했던 게스트하우스 문화가 그랬어요. 처음엔 술을 더 달라는 손님도 있었지만 뚝심 있게 지켰어요. 재방문하는 사람들이 늘어 가면서 자연스럽게 규칙이나 문화가 자리를 잡았죠."

몇 달 뒤에는 파티 탁자에서 소주는 빼 버리고 맥주도 두 캔만 마실 수 있도록 했다. 왜 술을 안 주느냐며 항의하는 이들에게는 "여긴 사람들이랑 이야기하는 자리"라고 설득했다. 남녀 성비도 굳이 맞추지 않았는데, 이상혁 대표는 "대화를 나누는 데 성비는 전혀 중요하지 않다고 생각했다."라고 말했다.

　소호259처럼 게스트하우스를 운영하는 곳은 지금도 거의 없는데, 이상혁 대표는 그 이유를 "경계를 짓기도 힘들고 손도 진짜 많이 가는 데다 수익마저 적기 때문"이라고 했다. 술을 많이 팔수록 돈도 더 벌 수 있지만 "저렇게 하면서까지 돈을 벌고 싶진 않았다."라고 덧붙였다. 소호259 클래식이 문을 연 지 두 달 쯤 지난 2016년 2월에 '모닥불 파티'에 참여했던 여행 블로거 '귀찮'은 며칠 뒤 자신의 블로그에 이러한 후기를 남겼다.

　"일면식 없는 사람들이 모여 다양한 프로그램들 사이사이, 조금씩 자기 이야기를 하면서 자연스레 친해졌다…… 생각해 보니 오랜만이었던 게 많았다. 진땀 흘리면 빨개진 얼굴로 누군가를 소개하는 것, 대학 때 이후로 한 번도 해 보지 못한 게임들과 옷에 가득 배인 불장난 냄새도 참 오랜만이었다…… 좋았다. 게스트하우스 여행. 앞으로도 종종 가야지."[3]

[소호259 호스텔 / 고구마쌀롱 _조연실]

　두 대표는 처음부터 1호점으로 그칠 생각은 아니었다. 그래서 일 년쯤 지나 2호점 열 곳을 찾아 나섰다. 이상혁 대표는 "아무리 노력해도 정해진 방 이상으론 손님을 받을 수 없다는 사실이 늘 답답했다."라고 말했다. 지금 2호점은 1호점 바로 옆이라 늘 그 앞을 지나다녔지만, 위에서 내려다보면 육각형 모양을 하고 있는 건물이라 공간 활용에 어려움이 있을 것 같아 마음에 두지 않았다. 정말 사고 싶었던 건물이 다른 사람한테 팔렸다는 소식을 듣고 우울해하던 무렵 이 건물이 달리 보이기 시작했고 결국 사기로 마음을 고쳐먹었다. 꽤 많은 돈이 들어갔고 모두 빚이었다.

"부모님 도움받은 거 하나도 없이 전부 은행 대출로 했어요. 1호점 열 때는 안 그랬는데 2호점 내려고 빚 얻을 때는 좀 무서웠어요. 이건 절대 망하면 안 된다는 생각에 정신이 번쩍 들었죠." _ (이상혁 대표)

소호259 클래식도 리모델링을 거쳐 올해 4월 새롭게 문을 열었다. 6인용 방을 모두 없애고 남녀 따로 1~3명까지 묵을 수 있도록 손을 봤다. 널찍한 마루에는 모닥불을 피워 '불멍'을 할 수 있도록 했고, 루프탑과 다락방도 말끔하게 고쳤다.

두 대표에게 이곳에서의 일과 삶이 늘 즐겁기만 했던 것은 아니다. 이상혁 대표는 속초에 온 뒤 스트레스를 많이 받아 몸무게가 20kg이나 늘었다. 이승아 대표도 처음 몇 년 동안은 일과 삶이 분리되지 않아 힘들었다고 한다.

"사업을 하는 내 모습도 있고 일하지 않는 모습도 있는데, 집 없이 게스트하우스 빈방에서 생활하다 보니까 일에 갇혀 사는 느낌이었어요. 여행객들한테는 맛집을 소개해도 정작 저는 못 가 보고, 정신적으로도 퇴근을 못 하고 24시간 일에 매이고…… 그러면서 '내 진짜 모습은 뭐지?' 하는 의문이 들면서 혼란스러운 때가 있었어요." _ (이승아 대표)

이상혁 대표는 한겨울에 유리에 얼어붙은 토사물을 한 시간 동안 닦아 내야 했던 기억을 꺼내놓았다. 닦으면서 '이렇게까지 해야 하나?' 하는 생각이 절로 들었다고. "그래도 꽁꽁 얼어서 냄새는 안 났다."면서 웃어 보였다.

이제는 웃으며 돌아볼 만큼 여유가 생긴 걸까? "후회하느냐?"는 물음에는
둘 다 "후회는 없다."라고 잘라 말했다. 이상혁 대표는 "힘들었지만 모든
게 너무 좋은 경험이었고, 너무 큰 자산으로 남았다."라고 했다. 여러 직업
을 가진 게스트들과 맺은 인연도 이들에게는 더없이 소중하다. 궁금한 일
이 생기면 언제든 전화해서 물어볼 수 있는 전문가 집단도 제법 된다. 이상
혁 대표 결혼식에는 학창 시절 친구들보다 이곳에서 묵었던 게스트들이 더
많이 왔다고 한다.

두 대표의 눈에는 식당, 빵집, 디저트 가게, 소품 숍 등 아직 이곳에 부
족한 것이 많다. 그래서 이들은 어떤 가게든 환영이라고 했다. 이 작은 동네
에서 경쟁하기보다 다 같이 힘을 합쳐 다른 지역이랑 경쟁해야 한다는 것
이 이들의 생각이다. 이들은 올해 T-LI-BAL(트리밸)이라는 회사를 세웠다.
'여행과 삶의 균형(밸런스)'을 맞출 수 있게 돕는다는 뜻이 담겼다. '트리밸'이
라는 이름 아래 스테이와 F&B(식음료), 컨시어지에 더해 로컬 굿즈 등도 개
발해 나갈 생각이다.

"어떻게 하다 보니 속초를 알리는 여행 홍보물마다 소호거리가 빠지지
않아요. 그래도 이제 겨우 첫발을 뗀 정도라고 봐요. 청년들이 더 많이 들어
와서 우리 에너지를 함께 키워 갔으면 해요. 그래서 소호거리가 오래된 것과
새로운 것이 조화를 이루는 활기찬 동네가 되길 바라요." _ (이승아 대표)

소호259 호스텔에서 왼쪽으로 난 오르막길을 오르면 '고구마쌀롱'이란
간판이 보인다. 오랫동안 '고구마쌀집'이던 이곳은 쌀뿐만 아니라 국수와
탁주도 팔던 동네 사랑방이었다. 찾는 이가 줄면서 문을 닫고 오랫동안 비
어 있었다. 이곳을 두 대표가 '고구마쌀롱'이란 이름의 컨시어지 센터로 되
살렸다. 11시면 어김없이 문을 열고 여행객을 맞는다.

오래된 고구마쌀집 간판을 그대로 살린 여행객 컨시어지 센터 고구마쌀롱 ⓒ 윤찬영

"소호거리를 조성하면서 골목 디자인에 관심이 많아졌어요. 거리 전체가 밝아지고 예뻐지길 누구보다 바랐거든요! 근데 이렇게 귀여운 글씨체로 쓰인 '고구마쌀집' 간판이 제 마음을 사로잡았어요. '세상 어디에도 없는 하나뿐인 간판이 걸려 있는 이 공간에 특별함을 더해 보고 싶다.'라는 생각이 들었지요. 마침 강원창조경제혁신센터의 청년 창업가 모집 글을 보고 지원하게 되었고, 많은 도움을 받아 지금의 속초 컨시어지 센터 '고구마쌀롱'으로 새롭게 탄생할 수 있었어요." _ (이승아 대표) [4]

고구마쌀롱 지킴이는 조연실 팀장이다. 2020년 5월, 서울시(청년청) '청정지역 프로젝트'에 뽑혀 이곳에 왔다. 서울 청년들이 지역에서 몇 달간 살아볼 수 있도록 돕는 프로그램이다. 조 팀장은 서울에서 태어나 지난해 2월에 대학을 졸업할 때까지 서울을 떠난 적이 없다. 대학에서는 관광경영학을 전공했는데 졸업과 함께 코로나19 사태를 맞닥뜨리면서 힘든 시기를 보내야 했다. 청정지역 프로젝트는 2020년 12월까지 여덟 달을 지원하는 사업이었지만 조 팀장은 이 일이 너무 마음에 들어 속초에 남기로 했다. 트리밸에 취직한 셈이다.

"이 공간은 여행자를 위한 컨시어지 센터예요. 속초를 찾은 여행객들이 이곳에 머무는 동안 함께할 수 있는 프로그램들을 기획하고 진행하는 공간이죠. 사랑방으로 쓰던 공간을 현대적으로 해석해서 지역민에 더해 여행객들도 편하게 들러 정보를 얻어 갈 수 있는 사랑방이에요."

수줍게 문을 열고 들어오는 여행객에게 그가 반갑게 인사하면 어떤 이들은 "혼자 여행 와서 한 번도 입을 뗀 적이 없었는데 말을 걸어 줘서 너무 반갑다."라고 털어놓기도 한다. 그럴 때면 사랑방 지킴이로서 뿌듯하다. 2019년부터 '속초에서 5박 6일 살아 보기, 세탁숙소'라는 프로그램을 운영하고 있는데, 대도시의 삶과 일에 지친 청년들이 잠시나마 모든 것을 잊고 쉬었다 갈 수 있게 돕는다. 걷거나 자전거를 타고 속초 곳곳을 함께 돌아보기도 하고, 고구마쌀롱에서 같이 밥을 해 먹기도 한다.

모두가 온전한 쉼을 누리도록 돕는 것이 조연실 팀장의 역할이다. 그는 여행자가 신청서에 남긴, 속초를 찾아오려는 이유를 확인하고 그에 맞게 구성원이나 프로그램을 맞춤형으로 짜려고 노력한다. 코로나19 사태가 심각해지면서 '고쌀 원정대'라는 이름으로 1인 패키지여행도 기획했다. 사람 만나는 일을 좋아해서 여행을 좋아하게 되었다는 그는 이곳에서 하는 일이 자신이 정말 바라던 일이라고 했다. "(졸업할 땐) 정말 막막했는데 지나고 보니 이곳에서 보낸 지난 일년이 인생에서 제일 특별하고 기억에 남는 한 해"라고도 했다.

그가 온 뒤로 고구마쌀롱도 많이 변했다. 강원창조경제혁신센터의 지원으로 책도 사들였고, 보드게임도 잔뜩 가져다 놓았다. 혼자든 여럿이든, 누구라도 이곳에서 편하게 머물다 가도록 하려는 뜻이다. 기념으로 사 갈 만한 굿즈들도 많아졌다. '크래프트루트'라는 속초 수제맥주 양조장과 함께 만든 '소호259IPA맥주'를 비롯해 속초 냄새가 물씬 풍기는 여러 굿즈들을

가져다 놓았다. 그동안 이곳에서 보고 들은 것들을 더 많은 이들에게 알려
주고 싶다는 조 팀장은 이곳에서 조금 더 일해 보면서 앞으로 어디서, 어떤
일을 할지 정할 생각이다.

"여기 와서 고민이 사라졌어요. 채워진 게 너무 많아요. 여러 분야의
사람들, 다양한 직업군에 남녀노소를 가리지 않고 만나다 보니까 굳이 서
울에 가서 일하지 않아도 된다는 생각을 하게 됐어요. 힘을 얻었고, 잘하
고 있다는 확신도 얻었죠. 서울로 돌아가더라도 뭐든 잘할 수 있을 것 같아
요." _ (조연실 팀장)

코로나19 사태 속에서도 소호259를 찾는 이들은 꾸준하다. 여행 앱에서
도 소호259는 벌써 4년째 검색 순위 1, 2위를 다툴 만큼 인기가 높다. 올해
는 속초시도 함께 일해 보자며 처음으로 몇 가지 제안을 해 왔다. 이승아 대
표는 올해 여름, 옛 속초수협부지를 되살려 만든 청년몰 '갯배st(스트리트)' 창
업자들을 모아 '청년몰 아카데미'를 진행했다. 또 속초에 사는 청년 서른 명
을 모아 청년 정책을 발굴하는 '청년 정책 네트워크'도 맡아서 하고 있다. 그
밖에도 속초시가 문화관광특구를 조성하는 일에도 전문위원으로 참여하고
있고, 한국관광공사와 속초의 관광 상품을 기획하도 일도 같이 하고 있다.

두 대표는 여행이라는 설레는 주제로 속초를 넘어 제주를 비롯한 우리
나라 곳곳, 나아가 유럽과 동남아로 뻗어 나가고 싶은 바람이 있다. '트리
밸'이라는 회사 이름에도 이러한 두 사람의 바람이 담겨 있다. 그런 꿈을
이루려면 이곳 소호거리와 속초에 더 많은 씨앗들이 뿌려지고 싹을 틔워야
한다는 것이 이들의 생각이다. 그래서 소호259를 거쳐 간 이들이 속초에서
무엇인가 새로운 도전을 해 보겠다고 하면 힘껏 돕는다. 아직 손에 꼽을 정
도이긴 하지만 속초에 뿌리를 내린 이들도 있다.

코로나19 사태가 터지지 않았으면 또 다른 공간을 구해 패기 넘치는 청년들을 불러들이고 싶었는데 아쉽게도 생각에만 그쳤다. 기회가 되면 유휴 공간을 기반으로 지금껏 속초에 없던 문화 거점을 만들고 싶은 꿈도 있다. 곧 대학원에 진학해 문화 기획도 제대로 공부해 볼 생각이다. 이상혁, 이승아 두 대표가 바꿔 갈 동명동의 미래, 속초의 미래가 궁금하다.

[아프리카 _박영아]

속초시외버스터미널에서 길을 건너 골목 안쪽으로 들어서면 '아프리카' 라는 이름의 술집이 나온다. 이곳 주인장은 박영아 대표로 소호259 클래식과 호스텔에서 몇 번을 묵은 뒤 눌러 살기로 마음먹었다.

"우리 가게의 테마는 여행이에요. 이곳에 오면 여행지를 느낄 수 있도록 꾸미자는 게 첫 번째 전략이었어요. 속초에 왔지만 동남아나 하와이에 온 것 같다는 느낌을 가질 수 있게……."

박영아 아프리카 대표는 광주에서 태어났고, 서울에서 큰 유통회사에 다니며 상권을 분석하는 일을 했다. 그는 스스로를 "여행에 미친 사람"이라고 했다. 어릴 적부터 한비야를 좋아해서 대학 때 배낭여행객의 성지로 불리는 태국의 카오산로드를 비롯해 동남아 몇 개국을 여행하려고 휴학을 했는데 돈이 모자라서 두 달 동안 우리나라 전역을 돌았다.

"안동에서 캐나다 여행객을 만났는데 여행지를 추천해 달라면서 '부산 빼고, 대도시 빼고!' 그러는 거예요. 작고 특색 있는 도시를 찾았던 건데

감성술집 아프리카는 오래된 여관의 마당과 방 구조를 그대로 살렸다. ⓒ 윤찬영

'이걸 자신 있게 추천해 줄 사람이 있을까?' 하는 데 생각이 미치더라고요.
그러면서 우리나라를 많이 다닌 제 자신한테 자부심이 좀 생겼죠."

회사에서 하던 일도 로컬에 머물면서 '이곳에 가게를 내면 돈을 벌 수 있
는가?'를 따져 보는 일이었다. 그런 곳들 가운데는 사람들의 발길이 뜸해진
관광지도 있었는데, 두 달 정도 머물다보면 안 보이던 것들이 눈에 들어온
다. 이곳에 없는 것은 무엇이고, 어떻게 하면 다시 사람들을 불러들일 수 있
을지 같은 것들이다. 그런 그가 "호소259 클래식에 묵었을 때 장기자랑으로
받은 숙박권이 아니었다면 속초를 다시 찾을 일은 없었을 겁니다."라고 말할
만큼 속초는 '별 게 없는' 곳이었다. 소호259 호스텔이 오픈 했다는 문자 메
시지를 받고 그저 상품으로 받았던 숙박권을 써야겠다는 생각 때문에 제주
여행까지 미뤄 가면서 추석 연휴 동안 속초에 머물렀다. 2018년 가을이었다.

"3일째 되니까 갈 데가 없어서 슬리퍼를 끌고 현지인 마인드로 돌아다
녔어요. 골목을 다니면서 아무 데나 들어가 보고 말을 걸면서 동네를 들쑤
시고 다녔죠. 그때 여기가 기회의 땅이란 생각이 들었어요. 주변에 크고 작
은 게스트하우스가 여섯 군데나 있는데 그것 말고는 아무것도 없는 거예

요. 그때만 해도 감성술집이라곤 소호거리 옆에 있는 정말 작은 '심야식당' 뿐이었죠. 그래서 뭘 해도 망하지는 않을 거라고 생각했어요."

　물론 속초항과 동명항을 따라 횟집은 셀 수 없을 만큼 많았지만 그것만으로 모든 여행객의 취향을 만족시킬 수는 없다고 생각했다. 그때부터 그는 술집을 열 만한 공간을 찾아다녔다. 처음에는 자그맣게 하려고 했는데 벌써 주변에 대규모 아파트 단지 건설 이야기가 나오던 때라 매물을 찾기 힘들었다. 소호거리를 비롯해 시외버스터미널에서 걸어서 갈 수 있는 거리를 석 달 동안 샅샅이 뒤졌다. 그사이 회사도 그만뒀다. 그리고 운명처럼 이곳을 만났다.

　"10년 동안 비어 있던 여인숙이었는데 문을 딱 열고 들어서자마자 '우아, 이거 뭐야!' 이랬어요. 이거 놓치면 죽을 것 같다는 생각이 들었죠. 처음부터 술집만 생각했던 건 아닌데 카페는 너무 포화 상태고, 블루오션을 찾으니 감성술집이더라고요."

　아프리카가 문을 연 뒤로는 동명동에도 감성술집들이 여럿 생겼지만, 그때까지만 해도 소주와 맥주 말고 다른 술을 파는 가게는 한 곳도 없었다. 그런 술들은 가져다 놔 봐야 안 팔린다는 생각이 깊이 박혀 있었던 것이다. 하지만 아프리카에는 와인, 칵테일, 전통주와 위스키까지 없는 술이 없다 보니 다른 가게들도 조금씩 바뀌었다. 속초에 아무 인맥도 없이 사람들을 불러 모은 술집도 이곳이 처음이었다고 한다.

　건물을 사는 데 들어간 돈은 2억 원이 조금 넘고 인테리어를 새로 하는 데는 그리 많은 돈이 들지 않았다. 가 보면 왜 그런지 알 수 있다. 허름하다는 뜻이 아니다. '세상 하나뿐인 곳'이라는 말이 어울린다. 돈을 아끼려고 업체가 아닌 업자 한 사람과 계약을 맺고 매일 저녁마다 둘이서 머리를 맞대고 그때그때 생각나는 것들을 해 나갔다. 그나마도 인테리어를 절반만 끝낸 상태로 몇 주 영업을 해 본 뒤에 다시 문을 닫고 나머지 절반을 마쳤다.

"리모델링에 시간이 너무 오래 걸리면 지칠 것 같아서 중간에 한 번 끊었어요. 저는 뭐든 재미가 있어야 하거든요. 그래서 베타테스트 하듯이 한 번 열고 다시 닫고 여행을 다녀왔어요. 다녀와서 나머지 방들을 마저 손보고 정식으로 문을 열었죠. 30년 넘게 광주에서 백반집을 해 오신 엄마를 모셔다가 한동안 주방을 맡아 달라고 하고 요리도 제대로 배웠어요."

10년 동안 버려져 있던 조금은 스산한 느낌이 가게 곳곳에 그대로 남아 있다. 나무 문들은 칠이 벗겨진 채로 손잡이도 없이 달려 있고 방 한 칸 한 칸을 나누던 벽도 그대로다. 그러니까 이곳을 찾는 이들은 대개 따로따로 나뉜, 저마다 다른 분위기를 풍기는 방에 들어가 자기만의 방식으로 시간을 보낸다. 때론 혼자서, 때론 여럿이서 입맛에 맞는 술과 어머니 손맛이 담긴 남도 안주와 함께 말이다.

방이 많다 보니 한 번 들어가면 나올 생각을 않고 제법 오래 머무는 이들이 많다. 문을 닫아 놓으면 주인장 눈치를 볼 일도 없다. 하지만 박 대표는 돈을 덜 벌더라도 그런 손님을 쫓아낼 생각은 추호도 없다. 그런 문화가 바로 여인숙이던 공간을 되살린 감성술집으로서 아프리카가 가지는 가장 큰 정체성이라고 박 대표는 믿는다.

2019년 10월에 문을 열었으니 이제 2년이 채 안 됐지만 포털사이트 블로그에는 벌써 가게 사진들이 넘쳐 나고 있다. 문을 열자마자 얼마 안 돼 코로나19 사태가 터져서 어려움을 겪기도 했지만 그래도 가능성은 충분히 확인했다. 아이디어가 끊이지 않아 '낮술 데이' 같은 재미난 이벤트들을 계속하지 못하는 것이 안타까울 뿐이다.

"짧은 기간이지만 팬덤이 생겼어요. 자주 오진 못해도 마음으로 응원해 주는 분들이죠. 어떤 분은 강릉 출장을 왔는데 숙소를 이 근처에 잡고 강릉으로 4일을 출퇴근했어요. 일 끝나면 밤마다 여기 방에 들어가서 혼술하면서 힐링 하려고요. 그런 팬들은 저보다 여길 더 자랑하고 다녀요."

그는 무엇보다 함께 기획을 해 가며 사업을 키워 갈 동료가 없다는 점이 아쉽다. 그에게는 드라마 <이태원 클라쓰>에 나오는 동료들처럼 마음 맞는 팀이 절실하다. 술집 문 닫는 시간에 마땅히 할 일이 없는 것도 문제다. 그래서 박 대표는 지금도 답답할 때면 이승아 대표를 찾아가고, 시간이 나면 서울에 간다. 속초는 인구가 10만 명이 안 되는 데다 대학도 하나 없어서 밖에서 들어온 청년들마저 찾아보기 어렵다. 내수 경제가 거의 없다고 해도 틀리지 않다.

여행객이 몰리는 몇 달을 빼면 도시는 잠에 빠져든다. 그나마 2010년 무렵 서울에서 양양까지 고속도로가 뚫리면서 주말에는 하루나 이틀 다녀가는 이들이 늘었다. 박 대표는 "전주 한옥마을처럼 사람들이 찾는다고 갑자기 큰돈 들여서 똑같은 것들을 마구잡이로 짓는 것도 문제지만, 산과 바다만 믿고 손 놓고 있는 것도 문제"라고 했다. 그는 "전주 한옥마을의 예스러운 풍경을 아직 기억하고 있다."면서 "낡은 여인숙을 되살릴 때도 본래 모습은 절대로 잃지 않도록 하면서도 새로운 것들과도 같이 어우러질 수 있어야 한다는 기본 원칙을 지키려 했다."라고 강조했다.

그는 속초가 더 매력적인 곳으로 거듭날 수 있는 자원이 많다고 믿는다. 다만 너무 서두르거나 누군가를 따라 하려 하지 않고, 이곳을 좋아하는 이들과 꾸준히 소통해 나가면서 하나하나 바꿔 나가기를 바란다.

"소비자가 보고 싶은 걸 보여 줘야 하는데 다들 자기가 하고 싶은 것만 해요. 그러니까 망할 수밖에 없죠. 가장 먼저 해야 할 일은 타겟팅(고객 설정)이에요. 구체적으로 '내가 어떤 층들을 잡겠다.'라는 걸 정하는 거죠. 그리고 내 목소리와 소신을 담되, 상대가 듣고 싶은 이야기를 해야 해요. 전국의 청년몰들이 잘 안 되는 이유도 거기에 들어가면 정체성을 설정하기가 어려워서예요. 가게 색깔을 강하게 뿜어낼 수가 없죠."

전국의 창조경제혁신센터들이 하는 지원 사업에도 쓴소리를 했다. 청년 창업가들을 지원하면서 '지역 발전에 도움이 되어야 한다.'는 조건을 다는 점이 문제라는 것이다. 그러다 보면 지속 가능하지 않은, 보여 주는 것에 무게를 둔 사업들만 자꾸 만들어질 수밖에 없다는 것이 그의 생각이다.

그는 "매력적인 가게들이 모일 때 도시가 더 매력적으로 바뀐다."면서 소비자들이 찾을 만한 가게를 만드는 것이 먼저라고 했다. 매력적이고 돈 잘 버는 가게들을 키워서 공적 영역으로 확대하는 것은 좋지만, 처음부터 공적 영역으로 들어오라고 하면 안 된다는 것이다. 그는 먼저 사람들이 찾을 만한 브랜드들을 발굴하는 데 더 힘을 써야 한다고 했다. 속초에 있는 크고 작은 책방 3개(동아서점, 문우당서림, 완벽한 날들)만으로 북투어(book tour)라는 말이 만들어지고 또 소비되는 것을 눈여겨볼 만한 본보기로 꼽기도 했다.

"사장님! 아프리카 때문에 속초 왔어요!"

이러한 이야기를 들으며 매일을 살아가는 나는 세상에서 가장 복 받은 술집 사장으로 아니, 여행객이 되어 오늘도 아프리카로 떠난다.[5]

[완벽한 날들 _최세연]

소호259 호스텔 왼쪽으로 난 길을 따라 몇 걸음만 옮기면 바로 옆에 책방 '완벽한 날들'이 나온다. 1층은 책방이고, 2층은 조용히 책을 읽으며 머무는 북스테이(book stay)다. 주인장은 최세연 대표다. 그는 네 살 때쯤 속초로 와서 고등학교 때까지 살다가 대학 진학과 함께 이곳을 떠났다. 대학원까지 마치고서는 아시아인권문화연대를 비롯해 여러 NGO에서 일했다. 대학교 앞에 카페와 책방이 반쯤 섞인 공간을 만들어 운영해 보고 싶다는 생각을 했는데 그때는 뜻을 이루지 못했다. 마음 한 켠에 묻어 두고 있다가 속초로 오게 되면서 책방을 열 수 있었다. 2016년이 끝나 갈 무렵이었다. 전국 곳곳의 독립 책방들을 찾아다니면서 어느 정도 가능성을 봤다고 한다.

"지역을 살린다는 마음은 전혀 없었어요. 저도 살기 힘든 때였으니까요. 그때만 해도 여행객들이 많던 시절이었고, 하려던 일이 대단히 큰 건 아니어서 망할까 봐 걱정하진 않았어요. 동네에서 사람들 만나는 일을 하고 싶었다고 보면 맞아요."

책방과 카페, 스테이를 겸하고 있는 완벽한 날들 ⓒ 완벽한 날들

최 대표는 자기가 하려는 일은 "지역 개발과는 아주 거리가 멀다."라고 힘주어 말했다. 그는 동네에 여행객들이 늘면서 담배꽁초나 쓰레기가 늘고 소음이 잦아지는 것도 바라지 않는다. 지금도 누군가가 살고 있는 동네를 두고 '죽은 동네를 살렸다.'는 말도 불편할 수 있다 여긴다.

건물을 살 때만 해도 가격이 경기도 부천의 30년 된 주공아파트 전세 값보다 쌌으니 보증금을 빼서 건물을 사고 부모님 집으로 들어갔다. 집을 포기하고 가게를 얻은 셈이다. 처음부터 북스테이를 생각한 것은 아니었다. 시외버스터미널에서 가까운 곳으로 정하고 나니 자연스럽게 스테이(숙소) 기능을 떠올렸다. 2~3년 앞서 북스테이를 열었던 곳들을 찾아다니면서 할 수 있겠다는 자신감도 얻었다고 한다. 그렇게 2층에 1인실과 2인실, 6인실 (도미토리)짜리 방 세 개인 북스테이를 열었다.

"손님을 응대하는 건 아직도 좀 어려워요. 그렇지만 어떤 목적을 가지고 사람들이 모여서 에너지를 만들어 내는 건 좋아해요. 그래서 독서 모임이나 북 토크 같은 걸 꾸준히 하고 있죠."

한 달에 두 번꼴로 독서 모임을 하는데, 모두 네 개의 모임에서 인문, 사회 분야와 문학 책들을 많이 다룬다. 강연이나 공연을 하면 멀리서도 많이들 찾아온다. 책방에서 흘러나오는 음악이 참 좋다고 했더니 이곳에서 공연을 했던 가수들의 노래라고 했다.

"책을 읽는 사람들한테는 저자랑 같이 얘기를 나누는 게 뜻깊은 일이 잖아요. 재미있는 경험이기도 하고요. 그런 자리에서 세계관이 확장되는 경험도 하게 되죠. 또 새로운 사람들과 책을 사이에 두고 편하게 이야기를 나눌 수 있는 효과도 있어요."

그는 "우리 사회에 결핍되어 있는 게 많아서 그런 것들을 채우고 싶다." 라고 말했다. 인문학 모임도 그런 것들 가운데 하나다. 작지만 의미 있는 실천도 벌이고 있다. 영랑호에 다리를 놓으려는 사업을 반대하는 움직임이 있는데, 크라우드펀딩 플랫폼으로 뜻을 함께하는 이들을 모아 티셔츠를 만들어 팔고 그 돈으로 반대 운동에 힘을 보태고 있다.

"어떤 맥락과 서사가 있어야 한다고 생각해요. 단순히 사람들이 많이 모여들고 거리가 예뻐지는 건 의미가 없어요. 어딜 가나 있는 그냥 그런 것에서 더 발전하지 못해요. 이름만 다를 뿐 별로 특색도 없는 가게들만 늘어난다고 해서 동네를 살리는 건 아니라고 봐요."

그는 속초가 자동차보다는 자전거나 도보로 더 편하게 다닐 수 있는 환경이 되었으면 하는 바람이 있다. 지금은 이곳 사람들조차 다 차를 몰고 다니지만 도로만 바꾸면 이런 작은 도시에서는 얼마든지 자전거로도 자유롭게 다닐 수 있을 것이라 믿는다. 그래야 큰 주차장이 있는 카페들에만 사람이 몰리지 않고 걸어서도 얼마든지 좋은 곳들을 만날 수 있을 것이라고. "이곳 동명동은 자전거를 타고 돌아다니면 정말 볼거리도 많고 편하다."라고 말하는 그는 자기만의 방식으로 속초를 사랑하고 있었다.

[보미네국수 _차성도, 차보미 / 지느러미 _차철호]

소호거리 끝에는 '보미네국수'가 있다. 국수 맛이 기가 막히게 좋다. 그도 그럴 것이 이 동네에서 30년 가까이 식당을 해 온 솜씨다. 시외버스터미널 광장에 붙은 '지느러미'라는 카페 자리가 보미네국수를 꾸려가는 차성

속초시외버스터미널에 내리면 가장 먼저 눈에 띄는 카페 지느러미 ⓒ 지느러미

도, 차보미 부부 대표가 돼지갈비와 냉면을 팔던 곳이다. 고기 장사가 힘에 부칠 때쯤 서울에서 일하다 고향으로 돌아온 아들이 카페를 차리자고 해서 그 자리를 내주고 멀지 않은 곳에 작은 국숫집을 차렸다. 국숫집을 연지는 이제 3년째로, 고기 장사에 견주면 일도 아니라고 했다.

두 부부는 소호259와 책방 완벽한 날들이 생긴 뒤로 골목을 찾는 사람이 늘었다고 말한다. 바닷가로만 몰리던 여행객들이 이곳 동명동 소호거리를 찾게 되었다고. 하지만 걱정도 없지 않다.

"가게들이 더 많이 생겼으면 싶은데 들어올 만한 집들이 없어요. 주택 값도 너무 많이 뛰었고……."

소호거리 주변에서는 아파트 공사가 한창이었다. 큰길에 맞닿은 보미네 국수를 사이에 두고 비슷한 거리만큼 떨어진 두 곳에서 이름만 대면 알 만한 아파트 단지들이 올라가고 있었다. 곧 길 바로 건너편 오래된 건물들도 모조리 허물고 또 다른 아파트 단지를 올릴 것이라고 했다. 그러니까 소호거리 가까이에 모두 3개의 대형 아파트 단지가 들어서는 것이다. 문제는 부동산 값만이 아니다. 소호거리에서 언덕을 따라 10분을 걸어 올라가면 제법 높다란 언덕배기에 자리한 동명동성당을 만날 수 있다. 70년 가까이 해돋이를 보러 사람들이 몰려들던 이곳에 머지않아 아파트의 긴 그림자만 드리워진다고 하니 생각만 해도 안타까운 일이다.

카페 지느러미 입구는 속초시외버스터미널 주차장 한쪽에 자리하고 있다. 카페에서 차로 10분을 가면 설악산 입구에 닿는다. 시외버스를 타고 몇 시간을 달려와 잠시 마른 목을 축이며 쉬고 싶을 때 들르거나, 긴 여행을 마치고 버스를 기다리며 마지막으로 시간을 보내는 곳이 바로 이 카페. 속초의 처음과 끝을 함께하는 공간인 셈이다. 차철호 대표가 아내와 함께 운영하고 있다. 태어난 곳은 아버지 고향인 하동이지만, 태어나서 몇 달을 빼곤 줄곧 속초에서 자랐다. 그에게는 속초가 고향이다.

그는 왕복 4차선 도로가 시원하게 뚫린 카페 앞 거리가 차 한 대 겨우 지나갈 정도로 좁던 시절을 기억하고 있다. 길이 좁아 차들이 길 옆에 늘어서 있던 집들을 들이받기도 했다고 한다. 길이 넓어지면서 그가 살던 집도 헐렸다. 지금 자리로 이사를 온 것이 예닐곱 살 때였다. 시외버스터미널도 말도 못하게 지저분했다고 한다.

속초문화원이 펴낸 『속초, 그때 그곳이 지금은』에 따르면 속초읍이 속초시로 바뀐 1963년 이전까지 속초시외버스터미널은 읍사무소(지금의 시청) 맞은편에 있었다. 이때도 하루에 3,000명이 터미널을 찾았다고 한다. 민간이 주차료와 관리비를 받으며 관리하던 터미널이라 비만 오면 바닥은 진흙 범벅이 되기 일쑤였고, 대합실에는 의자 하나 없다 보니 찾는 이들의 불만이 쌓여 갔다. 결국 속초시가 새 터미널 자리를 찾아 나선 끝에 1966년 10월 지금 자리로 정했다. 그때만 해도 작은 야산과 논이 있던 자리라 야산을 헐고 논을 메워 주차장과 대합실을 만들었다. 터미널이 들어서고 나자 여관과 약국도 들어섰고, 앞서거니 뒤서거니 하면서 법원과 검찰청, 속초방송국과 속초문화원 등이 가까운 곳으로 옮겨 왔다.[6]

차철호 대표도 이 터미널에서 버스에 올라 속초를 떠났다. 서울에서 대학을 다니면서는 산에 빠졌다고 한다. 산악 동아리에 들어가 전국 방방곡곡의 산들을 누볐고 산 공부도 열심히 했다. 졸업을 하고 속초로 돌아와 산악구조대 활동을 시작했고, 40대 중반인 지금까지 20여 년을 쭉 이어 오고 있다. 속초 국립산악박물관과 국립등산학교에서도 일했다.

"카페를 열기 바로 전까지는 국립산악박물관에서 일했는데 자유롭게만 지내다 보니 적응하기가 힘들었어요. 어떤 시스템에 나를 밀어 넣는 게 힘들더라고요. 부모님도 식당 일이 점점 힘에 부치셨고…… 그래서 큰 마음 먹고 카페를 열었어요."

지느러미는 이름만큼이나 인테리어가 독특하다. 서울에서 인연을 맺은 설치미술가 리오와 함께 열 달을 매달렸다. 2016년 7월에 문을 열었으니 벌써 5년이 다 되어 간다. 마침 서울-양양 간 고속도로가 뚫렸다. 차 대표는 "그냥 문을 열어 놓으니까 손님들이 미친 듯이 들어왔다."라고 했다.

어릴 적 차 대표 친구의 부모들은 대부분 바다에서 일했다. 그러다 1980년대 중반을 넘어서면서 사람들의 소득 수준이 올라 '관광'이란 것을 다니기 시작했고, 그러면서 설악산 주변으로 사람들이 몰려들었다. 그는 양양과 인제로도 설악산을 오를 수 있지만, 가장 오르기 좋은 곳은 속초라고 했다. 자연스레 관광업으로도 사람들이 몰렸다. 차 대표의 부모도 이러한 흐름에 몸을 실었다. 신혼여행을 대부분 설악산으로 오던 시절이었다. 그러다 해외여행이 자유화되면서 설악산 주변은 한 번 크게 휘청거렸다.

"여기가 집이니까 그냥 사는 거예요. '여기서 뭘 해야 되겠다.', '이 동네가 앞으로 어떻게 달라지도록 내가 뭔가를 해야겠다.' 이런 얘기를 들으면 사실 잘 이해는 안 가요. 저는 그냥 살았을 뿐인데…… 그래서 '이런 걸로도 뭔가를 만들어 내는구나.' 정도로만 생각해요. 그리고 뭔가가 크게 바뀔 거라고도 솔직히 기대는 하지 않아요."

처음 소호259가 생겼다는 소식을 들었을 때도 '굳이 왜 여기에서……' 라고 생각했다. 그래도 먼저 찾아간 것은 그였다. 이웃이라서, 어떤 친구들인지 궁금해서 찾아갔다고 한다.

"두 대표가 너무 착하더라고요. 그냥 착한 게 좀 크게 다가왔어요. 그리고 뭔가를 열심히 하는 게 느껴졌고…… 또 잘하는 것 같더라고요. 잘해요. 제가 잘 못하는 부분을 잘하더라고요. 시스템 안에서 뭔가를 해내는 것도 그렇고, 금융 쪽 일을 한 경험이 있어서 그런 것 같기도 해요. 저는 술도 좋아해서 그때도 술 한잔했던 걸로 기억해요."

소호259에 묵는 여행자들이 카페를 찾는 일도 늘었다. 지난해에는 설악문화제 기획단의 제의를 받아 문화제를 함께 준비하기도 했다. 소호259와 완벽한 날들 대표들과 주마다 함께 둘러앉아 몇 시간씩 회의를 했다. 안타깝게도 코로나19 사태가 심각해지면서 문화제는 열리지 못했다.

"아직 대단히 큰 변화가 만들어지진 않았지만, 그래도 저 둘이 가진 아이덴티티(정체성)가 약간 빛을 발하고 있다고 생각해요. 아직 빛을 다 발하지 못했다고도 생각하고요. 아직까지도 꿈틀꿈틀, 하지만 잠재력은 엄청난 거죠. 저들의 에너지가 더 빛을 발하려면 이 동네에 저런 친구들이 더 생겨야 해요. 자기 세계가 완벽하고 그것을 삶으로 끌고 가려고 하는, 자기 아이덴티티가 뚜렷한 사람들이 와서 이 동네에서 무언가를 해야죠. 그러면 사람들도 더 많이 관심을 가지고 찾게 될 거고……."

그는 가까운 '영랑호 먹거리마을' 터줏대감인 쌀국숫집 '매자식당' 강형은 대표와 함께 '동명바람'이라는 모임을 꾸리고 주변 예술가 친구들을 불러 모아 크고 작은 공연을 여러 번 열었다. '마음대로 하려고' 행정의 후원 없이 오로지 쌈짓돈을 털어서 했다.

"지금도 가끔 여러 아이디어들이 떠오르고, 사람들이 편하게 모일 수 있는 상황이 되면 계속 동명바람이라는 이름을 걸고 뭔가를 할 생각이에요. 그리고 시작은 동명바람이지만 속초 전역을 넘어서는 그런 꿈도 꿔요."

몸살과 같은 격변을 겪은 도시답게 속초는 지금도 변하고 있다. 미시령 터미널이 뚫리고, 양양 고속도로가 닦이면서 일 년 내내 주말마다 사람들이 끊이지 않는다. 2027년이면 서울에서 춘천을 거쳐 속초까지 기찻길도 다시 열린다. 그리고 머지않아 대규모 아파트 단지들이 들어서면 이곳 풍경은 또 한 번 크게 달라질 것이다. 게다가 그 많은 아파트들은 대부분 속초에 살지 않는 사람들이 사들였다고 하니 그들의 삶의 방식이 이곳 동명동에 어떤 바람을 몰고 올지 알 수 없다.

차 대표는 가뜩이나 햇빛이 안 들어오는데 앞으로가 걱정이라고 했다.

걱정은 여기서 그치지 않는다. 그는 동네를 떠날 생각은 없지만 누군가에게 등 떠밀려 쫓겨날까 봐 걱정이라고 했다.

"자본을 이길 수는 없거든요. 자신 없어요. 막연한 불안감이 아니라 거의 눈앞까지 닥쳤다고 봐요. 여기서 40년을 넘게 살았는데 주변이 다 자본으로 바뀌었어요. 이제 여기만 남은 거죠."

영랑호 먹거리마을

[매자식당 _강형은]

소호거리에서 10분을 걸으면 '영랑호 먹거리마을'로 불리는 길이 나온다. 지난해까지만 해도 '국수거리'로 불리던 곳이다. 번영로 150번길 가운데 동명동사거리로 이어지는 곳에서부터 공설운동장 오거리 큰길과 만나는 곳까지 400m 남짓한 거리에 면 요리를 파는 가게가 아홉 곳이나 있어 붙었던 이름이다. 쌀국수를 파는 매자식당도 그 아홉 곳들 가운데 하나다. 매자식당보다 먼저 칼국수를 팔던 식당이 한 곳 있긴 했지만, 이 조용하던 골목에 여행객들이 몰려들고 다른 가게들이 빼곡히 자리 잡은 것은 매자식당이 문을 열고나서부터다.

매자식당 주인장 강형은 대표는 바로 이 골목에서 태어났다. 고등학교 때까지 17년을 살다가 미술을 공부하러 서울로 전학을 갔고, 그 뒤로 속초에서 지낸 시간만큼 고향을 떠나 살았다. 그사이 대학을 졸업하고 유학도 다녀왔다. 서울에서 다시 일을 시작한 지 3~4년쯤 지났을 무렵 고향으로 돌아가고 싶은 마음이 간절해졌다.

　"너무 어릴 때부터 서울에 혼자 부모님이랑 떨어져 있어서 막연하게 고향에 돌아가고 싶다는 생각을 계속 가지고 있었어요. 어릴 적부터 장사를 하던 할머니와 부모님 일을 곁에서 지켜보면서 자랐기 때문에 장사는 그렇게 두려운 일은 아니었죠. 그래서 고향에서 장사를 하게 됐어요."

　할머니(최매자)는 젊은 시절 속초중앙시장에서 '눅거리집'이라는 국숫집을 했고, 강 대표의 어머니(조복흥)는 그 옆에서 '청운정육점'이라는 정육점을 운영했다. '매자식당'이라는 이름도 할머니의 이름에서 따왔다. 그렇게 어린 시절부터 차곡차곡 쌓인 경험들을 딛고 그는 2017년 6월 쌀국숫집을 열었다. 딸이 가게를 낸다고 하자 어머니가 좋은 고기를 가져다 국물 내는 일을 도왔다. 강 대표와 어머니 모두 새벽 3시부터 나와 그날 쓸 고기를 손질하고 국물을 끓여야 하니 집 가까운 곳에 가게를 내야 했고, 그렇게 알아본 곳이 지금 식당 자리 바로 옆이었다.

　"처음 가게를 낼 때만 해도 이 골목에는 칼국수를 파는 '정든식당'과 '동명항 생선숯불구이' 말고는 식당이 없었어요. 공간도 작고 월세도 싸서 부담 없이 시작했는데 막상 부딪혀 보니 보통 일이 아니었죠. 석 달 해 보고 서울로 도망갔어요. 한 달 쉬고 다시 돌아왔는데 몇 달 뒤에 보니까 저랑 어머니 둘 다 몸무게가 10kg 가까이 빠져 있더라고요. 그래도 다행히 손님은 조금씩 늘었어요."

　할머니는 국물 맛을 제대로 내겠다고 새벽부터 주방에 붙어 있는 손녀를 보며 참 대단하다 싶었다고 한다. 강 대표와 어머니는 밤새 핏물을 뺀 고기를 손질하고 다시 여덟 시간을 숙성한 뒤 양지와 암소갈비를 함께 넣고 네 시간을 푹 끓여 낸다. 쌀국수를 좋아해 많이 먹어 보기는 했지만 국물 내는 법을 배운 적은 없던 강 대표가 할머니와 어머니의 손맛에 더해 사람들의 입맛을 사로잡는 맛을 내기까지 얼마나 많은 애를 썼을지 짐작이 간다. 그는 2년여를 매달리고 나니 여러 재료들 사이의 균형을 맞출 수 있는 감이 어느 정도 생겼다고 한다. 가서 먹어보면 확실히 한 가지는 알 수 있는데 좋은 고기를 양껏 넣어 국물을 낸다는 사실이다. 국수 위에 올라와 있는 푸짐한 고기를 봐도 알 수 있다.

2년쯤 지난 어느 날, 이만하면 해 볼 만하겠다는 자심감이 붙어 바로 옆에 1층짜리 단출한 새 건물을 지어 식당을 옮겼다. 처음 자리에는 카페를 냈는데, 그 이유도 재미있다.

"건물주가 카페로 내놓으려고 하더라고요. 어차피 규모도 작고 장사가 잘되긴 힘들어 보였어요. 멀리서 이곳까지 오는 손님은 갈 곳을 정하고 오는 경우가 많아서 특별한 무언가 없이 가게를 열면 버티기 힘들 거라고 봤죠. 누군지 몰라도 이곳에 들어올 주인장 얼굴 보기가 미안할 것 같아서 그냥 창고 하나 더 쓰는 셈치고 가지고 있기로 했어요."

막상 장비도 들여 놓고 카페로 꾸미긴 했지만 매자식당에 손님이 넘쳐 카페까지 운영할 힘이 없었다. 그래서 올해 2월부터는 아예 문을 닫았다. 내년까지 꼼짝 없이 월세를 내야 하지만 별수 없다. 그는 '이상한 사명감' 같은 것이라고 했다. 시에서 이곳에 '국수거리'라는 이름을 달 때도 그는 걱정이 앞섰다. 국수 파는 식당들만 있는 것도 아닌데 잘되는 가게 하나 있다고 그렇게 이름을 붙이면 자칫 다른 가게들이 서운해하지는 않을까 마음이 쓰였다. 다행히 지금은 이름이 바뀌어서 한시름 덜었다.

가게를 열고서는 이듬해인 2018년 11월 가게 스토리를 담은 전시회 '매자 포레스트'를 열었다. 가까운 2층짜리 카페인 '샤르망 드 도사' 주인장과 속초의 오랜 책방 가운데 하나인 문우당서림의 이해인 총괄 디렉터와 함께 준비했다. 강 대표는 그저 재미있어서 벌인 일이라고 했다. 식당을 찾아 주는 이들과 함께 재미도 있고 의미도 있는 일을 벌여 보고 싶었다는 것이다. 언젠가 가게 문을 닫게 되더라도 무언가 추억으로 남을 만한 일을 만들고 싶은 바람도 있었다. 하지만 전시회에 담아낸 메시지는 그의 말보다 훨씬 더 깊었다.

"속초에서 쌀국수를 만들며 살아간다는 것은 어떤 의미가 있을까요? 우리는 질문합니다. 그리고 생각해 봅니다. 매자식당이라는 하나의 쌀국숫집에서 만들어 내는 따뜻한 한 그릇에는 어떤 이야기가 담겨 있을지…… 그러나 오늘도 우리는 여기 속초에서 '안녕!'을 말하며 살아가고 있기에, 적어도 속초의 사람으로서 다 함께 행복한 삶을 살 수 있도록 만나고 또 이야기를 나누고 싶었습니다."_ (전시회 '매자 포레스트' 중에서)

할머니에서 며느리, 다시 그 손녀딸로 이어져 온 매자식당만의 깊고 진한 이야기들이 글과 사진 그리고 향신료와 그릇들에 담겨 카페를 가득 채웠다. 전시회를 다녀간 이들도 제법 많았다고 한다. 전시회를 맞아 강 대표와 어머니 그리고 할머니의 인터뷰를 엮어 『매자와의 대화』라는 자그마한 책자도 만들었다.

"국수 가게를 하시던 할머니와 고깃집을 하시던 어머니 그리고 진한 고기 육수로 쌀국수를 만드는 딸이자 손녀까지, 우리 가족이 속초에서 가장 우리답게 살아갈 수 있는 것에 대한 대답을 만들어갈 수 있을 것이란 희망을 전하고 싶었습니다. 매자식당을 만들고 가꾸는 우리의 이야기를 통하여 누군가에게는 작은 용기가, 또는 맛있는 배부름에 대한 믿음직한 이유가

만들어지기를 바랍니다." _ (『매자와의 대화』 중에서)

『매자와의 대화』는 지금도 식탁마다 한 권씩 놓여 있다. 손님들이 음식이 나올 때까지 기다리면서 한 번씩 펼쳐 볼 수 있도록 말이다. 쌀국수는 모두가 좋아하는 음식은 아니기 때문에 입맛에 안 맞더라도 정말 온 마음을 담아 만든 한 그릇이라는 것을 이 책에서라도 보여 주고 싶었다. 또 다른 가게들에 자극을 주고 싶은 바람도 있었다고 했다. 강 대표는 비슷한 마음으로 새로운 일을 벌이는 가게들이 하나둘 생기다 보면 서로 엮이면서 공동체도 만들어지고 동네에서 큰 축제를 열 수도 있지 않을까 하는 상상도 해 보곤한다.

2019년엔 차철호 카페 '지느러미' 대표와 지금은 속초를 떠난 또 다른 친구와 셋이서 '동명 바람'이란 모임을 만들어서 이곳 식당에서 '메자 포 멜로디'라는 공연도 열었다. 그날은 쌀국수 말고 와인을 팔았다.

'동명동 지도'도 만들었다. 소호259를 비롯해 가까운 가게들을 모두 찾아다니며 10만 원씩을 모아 제작비를 마련하고 동명동의 가볼만한 식당과 술집, 게스트하우스들을 모두 담았다. 1만 부를 찍었는데 금세 바닥이 나서 더 찍었다. 그는 지자체가 아니라 가게들이 팔을 걷어붙였다는 점에서 더 값지다고 했다. 그렇다고 모두가 만족한 것은 아니었다. 재미있다며 선뜻 10만 원을 낸 가게들도 있었지만, 당장 손님이 크게 늘기를 바랐던 이들은 더러 실망하기도 했다.

"매자식당은 어쩌면 할머니와 어머니가 하셨던 두 가게를 보고 자란 성장물일 수도 있어요. 그 말인즉슨 앞으로 제가 성장해 나가듯이 함께 자라날 공간일 것이라는 뜻이고요. 저는 두 분의 가게를 보면서 장사와 자영업이라는 것이 그저 현물이 오고 가는 것보다 지역의 친구들과 사람들이 모여서 정을 나누고 이야기하는 공간이라는 인상이 깊었거든요. 매자식당도 그러기를 바라요.” _ (『매자와의 대화』 중에서)

강 대표는 “좋은 음식을 만들어 내놓는 식당을 넘어 지역에 자리하고 있는 공간으로서 재미있고 활력 있는 삶을 만드는 데 이바지하고 싶다.”라고 말했다. 지역민에게 새로운 희망을 불어넣고 싶은 바람도 있다. 그가 할머니와 어머니를 보고 자라며 이만큼 자랐듯이 매자식당을 본 또 다른 누군가가 어딘가에서 속초와 동명동의 빈자리를 메울 수 있기를 바란다는 뜻이다.

점심때 버는 매출이 70~80%를 차지하고, 평일엔 속초 사람들이 많이 찾는데, 지난해 말과 올해 3월에 잇달아 방송을 타면서 여행객들이 크게 늘었다고 한다. 평일 낮에도 한 시간 넘게 기다려야 하다 보니 점심때에 맞춰 가게를 찾는 속초 사람들은 먹을 수 없게 되어 버렸다.

“엄마랑도 얘기하는 게 4년 전 처음 가게를 낼 때랑 지금이 너무 다르다고 해요. 그런데 변화 속도는 더 빨라지는 것 같고, 그래서 4년 뒤엔 또 이곳이 어떻게 바뀌어 있을지 정말 알 수 없어요. 두려운 마음도 없진 않아요.”

가끔 장사를 배우려고 찾아오는 청년들도 있다고 한다. 그들에게 강 대표는 항상 “우린 돈으로 승부를 보긴 어려우니 남들이 하지 않는 걸로 시작해야 한다고, 남들 하는 걸로는 절대 이길 수 없다.”라고 조언해 준다. 그리고 한 가지 덧붙이는 것이 바로 ‘위트’다. 맛이든 볼거리든, 스토리텔링이나 네이밍이든 진지함을 잃지 않으면서도 어딘가 재미있는 요소 하나씩을 가미해 보라는 것이다. 식당 이름을 ‘매자’라고 지은 것도 그러한 이유였다.

강 대표가 보기에 이곳 ‘동명동’이라는 동네 이름은 속초 사람들에게조차 별로 존재감이 없다. 동명항과 시외버스터미널은 알지만 ‘동명동’은 별다른 감흥을 주지 못한다. 그는 이곳 골목을 비롯해 동명동이 자기만의 색깔을 가질 수 있기를 바란다. 그래서 이곳에 사는 이들이 '동명동'에 산다는 것을 자랑스럽게 여길 수 있도록 말이다.

"새벽 네 시. 동이 터 오르기 전 우리는 육수를 우릴 냄비를 데우기 시작합니다. 가장 온전한 우리만의 진한 맛을 위해서 어제도 오기를 다듬고, 오늘도 향채를 씻어 냅니다. 어떤 맛이 가장 정확할지는 모릅니다. 그러나 그저 우리가 가장 믿고 내드릴 수 있는 맛을 위하여, 오늘도 뜨겁게 살아갑니다." _ (전시회 '매자 포레스트' 중에서)

[벨라쿠치나 _김지환, 김혜진]

매자식당에서 내리막길을 따라 100m를 내려오면 '벨라쿠치나(Bella Cucina)'라는 이탈리안 레스토랑이 있다. 생면을 직접 뽑아 파스타를 만드는, 대도시에서도 쉽게 맛볼 수 없는 파스타를 파는 곳이다. 남편인 김지환 오너셰프(대표)가 요리를 하고, 아내인 김혜진 대표가 홀을 맡고 있다.

김지환 대표는 강원도 고성군 거진읍에서 태어나 자랐고, 김혜진 대표는 서울 토박이다. 둘은 묘한 인연으로 만났는데, 김지환 대표가 제주신라호텔에서 셰프로 일할 때 김혜진 대표도 호텔경영학과를 막 졸업하고 같은 호텔에서 일 년 동안 인턴으로 일했다. 그때까지도 두 사람은 서로를 몰랐다. 그러다 둘 다 우연찮게 속초 리조트에서 일하게 되면서 다시 만났다. 김지환 대표는 제주살이가 외로워서 고향 가까운 곳으로 돌아왔다고 했다.

"어릴 적엔 고성에서 일할 생각은 안 해 봤어요. 큰 도시로 나갈 생각이

생면 파스타로 색다른 맛을 선사하는 벨라쿠치나 ⓒ 벨라쿠치나

었죠. 그런데 30대가 지나고 보니까 고향에서 가까운 곳에 있어야겠다라는 생각이 들더라고요.”

2013년에 처음 속초에 온 김혜진 대표는 불편한 점이 많았다.

“콘도에서 일하면서 기숙사에서 살았는데 시내로 나오는 버스도 하루에 2~3대뿐이고, 서울에서는 외식도 하고 백화점도 가고 친구들이랑 자유롭게 만나다가 속초에 오니까 너무 조용한 거예요. 지금은 엑스포를 하면서 굉장히 발전했지만, 2013년만 해도 청초호수 쪽도 허허벌판이었어요. 스타벅스도 하나 없어서 굉장히 당황했어요.”

둘은 2018년 9월에 가게를 열었다. 김혜진 대표도 ‘소소한 내 가게’를 차리고 싶은 꿈이 있었다. 그때만 해도 속초를 통틀어 파스타 가게는 네 곳뿐이었고, 생면 파스타를 파는 가게는 한 곳도 없었다. 이 거리에도 매자식당을 빼고는 아주 오래된 가게들 몇 군데뿐이었다. 가게를 열던 날도 도와주는 사람 하나 없이 두 사람만이 가게를 지켰는데, 지금 생각해도 정말 조마조마하다고 했다. 사람들이 정말 올지, 생면 파스타를 좋아해 줄지 하는 걱정스러운 마음이었다고 한다.

"여긴 가게가 새로 문을 열면 주민들이 오픈 날짜를 기다렸다가 많은 분들이 찾아 주세요. 입소문도 굉장히 빠르고요. 생면 파스타를 뽑고 소스도 직접 만드느라 시간이 많이 걸리고, 또 그날 재료가 떨어지면 문을 닫았거든요. 그런 식으로 운영하는 곳도 낯설다 보니까 '저 가게는 뭐데?' 하면서 관심을 좀 받았어요." _ (김혜진 대표)

"내가 먹는 음식이라고 생각하면 면이랑 소스는 직접 만들어야 한다고 생각했어요. 기성품이랑 직접 만드는 건 몸이 다르게 받으니까요. 좋은 요리는 몸이 느껴요. 몸은 좀 힘들고 또 당장 사람들이 알아주지 않아도 언젠가는 알아주지 않을까 생각했어요." _ (김지환 대표)

지금은 단골들도 어느 정도 생기고 입소문도 나서 여행객들도 줄을 잇고 있지만 지난해 2월, 이 골목에서 코로나19 확진자가 나오는 바람에 몇 달 동안 발길이 뚝 끊겼을 때는 정말 울고 싶을 만큼 힘들었다고 한다. 한 달 동안 하루 종일 가게 문을 열어 놓고 버텼다. 그 뒤로도 다섯 달쯤 지나서야 겨우 제자리로 돌아왔다. 가까운 거리에서 찾아오면 포장은 해 주지만 배달 주문은 받지 않고 있다. 아무리 정성스레 요리해도 시간이 지나 먹으면 제대로 된 맛을 느낄 수 없어서다. 가게 매출을 생각하면 고민스러울 때도 있었지만 스스로 정한 원칙을 지키기로 했다.

처음부터 이곳 동명동에 가게를 낼 생각은 없었다. 결혼하고 가까운 곳에 둘만의 보금자리를 마련하고서도 가게들이 거의 없던 이곳보다는 영랑호와 청초호 호수공원 주변을 알아보았다고 한다. 하지만 비어 있는 가게들도 없는 데다 임대료도 너무 비싸 엄두가 나지 않았다. 그러다 집에 가는 길에 가까운 부동산에 들렀다가 지금 자리를 소개받았다. 그렇게 화장실과 주방까지 50㎡ 남짓한 아담한 공간을 빌려 오롯이 두 부부가 꾸려 오고 있다. 탁자 여섯 개에 스무 명이면 꽉 찬다. 사람들이 몰리면 벅찰 때도 있지만 그래도 두 부부 모두 우리나라에서 손에 꼽히는 호텔에서 익힌 솜씨와 맷집이 있어 지금까지 잘 버텨 왔다. 11시 30분부터 3시까지 점심 장사를 하고, 다시 5시부터 9시까지 저녁 장사를 한다.

가끔 김혜진 대표에게 "서울 분이시죠?"라고 묻는 이들도 있다. 김지환 대표의 말투에서는 강원도 사투리가 묻어나지만 주방에만 있느라 손님들이 알 길이 없으니 아마 서울에서 온 젊은 부부로 알려져 있을 것이라고 했다. 그렇다고 텃세를 느껴 본 적은 없다.

강형은 매자식당 대표가 '골목 지도'를 만들자고 찾아왔을 때는 감사했다고 한다. 처음 가게를 열 때부터 많은 도움을 받기도 했던 터라 흔쾌히 지갑을 열었다. 김혜진 대표는 "10만 원이 아니라 30만 원이라도 기꺼이 했을 것"이라고 했다. 좋은 기회라고 생각했고, 손이 많이 가는 번거로운 일을 하겠다고 먼저 나서 준 것도 고마웠다. 지도를 만들어 가게 한 켠에 두었더니 손님들도 좋아하고 다른 동네에서도 찾아와 어떻게 만들었는지 묻기도 했다.

멀지 않은 곳에 대규모 아파트 단지들이 들어서는 것을 보면서는 "지역민을 위한 건지, 관광객을 위한 건지 의문이 든다."라고 했다. 앞으로 할 수 있을 때까지는 이곳을 지킬 생각이지만 그럴 수 있을지는 자신이 없다. 벨라쿠치나는 이탈리아 말로 '예쁜 주방'이란 뜻이다. 두 사람이 어디에 공을 들이는지를 보여 주는 이름이 아닐까 생각했다. 앞으로도 예쁜 주방에서 이곳 동명동에서만 맛볼 수 있는 특별한 파스타를 만들어 내기를 바란다.

속초 책방거리 교동 658번지

[동아서점_김영건]

속초에는 제법 오래된 로컬 책방이 두 개 있다. 동아서점과 문우당서림이다. 동명동의 완벽한 날들과 더불어 '속초 3대 책방'으로 불린다. 두 책방은 교동에 길 하나를 사이에 두고 마주 보듯 자리하고 있다. 동아서점 주소(지번)가 교동 658번지, 문우당서림은 교동 658-53이다. 문우당서림이 먼저 이곳에 자리를 잡은 뒤 동아서점도 가까운 곳으로 옮겨 왔다. 책방 문을 처음 연 할아버지, 또는 아버지의 뒤를 이어 자식들이 책방을 꾸려 가고 있다는 점도 같다. 동아서점은 김영건 대표와 그의 아내 그리고 아버지와 어머니가 함께 꾸려 가고 있다. 처음 '동아서점'이란 이름으로 책방을 연 것은 김영건 대표의 할아버지였다. 1956년에 문을 열었으니 벌써 65년이 흘렀다.

김영건 대표는 속초에서 태어나 고등학교까지 속초에서 다녔다. 그때까지는 속초에서 뭔가를 해 보겠다고 생각한 적은 한 번도 없었다. 대학에서 불문학을 전공한 그는 졸업을 한 뒤 서울에 남았다. LIG문화재단 공연기획팀에 들어가 공연 기획 일을 했지만 비정규직이었던 그는 앞으로 10년의 삶을 생각해 보면 굉장히 암담했다고 한다. 마침 책방을 계속 꾸려 갈 수 있을지를 두고 고민을 하던 아버지가 김 대표에게 책방을 맡아 보지 않겠느냐고 했다. 그는 아버지의 제안을 받아들였다. 그의 나이 20대 후반이었다.

1956년에 문을 연 동아서점은 2014년 지금의 자리에 터를 잡았다. ⓒ 동아서점

"직장생활 일 년 차였는데 '이렇게 일해서 서울에서 내가 계속 살 수 있을까?', '집을 장만하고 가족을 만들고 이런 걸 할 수 있을까?' 하는 걱정이 됐죠. 그런 막막함으로부터 도망가기 위해서 온 것도 커요. 책방을 맡고 나서는 정신없이 일하느라 까맣게 잊었는데, 서울에 있던 동료들한테는 잠깐만 머물다가 다시 돌아올 거라고 했대요."

그렇게 벌써 6년이 흘렀다. 할아버지와 아버지가 책방을 하던 곳은 지금 자리가 아니다. 속초중앙시장 바로 옆 '제일극장 거리'라고 불리던 곳에 있다가 2014년 김 대표가 책방을 맡으면서 10분 거리인 이곳에 새로 문을 열었다. 경매로 나온 건물을 사들여 지금의 모습으로 바꿨다. 그때만 해도 거의 허허벌판에 가까운 곳이었는데 지금은 가게들이 빼곡히 들어서 있다.

아버지 때는 거의 모든 로컬 책방들이 그렇듯이 학습 참고서들을 팔아 돈을 벌었다. 하지만 "더 본질적인 책방의 모습을 갖춘, 진짜 책이라고 부를 수 있는 책"을 팔고 싶었던 김 대표는 단행본들로 서가를 채우기로 마음먹고 구조도 그렇게 바꿨다.

"평생 아버지께서 일하시는 모습을 봐 와서 이게 낭만적인 일이 아니란 건 알았지만, 리뉴얼하면서 규모도 조금 더 키우기도 했고, '생각했던 것보다 일이 정말 많구나!' 하는 걸 느꼈어요. 꼭 잘될 거라고 생각했던 건 아니에요. 손익분기점을 넘기는 게 일단 목표였어요. 하루에 10명한테 책을 팔수 있었으면 좋겠다고 생각했죠."

김 대표는 여느 책방과 달리 도매상이 주는 대로 책을 받지 않고 직접 골라 사들인다. 도매상이 알아서 넣어 주는, 잘 팔리는 책들만 받는 것이 싫었다. 그는 "우리가 우리 안목으로 직접 고르고, 또는 독자들과 소통하면서 구성하자는 게 목표였다."라고 말했다. 지금은 김 대표처럼 하는 책방들이 많아졌지만 그때만 해도 새로운 시도였고, 보기에 따라서는 무모한 행동으로 비칠 수도 있었다. 다행히 새로 문을 열고 일 년이 조금 안 됐을 무렵부터 책을 좋아하는 이들이 전국 곳곳에서 찾아오기 시작했다. 출판업계와 기자들도 관심을 보였다. 지금은 단골도 많이 생겼고 그만큼 매출도 제법 늘었다. 그는 어느 정도 안정된 단계라고 했는데, 따지고 보면 월세를 내지 않고 따로 직원을 두지 않는 것도 한몫한다. 그는 책만 팔아서 책방을 운영하는 일이 만만치 않다고 했다.

때마다 계절에 어울리는 프로그램도 진행한다. 가령, 여행객이 몰리는 여름에는 '여름 팝업'이라는 이름으로 여러 출판사 편집자들과 함께 여행객이 좋아할 만한 책을 모아서 판다. 책방 한 켠을 청년들에게 독서 모임 공간으로 내주기도 한다. 속초 청년들이 독서 모임을 해 보고 싶다고 찾아왔기에 그러라고 했다. 7~8명 정도가 때마다 모인 것이 벌써 몇 년이 됐다.

"찾는 사람이 많아지니 경기가 나아지긴 한 것 같은데 정말 지속 가능할지는 조금 더 두고 봐야 할 것 같아요. 새로운 아파들이 들어서는 걸 기회라고 볼 수도 있지만 특정 사람들한테만 기회라면 그런 걸 기회로 보긴 어렵지 않을까요. 장기적 전망을 가지고 이곳에서 업을 영위하는 사람들 모두가 함께 먹고살 수 있어야 우리도 즐겁게 웃으며 영업할 수 있다고 생각해요."

[문우당서림 _이해인]

동아서점을 나와 바로 옆 골목으로 들어가 길 하나를 건너면 '문우당서림'을 만나게 된다. 걸어서 일 분이면 닿는 거리니 커다란 책방 두 개가 나란히 서 있다고도 할 수 있다. 문우당서림은 1984년에 16㎡ 남짓한 자그마한 책방으로 문을 열었다. 창업자인 이민호 대표가 대학을 다니던 무렵 아버지가 병으로 쓰러지는 바람에 학업을 포기하고 책방을 열었다. 20년쯤 지난 2003년 지금 자리에 건물을 짓고 옮겨 왔다. 동아서점이 옮겨 온 것은 그로부터 11년 뒤다.

이해인 총괄 디렉터는 창업자인 이민호 대표의 딸이다. 고등학교까지 속초에서 다니고 서울로 대학을 갔다. 그는 서울살이가 좋았다고 한다. 훗날 부모님이 책방을 물려주려 한다면 아마도 오빠가 물려받지 않을까 막연하게 생각했다. 대학에서 디자인을 공부하고 졸업하고도 그 일이 좋아 몇 년을 쉼 없이 매달렸다. 그러다 몸에 무리가 왔다고 느꼈을 때 마침 아버지가 책방에 변화를 주고 싶다면서 도와줄 수 있겠느냐고 물어 왔다. 이해인 디렉터는 잠시 쉬어 가야겠다는 생각에 건물 공사를 하는 동안에만 속초에 머물기로 했다. 막상 고치려고 드니 일은 끝이 없었고, 하다 보니 재미도 있어 끝을 보고 싶은 마음이 생겼다. 그래서 눌러앉은 것이 벌써 4년을 꽉 채워 가고 있다.

"뭔가 대단한 포부를 가지고 돌아온 건 아니에요. 어릴 적에는 너무 당연한 풍경이라 좋은 줄 몰랐던 것들이 다른 곳에서 살아 보니까 새삼 소중하게 다가오더라고요. 그래서 만족감은 굉장히 커요."

문우당서림은 늘 변화를 꿈꾼다. ⓒ 문우당서림

이 디렉터는 문우당서림 로고를 새로 디자인했다. 로고를 만들면서는 가족들, 직원들과 이야기를 정말 많이 나눴다고 한다. '문우당'이라는 책방 이름에 담긴 뜻은 무엇인지부터, 또 지금 책방에 필요한 것은 무엇인지, 무엇을 더하고 무엇을 덜어 내야 할지…… 밤에 책방 문을 닫고 다 같이 모여서 프레젠테이션도 해 가면서 다 꺼내 놓고 이야기를 나눴다. 그런 시간을 거치면서 서림인(문우당서림에서 일하는 이들을 이렇게 부른다.)들은 문우당이 그냥 상점으로만 남지는 않기를 바란다는 것을 확인했다. '책과 사람의 공간'이자 '사랑방'으로 오래도록 남았으면 하는 바람으로 한 걸음 한 걸음 내딛고 있다.

문우당서림 곳곳에는 앉아서 책을 읽을 수 있는 곳들이 숨어 있다. 2층 창가에는 누구든 잠시나마 여유롭게 책을 읽을 수 있도록 테이블 몇 개를 두었고, 그 옆에는 아담한 세미나실도 마련했다. 예약이 없으면 누구라도 들어가 조용히 책을 읽을 수 있다. '대화의 공간 프로젝트'라는 이름으로 김상욱 경희대 물리학과 교수를 비롯해 속초에서는 만나기 힘든 강사들을 불러 이야기를 나누는 자리를 마련하기도 했다. 많을 땐 100명이 넘는 청중이 찾아와 이곳을 가득 메웠다.

"과학책을 자주 사러 오는 고등학생이 있었는데 속초에서 보기 힘든 과학자를 모셔서 강연을 하면 그 학생이 좋아할 것 같았어요. 마침 『떨림과 울림』이라는 책을 찾아서 읽었는데, 책이 너무 좋아서 저자인 김상욱 교수님을 꼭 모시고 싶다는 생각으로 자리를 마련했어요."

독립출판물을 다루게 되었다는 것도 큰 변화다. 한두 권씩 채우다보니 지금은 제법 많은 독립출판물들을 다루고 있다. 또 베스트셀러 코너를 없애고 서림인들이 추천하는 책을 놓거나, 아주 오래되었거나 한정판으로 나왔던 책들도 구해서 가져다 놓고 있다. 몇몇 서가에는 그 서가의 구성을 맡은 서림인의 얼굴이 그려져 있다.

"서가를 바꿔 간다는 건 끝이 있는 작업은 아니라고 생각해요. 매일 저마다의 이유로 방문하시는 손님들이 있으니 최대한 불편하지 않은 환경이 되도록 부족한 부분을 조금씩 고쳐 나가려고 해요. 예전엔 다양한 책을 최대한 많이 가지고 있는 게 '좋은 서점'이었지만, 지금은 물류를 비롯해 여러 환경이 개선된 시대에 맞게 다양한 방법으로 책을 소개하는 게 서점의 역할이 아닐까 생각해요."

이 디렉터는 2018년 겨울, 매자식당과 함께 '매자 포레스트' 전시회를 준비하고, 매자식당 할머니와 며느리 그리고 손녀딸을 모두 만나 『매자와의 대화』라는 책을 만들기도 했다. 강형은 대표가 먼저 전시회를 하는데 콘텐츠를 만들 사람이 필요하다면서 문우당서림에서 맡아 줄 수 없느냐고 제안해 왔고, 고민 끝에 해 보기로 했다.

"로컬에서 무언가 협업하는 모습이 너무 좋아 보였어요. 건강한 활동이라고 생각했고, 그런 새로운 시도들을 자꾸 해 봐야 저도 배울 수 있다고 생각했죠."

그는 문우당서림의 한쪽, 창고로 사용하던 계단실을 고쳐서 '문단'이라는 문구점도 운영하고 있다. '문'우당서림의 계'단'실이라는 뜻도 있지만, '문단(文段)에 오른다.'는 말처럼 창작 활동을 시작하도록 돕는 도구를 소개한다는 뜻도 담겼다. 이 디렉터는 여기서 그치지 않고 부족한 부분을 채워 또다른 방향을 가진 로컬숍도 열어 보고 싶은 바람이 있다. 그는 거창한 포부보다는 '할 수 있는 것, 하고 싶은 일들을 부지런히 해 나가다 보면 하나의 사례가 될 수 있지 않을까?' 하는 마음으로 하루하루를 살아가고 있다.

[속초 청년몰 갯배st]

갯배st(스트리트)는 옛 속초 수협 건물을 되살려 만든 청년몰이다. 1968년에 지어져 약 40여 년 동안 어판장과 냉장창고, 수협 사무실 등으로 쓰이던 곳이다. 금융 업무도 담당했으니 산업의 중심이자 금융의 중심이었던 셈이다.

"한때 속초항 어판장이 이 도시의 중심지였던 시절이 있었다. 대한민국 성문헌법에 '국가 권력은 국민으로부터 나온다.'라고 명시되어 있지만 당시 속초의 불문헌법으론 '모든 권력은 어판장에서 나온다.'라고 인식되어 있었다. 실제로 속초 주민이라면 이 어판장을 생업의 터전으로 삼지 않을 수 없었으니, 따라서 모든 자금이 어판장에 몰리게 되고 이렇듯 인파와 자금이 몰림에 따라 자연 이곳에 권력도 머물렀다…… 명실상부 속초의 정치, 경제, 사회, 문화가 다 이곳에서 시작되었던 것이다." [7]

산업구조가 바뀌고 다른 금융기관들도 생기면서 이곳을 찾는 이들도 뜸해졌다. 그러다 2015년 수협이 청호동의 새 건물로 옮겨 간 뒤로 이곳은 몇 년 동안 비어 있었다.

2018년 중소벤처기업부의 청년몰 공모에 속초시 제안이 뽑히면서 이듬해에 첫 삽을 떴다. 국비 15억 원을 비롯해 모두 48억 원이 투입되었다. 한때 속초 산업과 금융의 중심이었던 점을 감안해 가급적 건물의 뼈대를 살리는 방향으로 되살렸고, 지금도 2층 금고를 비롯해 곳곳에 세월의 흔적이

고스란히 남아 있다. 지난해 4월, 20개의 청년 점포와 함께 문을 열었다.

[갯배st 상인협동조합 _박현수]

박현수 카페 안토니우스 대표는 갯배st 상인협동조합의 조합장을 맡고
있다. 박 조합장은 대구에서 태어나 줄곧 대구에서 자랐다. 갯배st 창업자
들 가운데 속초나 강원도에 아무런 연고가 없는 이는 박 대표가 거의 유일
하다. 대구에서는 자동제어장비 프로그래밍을 하다가 우연히 갯배st 공고
를 보고 지원했다.

한때 속초의 모든 권력이 모여 있던 갯배st는 새로운 도약을 준비하고 있다. ⓒ 갯배st

"나중에 나이 들면 모아 둔 돈으로 펍을 차려 보고 싶다고 막연하게 생
각하고 있었어요. 공고를 보니 왠지 모르게 끌리더라고요. 직접 와서 보니
바다에 바로 맞닿아 있고, 다른 청년몰들과 달리 1층이란 점도 좋았어요."

지난해 코로나19 사태가 터지고 나서 곧바로 4월에 문을 열었으니 일
년 넘게 힘든 날들을 보냈다. 올해 여름 휴가철을 앞두고는 백신도 맞기 시

작해서 기대를 많이 걸었는데 갑자기 코로나19의 확산세가 거세지면서 또한 번 좌절할 수밖에 없었다고 한다. 그래도 다 같이 기운을 내 보자며 서로 다독이고 있다. 속초시도 포기하지 않고 여러모로 도움을 주려고 애쓰고 있어 고맙다고 했다.

"최근 속초시가 제안한 '청년몰 아카데미'도 큰 도움이 되었어요. 경험 많은 강사들의 노하우를 나눌 수 있었던 것도 좋았지만, 경주 황리단길을 함께 다녀오면서 우리들끼리 마음을 모을 수 있는 기회가 된 게 특히 좋았어요."

주변 상인들도 관심이 크다고 했다. 갯배st 주변으로 크고 작은 가게들이 몰려 있는 만큼 갯배st가 다시금 사람들을 모아 주기를 바라고 있다. 아직 주변 가게들과 협업은 못하고 있지만 먼저 한 발 다가가려는 뜻에서 매주 한 번씩 창업자들이 모여 주변 가게들 앞까지 청소하기 시작했고, 상인들도 그런 청년들의 마음을 조금씩 알아주고 있다.

[갯배st 옆집도예방 _이슬기]

이슬기 대표는 갯배st에서 언니와 함께 도예 공방을 운영하고 있다. 속초에서 태어나 고등학교 때까지 줄곧 살았다. 그림 그리기를 좋아해서 서울에 있는 미대에 진학한 뒤 대학에서는 도자예술을 전공했다. 대학 입학과 함께 속초를 떠난다는 설렘도 있었지만, 고향에서 부모님과 같이 살아야겠다는 생각으로 돌아왔다.

"여기 청소년들은 대학을 가면서 탈출을 꿈꿔요. 우리 때도 다들 '속초

탈출'이라고 하면서 대학 가기만을 기다렸죠."

졸업을 앞두고 있던 대학 4학년 때 어머니가 속초에서 플리마켓을 하니 같이 나가자고 해서 학교에 다니며 만들었던 작품들을 들고 참가했다가 청년몰 모집 공고를 접했다. 그래서 언니랑 같이 신청했다. 처음부터 장사가 잘되기를 기대한 것은 아니었지만 천장에서 물이 새는 등 일도 많고 탈도 많아서 어쩔 수 없이 문을 열지 못하는 날들이 많았다고 한다. 지난해 4월에 문을 열고 나서 낮에는 공방에서 일하고, 저녁엔 미술학원에서 아이들을 가르치면서 지냈다. 지금은 공방 일만 하고 있다.

속초를 관광지로 여기고 찾는 이들이 많다 보니 속초를 상징할 수 있는 작은 기념품과 접시들을 만들어 판다. 여행객과 주민을 모아 도예 만들기 체험도 한다. 여행객이 만든 도자기는 구워서 한 달 뒤에 보내 준다. 일 년 동안은 공간을 공짜로 사용할 수 있도록 해서 손님들 반응을 살피면서 여러 가지 제품을 만들어 볼 수 있었다고 한다. 코로나19 사태로 공방을 꾸려가는 것이 쉽진 않지만 그래도 20, 30대 청년들과 가족들이 꾸준히 이곳 갯배st를 찾아 주고 있어 기운을 내고 있다.

트리밸이 진행한 아카데미에서는 이창길 대표의 강의가 가장 기억에 남는다고 했다. 인천 개항로에서 주변 노포들과 협력을 이끌어 내는 모습을 보며 감동을 받았다고 한다.

"부모님이 속초중앙시장에서 가게를 하셔서 저도 20년을 시장에서 살았어요. 상인들을 잘 알죠. 알고 보면 제가 만날 보던 앞집 아저씨도 50년 된 노포 주인인데 한 번도 그런 생각을 해 본 적이 없었죠. 강의를 들으면서 그런 것들이 떠오르면서 이 지역을 다시 한 번 생각해 보게 되었어요. 아직은 여기 주변 상인들과 교류할 기회가 없었는데 앞으로는 여기서 오랫동안 살아오신 어른들하고 잘 지내고 또 무언가를 같이 해 보려면 먼저 그분들이 어떤 분들인지 깊이 알아봐야겠다는 생각이 들었어요."

그는 주변 상인들이 갯배st 청년 상인들을 어떻게 생각하는지도 궁금하다고 했다. 코로나19 사태가 좀 잦아들면 맥주를 마시면서 공예를 체험하는, 축제 같은 클래스를 만들어 보고 싶은 바람이 있다.

[속초시청 일자리경제과 상권활성화팀 _고만주]

속초에서 갯배st를 책임지고 있는 것은 시청 일자리경제과 상권활성화팀이다. 고만주 팀장이 네 명의 팀원과 함께 이곳 갯배st를 비롯해 속초관광시장과 상점 등 속초시 전체의 상권 활성화를 책임지고 있다. 고 팀장은 강릉에서 태어나 20대 중반 공무원 임용과 함께 20대 중반부터 줄곧 속초에서 살았다.

"역량 강화 차원에서 유명한 셰프를 불러다가 강의를 한 적이 있는데 이제 막 창업한 청년 상인들 입장에선 실력 차이가 너무 크다 보니까 아쉬움이 있었어요. 다시 아카데미를 해 보자고 했더니 '그런 걸 왜 또 하냐?'고 그러더라고요. 생각지도 못한 저항에 부딪혔던 거죠. 조금 더 친해지고 나서 얘기를 들어 보니 창업 준비 때부터 지금까지 정해진 교육만 받았는데, 이젠 자기들이 바라는 교육을 했으면 좋겠다고 하더라고요. 그래서 상의해 보자고 했죠."

청년 창업자들의 의견을 듣고 새롭게 찾은 것이 이승아 트리벨 대표였다. 전에 다른 작업을 같이 해 본 적이 있었는데 좋은 기억으로 남았다. 외지에서 성공 사례를 만들어 낸 것도 그렇고, 젊은 친구들끼리라 소통도 잘될 것이라고 생각했다.

"로컬 크리에이터라는 말도 하지만 남들 것 보고 베끼는 사람들도 많더라고요. 트리밸 두 대표는 그렇지 않다고 봤어요. 정말 자기 걸로 만드는 크리에이터라고 봐서 바쁘겠지만 해 보겠느냐고 했죠."

이승아 대표는 흔쾌히 받아들였지만 정작 창업팀을 만난 첫 번째 자리에서는 찬바람이 불었다. 고 팀장이 미리 그런 분위기를 감지하고 이 대표에게 귀띔을 하긴 했지만 이 대표도 적잖게 당황할 수밖에 없었다. 하지만 곧 분위기는 좋아졌고 서로의 거리도 좁혀졌다. 마지막 날인 성과 공유회는 1박 2일로 하자고 창업팀에서 먼저 제안했을 정도다. 고 팀장은 "무엇보다도 청년 상인들의 분위기가 좋아진 게 가장 큰 성과"라고 했다.

"여긴 자원이 많지도 않지만 폐쇄적인 분위기도 있어요. 그래도 젊은 친구들이다 보니까 서로 마음을 이해하더라고요. 지역에서 활발하게 활동하는 청년들을 불러 달라고 했고, 또 일방적 강의가 아니라 공감하고 소통할 수 있는 강의를 요청했는데 이승아 대표가 기획을 아주 잘해 줬어요. 아카데미 이후에 청년 상인들 스스로 재미있는 이벤트를 준비하기도 했어요."

갯배st는 공간의 한계를 뛰어넘어 지역과의 연결과 협력을 이끌어 내려고 애쓰고 있다. 한국관광공사 '2021 전통시장 가는 달' 캠페인에 맞춰 갯배st에서 행사를 열어 속초관광시장에서만 쓸 수 있는 전통시장상품권을 나눠 주는 이벤트를 진행했다. 청년 상인들이 먼저 전통시장과 상생할 수 있는 사업이라며 해 보겠다고 나섰고, 갯배st에서 나눠 준 상품권의 80%가 전통시장에서 쓰였다. 상인회도 고마움을 전해 왔다. 앞으로도 기회가 닿는 대로 협력해 나갈 생각이다.

고 팀장은 행정이 끌고 가려 하기보다는 청년들과 함께 소통하면서 청년들이 바라는 것들을 실행에 옮길 수 있게 뒷받침하고, 나아가 청년들끼리 네트워크와 협력을 이루어 낼 수 있도록 노력하겠다고 했다.

고향으로 U턴 하는 속초 청년들

속초에서는 고향을 떠났다가 다시 돌아온 청년 창업가들을 여럿 만날 수 있었다. 속초의 3대 책방으로 꼽히는 동아서점과 문우당서림 그리고 완벽한 날들에서 만난 김동건, 이해인, 최세윤 대표와 디렉터들이 모두 그랬고, 동명동 카페 지느러미와 매자식당 그리고 갯배st에서 만난 대표들도 그랬다. 벨라쿠치나 김지환 대표도 가까운 고성 출신이다. 이 책에는 나오지 않지만 문우당서림에서 걸어서 8분 거리에 있는 카페 칠성조선소를 운영하는 최윤성 대표도 여섯 살 때부터 고등학교를 마칠 때까지 살았던 속초로 서른 살 무렵에 다시 돌아와 할아버지가 세운 칠성조선소를 카페로 되살렸다.[8] 고만주 팀장은 그 이유로 두 가지를 꼽았다.

"하나는 칠성조선소라는 성공 모델이 있어서 그런 것 같아요. 할아버지와 아버지가 하던 조선소를 물려받아 카페이자 문화공간으로 되살린 게 큰 자극을 줬어요. 그 일을 기점으로 청년들이 하나둘씩 돌아오기 시작하더라고요. 또 소호259처럼 외지 청년들이 속초에 뿌리를 내린 사례들도 영향을 미쳤다고 봐요. SNS를 타고 그런 소식들이 외지에 있는 속초 청년들에게까지 전해지는 거죠. 능력 있는 속초 친구들이 다 외지로 나가기만 하는데, '여기서도 뭔가 되는구나!' 하는 걸 보여 주고 있는 거예요. 그러면서 하나하나 새로운 시도들이 나오고 있는 거죠."

이해인 총괄 디렉터도 "한두 사람이 먼저 돌아와 자리 잡는 모습을 보면서 다른 이들이 영향을 받은 것 같다."라고 했다. 자신의 이야기이기도 하다. 이 디렉터는 서울에서 그리 멀지 않고 최근 어느 정도 인프라가 갖춰지기 시작했다는 점 그리고 여기에 더해 다들 더 좋아질 것이란 기대를 하고 있다는 점도 청년들을 돌아오게 만든 이유로 꼽았다. "사명감도 좋지만 먼저 살기 좋은 곳이 되어야 청년들이 살 수 있다."는 그의 말을 곱씹어 볼 필요가 있다.

속초에는 대학이 없다. 그러니 대학을 가려는 청년들은 속초를 떠나는 것 말고는 다른 길이 없다. 누군가는 '탈출을 꿈꾼다.'고 했지만 달리 보면 떠나기 싫어도 떠날 수밖에 없는 처지에 놓여 있는 것이다. 어쩌면 스무 살 무렵에는 정든 고향과 부모를 떠나 낯선 곳에서 홀로서기를 해야 한다는 사실을 마치 운명처럼 받아들이며 살아가는 것이 이곳 속초의 삶일지 모른다. 그런 점에서 속초는 슬픈 도시다. 하지만 스스로 바라서 떠난 것이 아니라면 돌아오기도 한결 쉽지 않을까. 어떻게 하면 이들을 돌아오게 할 수 있을까?

온통 눈이 쌓여 어디로 가야 할지 알 수 없을 때 저만치 앞으로 뻗어 있는 누군가의 발자국을 발견하면 마음이 놓인다. 그리고 조심스레 그 발자국을 따라가게 된다. 아무것도 없던 골목에 게스트하우스를 열기로 한 이상혁, 이승아 남매가 바로 그 두터운 눈 위에 첫 발자국을 낸 사람들이다. 강형은 매자식당 대표도 못지않다. 발자국 끝에 무엇이 기다리고 있을지는 아직 알 수 없다. 하지만 적어도 적지 않은 이들이 그 발자국을 보면서 용기를 냈고, 몇 년 사이 두터운 눈밭 위로 제법 그럴듯한 길이 생긴 것만은 분명하다. 그리고 그 길을 따라 앞으로 더 많은 이들이 속초로 향할지 모른다. 그러려면 먼저 이상혁, 이승아 대표와 강형은 대표 같은 이들이 저 멀리 가 닿으려 했던 곳에 다다를 수 있도록 힘을 보태야 하지 않을까. 얼마 못 가 발자국이 끊어져 버린다면 뒤따르던 이들은 또 한 번 힘이 빠질 테니 말이다. 좁고 울퉁불퉁한 길일지언정 눈 덮인 저 산 너머까지 이어져 있다는 믿음을 줄 수 있어야 조금 더 많은 이들이 용기를 낼 수 있을 것이다.

한 가지 더 생각해 봐야 할 것이 있다. 새로운 일을 시작하기에 아무 연고도 없는 곳보다는 내가 나고 자란 곳, 내 부모와 친구들이 있는 곳이 여러모로 더 낫다는 점이다. 후지나미 다쿠미가 쓴 『젊은이가 돌아오는 마을』에서는 고향을 떠났다가 어떤 이유로든 다시 돌아오는 U턴이 대도시에서 나고 자란 이들이 낯선 로컬에 정착하는 이른바 I턴보다 여러모로 더 유리하다고 말한다. 일이 잘 안 풀려 수입이 끊겨도 기댈 곳이 있고, 촘촘하게 구축된 네트워크도 알게 모르게 새로운 일에 도움을 줄 수 있어서다. 일본에서도 정착 지원금을 보고 I턴을 한 이들 가운데는 지원이 끊기면 곧바로 떠나는 이들이 많았다고 한다. 그러면서 "……I턴 희망자를 불러들이기 위해 열심인 지역에서도 새로 정착하는 데 어려움이 덜한 U턴 희망자를 첫 번째 타깃으로 삼아 보라."라고 제안하고 있다.

지금껏 몸살과 같은 격변을 겪었던 속초에는 또다시 만만치 않은 변화의 파고가 밀려들고 있다. 동명동 곳곳에 대규모 아파트 단지가 들어서는 것에 더해 몇 년 뒤면 서울에서 춘천을 거쳐 속초에 닿는 고속열차(KTX)도 달리게 된다. 여러 변화들이 맞물리면서 앞으로 몇 년 사이 속초가 어떻게 달라질지 가늠하기가 쉽지 않다. 속초시외버스터미널에서 서울로 가는 고속버스에 몸을 실었던 이곳 청년들이 고단했던 서울살이를 뒤로 하고 이번에는 KTX를 타고 돌아와 설레는 마음으로 속초역을 나서는 모습은 상상만으로도 벅차다.

수도권 인구 집중과 로컬

알다시피 우리나라의 합계출산율은 지난해 말 기준 0.84로 세계 꼴찌다. 합계출산율은 임신을 할 수 있는 나이대의 여성이 평생 동안 낳을 것으로 기대하는 아이의 수를 가리킨다. 2018년에 처음으로 한 명 밑(0.98)으로 떨어지면서 바닥을 치는가 싶더니 이듬해인 2019년 0.92에 이어 지난해에 기어이 0.84로 또 떨어졌다(한 나라의 인구가 그대로 유지되려면 합계출산율이 적어도 2.1이 되어야 한다). OECD 38개국을 통틀어 합계출산율이 1보다 작은 나라는 우리나라뿐이다.

앞서 '프롤로그'에도 썼지만 지난해(2020년)는 우리나라 인구가 줄어든 첫해다. 통계청이 발표한 「2020년 출생 통계」에 따르면, 지난해 출생아 수는 27만 2,300명으로 일 년 전보다 3만 300명(10.0%)이 줄었다. 출생아 수가 20만 명대로 떨어진 것도 처음인 데다 2001년 55만 9,900명이던 출생아 수가 겨우 19년 만에 반토막이 난 셈이다. 인구가 모든 지역에서 고르게 줄어드는 것은 아니다. 수도권에서 멀수록, 또 대도시에서 멀어질수록 인구는 빠르게 줄어든다. 전남 고흥 인구는 2040년이면 아예 0명이 된다.[9] 어디까지나 지금까지의 추세대로라면 그렇다는 것인데, 어쩌면 그리 멀지 않은 미래에 닥칠지도 모를 일이다.

실제로 아기 울음소리를 듣기 어려운 지방자치단체가 빠르게 늘고 있다. 지난해 전국 229개 시·군·구 가운데 22%인 50곳에서 연간 출생아 수가 200명을 밑돌았다. 100명 미만인 지방자치단체는 경북 울릉군, 영양군, 군위군 등 17곳으로 지난 2015년 3곳에서 5년 사이 14곳이나 늘었다. 강원도 평창군, 충북 보은군, 전남 진도군 등 33곳은 100명은 겨우 넘겼지만 200명에는 못 미쳤다.

수도권으로 인구가 몰리는 흐름은 여전하다. 올해(2021년) 7월 기준 우리나라 인구는 5,167만1,569명인데, 이 가운데 서울(955만 8,153명)과 인천(293만 7,440명), 경기(1,351만 2,867명)의 인구를 합하면 2600만 8,460명으로 전체 인구의 50.33%, 그러니까 절반이 조금 넘는다(서울 인구는 18.50%). 2019년 1월 50.002%로 절반을 넘긴 뒤로 더 늘었다. 1970년 28.7%였으니 50년 사이 두 배 가까이 늘어난 셈이다. 게다가 25~34세 청년층만 따로 떼서 보면 수도권 비율은 56%로 올라간다. 서울·인천·경기를 다 합쳐 봐야 땅의 너비는 우리나라 국토의 11.8%(서울은 0.6%)니 국토 너비의 90%에 달하는 땅을 두고 인구의 절반이 10분의 1밖에 안 되는 좁은 곳에 모여 살고 있는 것이다. 아무리 수도권에 자원이 넘쳐 난다고 해도 배겨 낼 도리가 있겠는가.

그렇다면 젊은 세대가 수도권으로 몰려드니 수도권에서는 결혼도 많이 하고, 아이도 많이 낳을까? 안타깝지만 그렇지 않다. 서울의 합계출산율은 0.64로 광역 지자체 가운데 가장 낮다. 그나마 세종(1.28), 전남(1.15), 강원(1.04)이 한 명을 넘겼고, 우리나라 제2의 도시인 부산(0.75)이 서울 바로 위, 그다음이 대전(0.81)이었다. 인구학자인 조영태 서울대 보건대학원 교수는 2019년 3분기 서울의 합계출산율이던 0.69라는 수치를 두고 만약 '서울'이라는 인간종이 있다면 "멸절의 길"로 들어선 수준이라고 걱정했는데, 일 년 사이 더 줄어든 것이다.[10] 대체 왜 그럴까?

수도권을 비롯한 대도시들이 비수도권이나 작은 도시에 견주어 젊은 세대가 결혼을 하고 아이를 낳아 기르기가 더 어렵기 때문이다. 『텅 빈 지구』라는 책에서는 인류가 인구 감소라는 문제를 맞닥뜨린 가장 큰 이유 가운데 하나로 '도시화'를 꼽았다. 도시화가 출생률을 낮춘다는 것인데, 무엇보다 도시 거주로 자녀 양육비와 주거비가 늘어날 가능성이 크다는 점과 도시에서는 아이들이 가계 생산에 기여하는 바가 농촌보다 적다는 점을 이유로 꼽았다. 그러니까 수도권으로 젊은 세대가 몰리게 되면 비수도권 인구가 줄어드는 것에 더해 나라 전체의 인구가 줄어드는 악순환에 빠지게 되는 것이다.

조영태 교수가 쓴 『인구 미래 공존』에서는 더 흥미로운 이야기가 나온다. 2017년 올리버 승(Oliver Sng)이라는 학자가 "인구밀도가 높을수록 미래지향적인 성향이 짙으며, 그럴수록 출산을 하지 않으려는 경향이 강하다."라는 연구 결과를 발표했다.

서울대 인구학연구실 고우림 박사는 여기서 한 발 더 나아가 우리나라에서도 인구밀도가 합계출산율에 미치는 영향력이 뚜렷하다는 사실을 발견했다. 합계출산율이 2.0 이하인 저출산 국가들 가운데 인구편중도가 27% 이상이 되면 인구밀도가 합계출산율에 미치는 영향이 매우 커진다는 것이다. 여기서 인구편중도란 각 나라에서 가장 큰 도시(지역)라고 할 수 있는 곳에 전체 인구가 어느 정도(비율) 모여 있는지를 나타내는 지표다. 청년들이 선택할 수 있는 도시가 단 하나, 서울뿐인 우리나라는 인구편중도가 높을 수밖에 없다. 조 교수는 "생태/진화론적으로 볼 때 한국의 초저출산은 밀도 높은 사회에 대한 한국 청년들의 적응"이라는 결론을 내렸다. 로컬에 산다고 이러한 생각이 달라지는 것은 아니다.

"몸은 지방에 있다고 해도 그들에겐 심리적인 불안감이 남는다. 어릴 때부터 함께 자란 친구들이 하나둘 서울로 가면 남아 있는 청년의 마음 한 켠은 불안하다. 마치 나만 뒤처지는 듯한 마음이 들 수도 있다. 내 주변에 나와 같은 청년들이 어느 정도 있다면 굳이 서울이나 수도권을 지향하며 살 필요가 없다. 그러나 반대일 경우 지향점을 향한 동경이 커져 간다. 그것이 심리적 밀도의 수준을 높이게 된다. 인구 편중이 증폭시킨 서울과 지역 간 자원의 차이는, 청년들의 심리적 지향점을 하나로 만들었다. 서울이다."[11]

조 교수는 출산율을 높이려면 서울과 수도권으로의 인구 편중을 낮추는 길밖에 없다고 말한다. 그러려면 어떻게 해야 할까? 먼저 로컬에서도 얼마든지 잘 살아갈 수 있다는 것을 보여 줘야 하지 않을까.

1. 김영건(2019). 속초. 21세기북스.

2. 강예슬 외(2020). 동명동으로 어서오소호.

3. 귀찮(2016. 3. 2.). [시리즈] 만사가 귀찮은 직딩의 여행기 – 만사가 귀찮을 땐, 게스트하우스 여행!

4. 강예슬 외(2020). 동명동으로 어서오소호. 맑은샘.

5. 속초문화재단 블로그(2020. 12. 16.). [오케이속초 Vol. 03] 전입 신고합니다! 여기 이곳, 아프리카.

6. 최재도, 이수영(2020. 12.). 속초, 그때 그곳이 지금은.

7. 최재도, 이수영(2020. 12.). 속초, 그때 그곳이 지금은.

8. 윤찬영 외(2020). 슬기로운 뉴 로컬생활. 스토어하우스.

9. 마강래(2017). 지방도시 살생부. 개마고원.

10. 조선일보(2019. 11. 28.). "서울 출산율 0.69 "멸절의 길에 들어선 수준".

11. 조영태(2021). 인구 미래 공존. 북스톤.

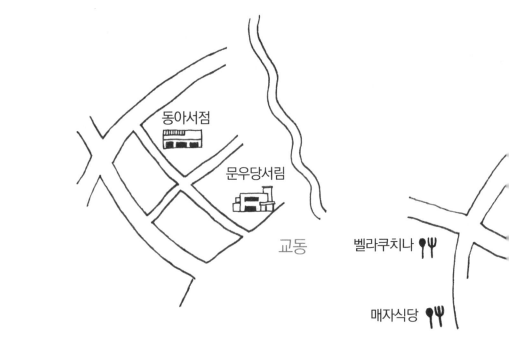

동아서점

문우당서림

교동

벨라쿠치나

매자식당

떠나야 하는 도시에서
다시 돌아가고픈 도시로

속초

KTX

아프리카

속초시외버스터미널

지느러미

고구마쌀롱

소호259 호스텔

완벽한 날들

보미네 국수

소호259 클래식

동명동

WELCOME

중앙동

갯배st
속초 청년몰

장승포로에 스며들어 미래를 밝히는 공간의 힘

_ 거제 장승포

『중공업 가족의 유토피아』를 쓴 양승훈은 거제를 "이주자의 도시"라고 불렀다. 조선소가 막 지어진 뒤인 1975년, 11만 명이던 거제시 인구는 10년 만에 17만 명으로 불어났다. 조선업의 부침으로 한때 14만 명으로 줄기도 했지만, 2015년 들어서는 25만 명으로 다시 크게 늘었다.

"거제도, 특히 장승포를 돌아다니다 보면 1970~1980년대의 흔적과 쉽게 마주하게 된다. 대우병원이 있는 두모동에서 조금 걸어 나와 두모로타리를 건너 장승포 방향으로 가다 보면, 일제강점기 때 조성되었을 법한 좁은 골목이 하나 있다…… 1990년대 초반만 해도 거제보다 먼저 도시의 행정구역을 갖췄던 장승포 번화가는 조선소 사람들의 회식 장소로 불야성을 이뤘다…… 거제를 처음 방문해 장승포를 돌아다니다 보면 1970~1980년대를, 옥포를 다니다 보면 1990~2000년대를, 아주동과 고현, 수월과 장평을 돌아다니면 2010년대를 느낄 수 있다." [1]

장승포는 거제시와 더불어 장승포시였다가 1995년에 도농 통합이 이루어지면서 거제시 장승포동으로 편입됐다. 지금은 따로 떨어져 나간 능포, 아주, 옥포도 모두 장승포시 안에 있었다. 시청을 비롯한 행정기관과 주요 시설들도 고현동으로 옮겨 갔고 자연스레 사람들도 빠져나가며 동네는 활력을 잃었다.

지난 4년간 거의 2,000명 가까운 이들이 동네를 떠났다. 몇 곳 남아 있던 프랜차이즈 가게들도 거의 문을 닫았다. 장승포동의 빈집 비율은 29.9%로 바로 옆 옥포 1동(27.3%)과 함께 우리나라에서 다섯 손가락 안에 들 만큼 높다.[2] 거의 세 집 가운데 한 곳이 비어 있는 셈인데, 거제시 전체의 빈집 비율인 13.86%에 견주어도 두 배가 넘는다.

장승포가 이렇게 된 데는 거제 전체의 인구가 줄어든 탓도 있다. 조선업

공유를위한창조가 터를 잡은 거제시 장승포로 풍경 ⓒ 공유를위한창조

이 어려워지면서 거제 인구는 벌써 4년째 줄고 있다. 2015년 무렵 현대중공업, 대우조선, 삼성중공업 등 이른바 조선 3사가 더는 버티지 못하고 하청 비정규직 노동자들부터 내보내기 시작했고, 2016년 25만 7,000명을 넘기며 정점을 찍은 인구는 2021년 3월 24만 4,000명으로 줄었다.

2010년 12월 거제와 부산(가덕도)을 잇는 거가대교가 놓이기 전에는 부산으로 가는 배들이 모두 장승포에서 닻을 올렸다. 지금은 배를 타고 부산을 오가는 이들이 없지만 새 다리가 놓인 뒤로 부산을 비롯해 창원과 김해에서 오는 이들이 늘기는 했다. 이때를 즈음해 장승포에서 조금 떨어진 곳에 대형 리조트들도 들어섰다.

거가대교가 놓인 거제도 북쪽 끝에서 한려해상국립공원이 있는 남쪽으로 가려면 산을 돌아 섬 동쪽에 자리한 장승포를 지나야 했지만, 지금은 옥포 대우조선소가 끝나는 곳에 산을 지나는 터널이 뚫리면서 더는 멀리까지 돌아가지 않아도 된다. 자연스레 장승포를 지나는 발길도 줄었다. 그나마 가까운 섬인 지심도로 가는 배가 장승포에서 닻을 올리고 해금강 유람선도 장승포에 가장 많다.

돈보다 사회적 가치를 좇다

'공유를 위한 창조'는 2014년 부산에서 도시재생과 커뮤니티 비즈니스를 업(業)으로 문을 열었다. 지난 6년 동안 부산에서 여러 사업들을 해 오다가 지난해(2020년) 1월, 두 개로 팀을 나눠서 한 팀은 부산에 남고, 나머지 한 팀은 이곳 거제에 터를 잡았다. 공유를 위한 창조가 하는 일의 중심에는 공동체가 있다. 지역에서 공동체들을 발굴하고 조직하는 일이라고 할 수 있다. 공간을 운영하거나 지원하는 일도 하고, 콘텐츠도 만든다.

공유를 위한 창조는 돈보다는 사회적 가치(Social Value)를 앞세우는 회사다. 2019년 '국토교통형 예비사회적기업'이 되었고 이듬해에는 LH한국토지주택공사 소셜벤처 지원 사업에 뽑혔다.[3] (예비)사회적 기업이 되면 배분 가능한 이윤의 3분의 2 이상을 사회적 목적에 재투자해야 한다. 그러니까 사회적 기업이 되려 한다는 것은 돈 버는 일보다 사회적 가치 실현, 다시 말해 사회문제를 해결하는 일에 훨씬 더 큰 무게를 두겠다는 뜻이다. 공유를 위한 창조가 가려는 길이 바로 그렇다.

공유를 위한 창조를 4년째 이끌고 있는 박은진 대표는 부산 토박이로 대학에서 도시계획을 전공했다. 남들이 졸업 작품으로 신도시 계획을 세울 때 마을 계획을 세웠을 만큼 남들보다 조금 일찍 작은 공동체에 관심을 가졌다.

"처음부터 사업을 할 생각은 아니었어요. 학교에서도 도시계획 쪽으로 나름 잘한다는 이야기를 들었는데 막상 현장에서는 제가 세운 계획대로 사람들이 살아가진 않더라고요. 그래서 소프트웨어를 만드는 활동이 필요하다는 걸 깨닫고 마을활동가 또는 코디네이터로 시작을 했어요. 부산에서 20대 활동가는 저 혼자였어요. 그런데 어느 순간 이걸 오래도록 하면서 먹고살 수 있을 것 같지가 않았어요."

2014년 무렵, 부산에서 '마을 만들기' 사업을 한다며 만든 공간들이 100개가 넘었지만 운영할 만한 주민 조직이 마땅치 않다 보니 그 많은 공간들이 닫혀 있거나 마치 개인 공간처럼 운영되곤 했다. 이런 곳들을 되살려 더 나은 동네를 만들어 보려고 세운 회사가 바로 공유를 위한 창조다. 첫 프로젝트는 동구 초량동이라는 원도심에서 진행한 '도시민박촌 이바구 캠프'였다. 기획 단계에서부터 주민들과 소통하면서 공동체를 만들고 공간을 조성해 주민 스스로 공간을 운영해 가면서 동네에 활력을 불어넣도록 했다. 그것 말고도 영도구 봉래동에서 '우리家사랑방'을, 사상구 감전동에서 '포플러 음악다방'을 기획하고 운영자를 발굴했다.

2015년부터 4년 정도 여러 일들을 해 오다 문득 구성원들 마음속에 '공들여 만든 동네에 정작 우리들의 자리는 없는 게 아닐까?' 하는 의문이 생겼다. 그때부터 자연스레 '우리 동네'를 찾게 됐고, 결국 거제까지 오게 됐다. 그러니까 우리 동네를 찾아 거제로 온 셈이다. 행정이 이끌어 가는 일과 달리 공유를 위한 창조 스스로가 맨 앞에서 일을 만들어 가는 실험을 해 보고 싶다는 바람도 있었다.

이들은 먼저, 우리 동네가 어떤 동네였으면 하는지부터 이야기를 시작했다. 결국 삶터를 이루는 조건의 문제다.

"첫 번째로 나온 얘기는 부산이랑 가까웠으면 좋겠다는 것이었고, 두 번째로 바다가 있는 동네였으면 하고 바랐어요. 세 번째는 걷기 좋은 동네였으면 한다는 바람들이 많았고, 네 번째로는 아주 세련된 동네는 아니더라도 편의점 정도는 있었으면 했어요. 마지막으로 우리가 무언가 할 수 있는 동네였으면 하고 바랐어요. 이 다섯 가지 조건에 맞는 지역과 동네를 찾기 시작했고, 마침내 거제로 정했죠."

처음 거제에 와서는 여섯 달 정도 지역을 돌며 조사하는 시간을 가졌다. 잠시 살아 보기도 하면서 주민들을 만나고 공간, 문화 자원, 통계, 유휴 부동산 등을 꼼꼼하게 살폈다. 그렇게 해서 거제에서도 이곳 장승포로 오게 됐다.

"우리는 거제에서 새로운 가치와 희망을 봤어요. 빠르게 비어 가는 만큼 어쩌면 더 다양하게 채울 수 있지 않을까 생각했죠. 남들 눈에는 흉물로 비칠 수도 있지만 우리는 그걸 기회로 여겼어요."

살아보니 거제는 생각보다 훨씬 더 다양한 삶이 있는 곳이었다. 여러 아웃도어 액티비티(야외 레저 활동)도 할 수 있을뿐더러 어업, 농업, 서비스업, 관광업 등 여러 업들이 공존하는 곳이기도 했다. 그런 점들이 공유를 위한 창조 구성원들에게는 무척 매력적으로 다가왔다. 오랜 세월 조선업에만 기대다 보니 그 밖의 분야들이 다른 곳들보다 취약한 것은 사실이었다. 예술이나 복지 서비스가 그러했고, 청년이 설 자리도 마땅치 않았다. 하지만 거꾸로 생각하면 그만큼 새로운 사업을 뿌리내릴 수 있는 가능성이 높다는 뜻이기도 했다.

"이곳에 머물면서 우리들끼리 라이프스타일을 돌아보고 정의하는 시간도 가졌어요. 모두들 캠핑이나 밖에 나가 노는 활동들을 좋아했어요. 거제도와 정말 잘 어울렸죠. 그래서 우리가 좋아하는 콘텐츠를 기반으로 공간을 조성하고, 그런 활동을 우리의 업으로 전환하는 작업을 지난 한 해 동안 꾸준히 진행했어요. 우리가 좋아하고 정말 하고 싶어 하는 일들을 이곳에서 새로운 라이프스타일 비즈니스로 만들어 갈 수 있을 것이란 믿음이 어느 정도 생겼죠."

공유를 위한 창조가 주목한 것은 '아웃도어 라이프'였다. 거제는 경남에서 가장 젊은 도시다. 평균 연령이 38세니 한창 인구가 늘고 있는 세종특별자치시나 대규모 신도시가 들어선 경기도 화성에 맞먹는다. 그래서 재미있는 일거리나 놀거리들이 빠르게 생겨날 가능성도 크다고 봤다.

30, 40대 가족들을 중심으로 가족 문화도 굉장히 발달돼 있다. 인구도 줄고 있긴 하지만 중소도시로는 적지 않아서 내수 시장도 어느 정도 갖추고 있다. 경남에서 해수욕장이 가장 많은 곳도 거제다. 어느 동네에서든 차로 15분만 달리면 바다로 뛰어들 수 있고, 그만큼 아웃도어 액티비티를 즐기는 사람들도 쉽게 만날 수 있다. 캠핑, 낚시, 트레킹, 서핑, 카약, 그 밖에도 사이클링이나 스케이트보딩 등 정말 다채로운 활동이 이루어지고 있다. 공유를 위한 창조는 아름다운 자연과 늘어 가는 유휴 공간들을 엮어서 지역에 활기를 불어넣을 수 있는 새로운 라이프스타일 비즈니스를 만들어 가기로 마음먹었다.

큰 통유리가 눈에 띄는 아웃도어 라운지 밖 ⓒ 공유를위한창조

"공유를 위한 창조는 기획과 연구를 하는 회사예요. 부산에선 행정과 같이 외부 전문가이자 파트너로 사업을 했는데 행정이 짜 놓은 기획 틀 안에서 움직이다 보니까 한계가 있었어요. 그래서 우리가 직접 기획해서 공간을 만들고 그걸 마을로 확장해 보자는 생각을 하게 된 거죠. 그러니까 여기 장승포에서 하고 있는 일은 우리가 구상했던 아이디어를 현장에서 구현해 보고 있는 거라고 보시면 돼요. 당장 뭔가를 팔아서 매출을 내는 게 아니라 빈 공간들을 기반으로 젊은 창작자와 창업가들을 불러들여서 동네를 되살리는 모델을 만들어 내고 있는 거죠."

거제에 뿌리내리기까지

공유를 위한 창조가 처음 마련한 공간은 '밝(장승포로 77-1)'이라는 이름을 단 '아웃도어 라운지'다. 1980년대 지은 단독주택으로, 공간을 구하러 다닌다는 이야기를 듣고 주민들과 기관에서 소개해 줬다. 캠핑용품을 비롯한 아웃도어 용품들을 전시하면서 카페로도 쓰고 있다. 또 커뮤니티 프로그램도 진행한다. 박은진 대표는 '밝'이라는 이름을 정하느라 꽤 품을 많이 들였다고 했다.

"용비어천가에서 '밝(ㅅ과 ㄱ의 순서가 바뀜)'이라는 글자를 발견했는데, 혹시 이 글자를 만들면서 초성에 ㅂ을 넣고 받침에 ㄱ과 ㅅ을 넣은 게 바다와 강산의 초성을 딴 건 아닐까 상상해 봤죠. 그땐 바깥엔 바다와 강과 산이 다였을 테니까요. 그래서 밝을 밝이라고 바꿔서 이름으로 쓰려고 했어요. ㄱ과 ㅅ 순서를 바꾼 건 뒤집으면 타이핑이 안 돼서였어요. 거제의 아름다운 바다와 강과 산을 담은 공간으로 만들겠다는 포부를 담았다고 할 수 있죠."

워낙에 오래된 건물이라 손봐야 할 곳이 많았다. 설계는 구성원들끼리 머리를 맞대고 직접 했다. 다행히 막내가 건축사라 큰 도움이 됐다. 길에 맞닿은 벽에는 크게 창을 내서 밖에서도 훤히 보이도록 했고, 공간을 넓게 쓰려고 벽도 모두 없앴다. 공간에서 새어 나오는 은은한 빛이 장승포의 밤을 비췄으면 좋겠다는 것이 이들의 생각이었다. 철제 H빔 3개를 세워 앞으로 층을 더 올리더라도 버틸 수 있게 했다. 커피를 내리고 간단한 음식도 만들 수 있는 주방과 바를 만들고, 뒤뜰과 옥상도 아늑하게 꾸몄다.[4]

공사 소리가 조용한 동네에 퍼져 가니 자연스레 부산에서 청년들이 들어와 사업을 벌인다는 이야기가 돌았다. 부동산 가격이 들썩인다는, 정말 그럴까 싶은 말도 들리고, 늙은이들만 있던 동네에 청년들이 들어와서 기쁘다는 말도 들렸다. 하루가 다르게 어깨가 무거워졌다.

박은진 대표는 밤을 만들면서 어떻게 하면 지역민들과 어울릴 수 있을까를 가장 많이 고민했다고 한다. 가뜩이나 사람들이 빠져나가고 있는 곳이고, 동네에는 거의 어르신들밖에 남아 있지 않은데 외지에서 온 청년들이 새로운 공간을 만들어 새로운 일을 시작할 때 지역민들이 어떻게 바라볼지 걱정도 됐다. 그래서 구성원들 전부의 이야기를 담아서 에세이집 『로컬라이프 에세이 vol 1. - 그냥 살아보자, 조그만 바닷가 동네에서』를 냈다. 거제에 오게 된 배경부터 밤을 만들게 된 과정까지 한 권의 책으로 엮었다. 2019년 12월에 문을 열면서 지역민과 청년들을 초대해 북 콘서트도 열었다. 다행히 소문이 좀 나서 동네 주민자치위원장을 비롯해 많은 주민이 찾아왔다. 그날 주민자치위원장은 박 대표에게 술을 한 잔 따라주면서 "우리 동네에 와 줘서 너무 고맙다."라고 말해 주기도 했다.

"주민자치회 위원장님이 처음엔 외부에서 웬 젊은 애들이 와서 공사를 한다기에 당연히 민원이 많이 나올 거라고 생각했대요. 그런데 가만히 지켜보니 민원이 하나도 안 들어왔다면서 그때 우릴 다시 봤다고 하더라고요. 한 달이면 할 수 있는 공사를 정말 조심스럽게 하느라 석 달을 끌었거든요. 해 저물면 공사 안 하고, 공사하는 분들한테도 혹시 동네 분들이 찾아와서 뭐라고 하면 다 받아 달라고 부탁드렸어요. 돈은 훨씬 많이 들었지만 믿음을 얻었다고 생각해요."

공사를 마치고 나서도 곧바로 문을 열지 않고 누구라도 찾아와서 커피한 잔 하면서 이야기를 나눌 수 있도록 했다. 주민들이 이 낯선 공간을 받아들일 수 있게 시간적 여유를 둔 것이다. 그렇게 다시 두 달이 지나고 나서야 문을 열었다. 그 뒤로는 동네에서 건물을 가진 이들이 먼저 찾아와서는 공간을 더 사들일 생각이 없는지 묻기도 했다.

공유를 위한 창조는 새로 만든 공간의 문을 열기에 앞서 공동체부터 만들었다. 안과 밖을 아우르는 로컬 문화를 만들겠다는 뜻으로 '인앤아웃클럽'이라 이름 짓고, 첫 이벤트로 '아웃도어 워크 앤 플레이'를 진행했다. 지역 청년들을 불러 모아서 옥상 데크와 창고를 함께 만드는 DIT(Do It Together) 행사였다. 모집을 시작한 지 하루도 안 돼 20명 모집 인원이 거의 다 모집될 만큼 흥행에 성공했다. 그렇게 모인 청년들과 같이 공사도 하고 밥도 먹고, 끝나고 나서는 술도 마셨다. 옥상 벽 한 켠에 참여한 이들의 이름도 새겼다. 또 '나'를 돌아보면서 내가 좋아하는 것, 내 라이프스타일을 여가 생활로 풀어 보는 시간도 가졌다. 같이 그림도 그리고 사진도 찍고 글도 쓰고, 칵테일을 만들어 파티도 했다. 함께 만든 작품들은 곳곳에 전시해 두었다.

"공간을 공식적으로 개소하기도 전에 커뮤니티를 만들었다는 것이 의문일 수도 있지만, 우리는 공간의 이용 권한보다 공간이 추구하는 가치를 먼저 공유하고 싶었습니다. '워크앤플레이(work & play)'라는 이름처럼 놀듯이 일하고, 일하듯이 노는, 단순히 공간을 소비하는 것을 넘어 지역 커뮤니티와 함께 '활용(utilize)'하겠다는 의미가 담겨 있습니다. 우리는 밭을 적극 활용하여 거제도와 아웃도어 라이프스타일을 만들어 갈 수 있는 사람들과 공간을 공유하고자 했습니다."_('커뮤니티 공유공간 가이드북 – 밭·여가 제작기' 중에서)

'아웃도어'와 '로컬'이라는 키워드로 플리마켓도 열었다. 캠핑을 좋아하는 지역민들이 판매자로 참여했다. 유자막걸리를 만들어 파는 지역 여성들의 협동조합에서 막걸리를 준비하고, 마을 카페를 준비하는 모임에서 커피를 만들어 팔기도 했다.

이날 플리마켓에는 거제에서 가장 오래된 캠핑용품점인 '세석산장'을 운영하는 김영길 대표도 참여했다. 세석산장은 밭에서 차로 20분 거리인 장평동에 있다. 처음 밭을 열고 박 대표가 세석산장에 에세이집을 들고 찾아갔는데 바로 다음 날 김 대표가 다시 책을 들고 밭을 찾아와서는 여섯 시간 동안 이야기를 나눴다. 김 대표는 "긴 세월 동안 통하는 사람을 찾기가 힘들었는데 드디어 찾았다."면서 낯선 청년들을 반겼다. 밭에 전시된 캠핑용품은 절반이 세석산장에서 기부해 준 것들이다(밭에서는 실제 물건을 팔지는 않는다). 김 대표는 밭에서 연 캠핑 수업에서 강의도 해 줬다.

"1990년대에 처음 통영에서 등산장비점을 할 때는 등산 인구가 많지 않았어요. 즐기러 산에 간다는 개념도 없었고, 한창 지리산에 다닐 때 친구들도 왜 가느냐며 핀잔을 줬어요. 그땐 등산장비점이 산에 가는 사람들이 모이는 사랑방이었어요. 그래서 이름도 세석산장이잖아요. 쉼터란 뜻이죠. 지도도 구하기 힘든 시절이라 모여서 산길 정보도 나누고, 지도도 복사하고, 등고선도 그려 넣고…… 그러면서 서로 정이 쌓였죠. 지금은 그냥 물건을 사고파는 관계만 남아서 서로 잘 믿지도 않아요. 그래서 장사도 이젠 재

체험공간으로 탈바꿈할 세석산장 2층 ⓒ 윤찬영

미가 없어요. 그런데 밭 같은 공간에서 다시 옛날처럼 산을 좋아하고 캠핑을 좋아하는 사람들끼리 모일 수 있으니 신나죠.” _ (김영길 대표)

    김 대표는 통영에서 태어나 살다가 2003년에 부모의 고향인 거제로 넘어와서 2층짜리 건물을 짓고 캠핑용품점을 열었다. 처음엔 1, 2층 모두 캠핑용품들로 가득 채웠지만 지금은 그렇게 하지 않고 있다. 악착같이 물건을 팔고 싶지는 않아서다. 가게를 내놓을까도 생각했었는데 공유를 위한 창조를 만나고 나서는 그 옛날 정이 넘치던 사랑방 같은 공간을 다시 꾸미고 싶다는 바람이 생겼다. 그래서 1층에서만 물건을 팔고, 2층은 카페이자 체험 공간으로 꾸며 볼 생각이다.

    세석산장이 20년 가까이 자리를 지키고 있는 장평동과 바로 옆 고현동에는 한창 높다란 아파트들이 들어서고 있다. 3년 전에 신도시를 만들려고 바다를 메웠다. 장승포와 달리 이곳에는 청년들도 많으니 필요하면 이곳에서 모임을 해도 좋겠다는 생각이다.

    “앞으로 2년 정도 밭이랑 마음 맞는 사람들하고 공동체를 꾸려 가면서 공간을 운영해 볼 생각이에요. 2층을 캠핑장처럼 차려 놓으면 누구든 편하게 와서 구경도하고, 커피도 직접 끓여서 마시고, 빵도 구워 먹고, 또 장비들을 빌려다가 써 봐도 돼요. 그러다 마음 맞는 사람들끼리 같이 캠핑도 가면 좋죠.”

공유를 위한 창조는 집 창고에서 잠자고 있는 캠핑용품을 가져오면 대신 팔아 주는 이벤트도 했다. 판매가 되면 수익금은 고스란히 주인이 가져가되 판매가 안 되면 다른 사람들이 자유롭게 빌려 쓸 수 있게 밖에 기부하거나 다시 가져가도록 했다. 지역에서 열 명 정도가 참여했다. 코로나19 사태로 기대했던 것만큼 많은 주민이 참여하지 못한 점은 아쉬움으로 남았다.

커뮤니티 프로그램에는 조선소에서 일하는 청년들도 여섯 명이나 참여하고 있다. 이들도 하루 종일 고된 일을 하고 나서 유흥업소 말고는 갈 곳이 없다 보니까 공유를 위한 창조가 마련한 프로그램들을 반겼다. 그래서 퇴근하자마자 조선소 유니폼을 입은 채로 인앤아웃 클럽에 와서 또래들과 어울린다. 대부분 거제에서 나고 자라 대학에서 조선업 관련 학과를 나온 뒤 취업한 이들이다. 거제 조선업계에서는 이들을 ‘성골’이라고 부른다. 안타까운 것은 아직 비정규직인 청년들은 한 명도 찾아오지 않았다는 점이다. 박 대표는 비정규직들도 똑같이 외롭겠지만 다른 곳에 눈을 돌릴 여유조차 없어서가 아닐까 짐작할 뿐이다.

박 대표는 앞으로도 오랫동안 일을 해 나가려면 무엇보다 이곳 사람들과 관계를 잘 맺는 것이 무척 중요하다고 믿는다. 또 이 공간을 잘 활용해 줄 수 있는 사람들을 찾는 것도 중요하다고 생각한다. 그래서 이곳에서 소비자로만 머물지 않고 새로운 생산자가 될 수 있는 사람들을 찾고 있다.

장승포는 2017년 12월 ‘도시재생 뉴딜 사업’ 시행 첫해에 시범 사업지로 뽑혔다. 거제시가 제출한 사업계획서에는 ‘1만 4천 피난살이 장승포 휴먼다큐’라는 제목이 달려 있었다. 1950년 12월, 열흘 가까이 진행된 이른바 '흥남철수작전'의 마지막 날이던 12월 23일, 무려 1만 4,000명의 피난민을 태운 채 흥남을 가까스로 떠났던 '메러디스 빅토리(Meredith Victory)호'가 피난민이 넘쳐 난다는 이유로 부산에서 받아 주지 않자 결국 다다른 곳이 바로 이곳 거제 장승포였다. 사흘 밤낮을 제대로 먹지도 마시지도 못한 채 낯선 섬에 내려야 했던 피난민들이 조심스레 한 발 한 발을 내딛었을 그 길에 '장승포 기적의 길'이란 이름을 붙였다. 담장과 바닥 곳곳에는 그때의 풍경을 새겨 놓았다.

2017년 말에 도시재생 뉴딜 사업지로 선정된 장승포의 공식 사업 기간은 올해까지다. 주민 자치 역량을 제대로 갖추지 못한 채로 시작하는 바람에 처음 2년 동안은 주민을 모아 역량을 강화하는 데 공을 들여야 했다. 그나마 제대로 된 계획도 선정되고 나서야 만들었다. 우여곡절 끝에 사업을 시작하고 3년이 지난 지난해 12월, 오랫동안 안 쓰던 마을회관을 카페로 되살렸다. 언덕배기에 자리하고 있어 이름도 '하늘카페'로 지었다. 몇몇 주민이 바리스타 교육을 받아 운영을 도맡아 하고 있다. 2층 카페와 3층 루프탑에서는 거제 앞바다가 훤히 내려다보인다. 1층 마을회관에서는 주민들이 편하게 들러 참여할 수 있는 건강 프로그램 같은 것들을 운영할 계획이다.

밭 옆으로 조금 걸으면 4층짜리 새 건물이 나오는데 최근 공사를 끝낸 주민 공용 시설이다. 1층에는 주민이 장승포 특산물인 바다장어로 어묵을 만들 어묵 공장이 들어서고, 2층에는 공유주방과 마을 식당이 들어선다. 3층에는 장난감 도서관이 그리고 4층에는 창업자들을 위한 사무실이 들어선다. 집을 수리할 수 있는 주민끼리 협동조합을 만들어 30년 넘는 낡은 주택들을 고치고 빈집을 새롭게 활용하는 방안들을 찾기도 했다. 장승포는 지난해 대한민국 도시재생 산업박람회에서 국토교통부장관상을 받았다.

장승포 도시재생현장지원센터에서 일하는 정영한 마을활동가는 동네에서 가장 젊은 마당발이다. 2017년 처음 주민협의체를 꾸릴 때 사무국장을 맡았고, 2018년에 센터가 생기고 나서는 도시재생대학 조교로 처음부터 함께했다. 지금도 장승포 주민자치위원회 간사와 청년회장을 맡고 있다. 도시재생대학에 박정일 공유를 위한 창조 본부장을 바리스타 강사로 부른 것도 정영한 활동가다. 그때까지만 해도 공유를 위한 창조가 거제로 옮길 생각은 없었으니 어찌 보면 중매쟁이 노릇을 한 셈이다.

2019년 도시재생대학 2기에서는 박은진 대표도 '청년탐사단'이란 팀을 맡았다. 동네 청년들을 불러 모아 장승포 곳곳의 빈집들을 둘러보면서 새로운 일들을 구상해 보는 자리였다. 안타깝게도 20대는 한 명도 없었다고 한다.

"공유를 위한 창조가 거제에서 일을 벌인다고 했을 때 솔직히 처음엔 경계를 많이 했어요. 전해 듣기로 카페를 만든다고 했는데, 마을카페를 만들어 보라고 주민들에게 바리스타 교육을 해 놓고 카페를 차린다고 하니 상도덕에 어긋난다고 생각했죠. 그래서 딱 선을 긋고 우리 영역으로 넘어오지 못하게 했어요. 첫 한 달살이를 할 때도 처음엔 하나도 안 도와줬죠. 그런데 가만히 지켜보니 오해가 풀리더라고요." _ (정영한 활동가)

그 뒤론 정영한 활동가가 팔을 걷어붙이고 도왔다. 두 번째 한 달살이 때는 청년들이 머물 숙소를 구해 주려고 백방으로 뛰어다니기도 했다. 시청에 찾아가서 "청년들 열 명 재울 곳이 없어서 허름한 모텔에서 재우는 게 말이 되느냐?"라고 따지고 "청년들이 머물 만한 빈집 주인들을 찾아가 설득할 테니 리모델링 비용을 대 달라."라고도 했다. 담당자가 갑자기 육아휴직을 하는 바람에 결국 모텔에 재웠던 일이 지금도 그는 못내 미안하다.

"어딜 가도 처음엔 외지인들을 경계할 수밖에 없어요. 뭔가 개발 정보를 보고 찾아왔다는 오해를 하기도 해요. 겪어 봐야 알죠. 공유를 위한 창조가 하는 일은 자기희생이 없으면 하기 힘든 일이라고 생각해요. 그런 점에서 존경하죠. 바람이 있다면 이곳 청년들이 할 수 있는 일들을 더 많이 제시해 주었으면 해요."

그렇다고 모두가 같은 마음인 것은 아니다. 한번은 박은진 대표가 "그래 봐야 떠날 애들인데……."라는 이야기를 듣고는 속이 많이 상하기도 했다. 그는 어디 기댈 사람도 없는 낯선 곳에서 한동안 많이 힘들었다고 했다. "지금은 동네 주민이라는 이름을 얻으려던 마음은 내려놓았다."라고 조금은 쓸쓸히 말했다.

공유를 위한 창조는 올해 행정안전부의 '청년마을 만들기' 지원 사업 공모에 '아웃도어 아일랜드'라는 거제살이 프로젝트로 뽑혔다. 지난해까지는 열 명씩 뽑아 한 달을 머물게 했다면, 이번엔 스무 명씩 뽑아 두 달 반(10주)을 머무르게 하기로 했다. 프로그램 수를 늘리기보다는 깊이를 더하는 방향으로 준비하고 있고, 지역사회와도 더 자주, 깊이 만날 수 있도록 신경을 쓰고 있다. 머무는 동안 쌓은 관계의 깊이가 그다음 선택에 영향을 미칠 테니까.

"여기서 같이 살아갈 친구들을 남기고 싶어요. 그게 전부예요. 우리가 가게를 내기보다 다른 친구들이 와서 할 수 있게, 조금 더 편하게 출발할 수 있게 기반을 만들어 주는 게 우리 역할이죠."

[공유를 위한 창조 _박정일]

공유를 위한 창조 창업자는 박정일 본부장이다. 박 본부장이 2014년에 창업할 때 대학 졸업을 앞두고 있던 박 대표가 막내이자 첫 직원으로 들어왔다. 그리고 3년 뒤 대표 자리를 이어받았다. 박정일 본부장이 공유를 위한 창조를 처음 만들었던 2014년만 해도 도시재생이란 개념은 아직 낯설었다. 부산발전연구원에 '마을만들기 지원센터'를 만들고, 원도심을 살리겠다며 시 예산으로 마을에 주민이 모일 수 있는 카페나 국숫집 또는 공방을 만들어 주곤 했다.

"다 공간을 만들어 주는 사업들이었는데 시간이 흐르면서 다 망했어요. 활성화가 쉽지 않았죠. 처음엔 예산이 있으니까 공무원부터 업체와 전문가들이 관심을 가지고 달려들지만, 그렇게 문을 열고나면 더는 예산 지원도 없으니 덜렁 주민만 남게 돼요. 그래서 발길이 끊기면 다시 또 재생을 하겠다면서 예산을 넣는…… 악순환이죠. 그래서 몇몇 뜻있는 사람들이랑 회사를 세웠어요."

박 본부장은 아무도 관심을 기울이지 않던 공유 공간을 새롭게 해석하고 창의적 아이디어를 불어넣어 사람들이 북적이는 곳으로 만들고 싶었다. 그는 펜션과 레스토랑을 비롯해 여러 사업체를 운영해 왔는데, 그가 운영하던 부산 광안리 펜션에 '마을만들기 지원센터' 센터장이 자주 찾아와 사람들과 회의를 하곤 했다. 어느 날은 마을 공간을 살리고 싶은데 다들 경험이 없으니 박 본부장에게 도와달라고 했고, 그도 흥미를 느껴 발을 들이게 됐다.

"어떤 현장이든 외부 사람들이 동네에 들어가서 주민들과 하나가 되는 데는 엄청 오랜 시간이 걸려요. 이바구캠프를 하면서도 그런 점을 많이 느꼈죠. 예산으로 빠르게 진행할 수 있는 일들도 있지만, 지원이 끊기고 나서도 주민이 공간을 운영할 수 있도록 만들려면 5년은 필요하다고 봐요. 여러 이해관계를 조정하고, 또 생길 수 있는 온갖 오해들도 풀고 가야 하니까요. 거제에 온 지는 2년쯤 됐는데 적당한 속도로 나아가고 있다고 생각해요.”

공유를 위한 창조에게는 무엇보다 공동체가 중요하다. 그래서 이웃들이 언제든 밖에 들르면 기꺼이 앉을 자리와 커피 한 잔을 내준다. 인터뷰를 하는 동안에도 동네에서 포장마차와 주점을 운영하는 사장 두 사람이 찾아와 아무렇지 않게 커피를 얻어 마시며 이야기를 나눴다. 새로운 안주에 대한 아이디어를 들려주며 의견을 묻기도 하고, 이웃들의 소소한 소식을 전하기도 한다. 그는 “어떤 골목에 분위기 좋은 카페가 하나 들어서는 게 골목 주민에게 어떤 의미가 있는지 의문이다.”라고 꼬집었다. 주민과 함께 무언가를 만들어 가지 않으면 의미가 없다는 뜻이다. 또 그는 ‘로컬 크리에이터’ 못지않게 ‘로컬 프로듀서’ 역할이 필요하다고도 했다.

“로컬 콘텐츠를 잘 발굴해서 사업화하는 크리에이터도 중요하지만, 그런 크리에이터들이 만들어질 수 있는 문화적 토대를 만들어 내는 것도 중요하다고 생각해요. 또 로컬 콘텐츠를 잘 버무리고 이걸 잘 다듬어 갈 만한 이들, 창업가든 주민이든 누가 잘할지를 찾아서 연결해 주고 협업이 잘 이뤄지도록 전반적인 프로듀싱을 하는 역할이죠. 로컬 크리에이터들을 많이 모아 놓는 것만으로는 한계가 있다고 봐요. 한 명 한 명의 경쟁력보다는 골목의 경쟁력, 동네의 경쟁력을 만들어 내는 게 필요하고, 그래서 저희는 하나의 주제 아래 골목 전체를 기획하고 있고, 그 안에서 크리에이터와 주민 그리고 공무원과 전문가의 역할이 다 어우러질 수 있도록 하고 있어요.”

그는 골목마다, 동네마다 로컬 프로듀서들이 하나씩 뿌리내리기를 바라는 마음에서 부산에서 거제까지 공유를 위한 창조가 걸어왔던 발자취들을 성실하게 기록해서 책으로 엮는 일도 꾸준히 해 오고 있다.

공간의 확장, 관계의 확장

공유를 위한 창조는 밭과 나란히 붙은 건물에 두 번째 공간(장승포로77)을 마련했다. 1930년대에 지은 일본식 가옥 '원례옥'이다. 처음부터 눈독을 들였던 건물이었는데 주인이 팔지 않겠다고 해서 할 수 없이 바로 옆 건물에 밭을 마련했다. 그러다 얼마 뒤 주인이 세상을 떠나고 이들의 활동을 가까이서 지켜보던 그 건물주의 딸이 공간의 절반을 내주었다(나머지 절반에서는 딸이 어머니와 함께 산다). 그래서 보증금도 없이 월세 10만 원에 장기 계약을 할 수 있었다.

이들이 처음 터를 잡은 장승포 일대는 일제강점기 때의 식민 어촌지로, 바다에서 잡아들인 것들은 모조리 일본으로 보냈다고 한다. 밭의 집터 안쪽으로는 부유한 일본인들이 모여 살았다. 1980년대에는 집주인들이 대부분 일본식 집들을 허물고 새로 집을 지었는데 그럴 형편이 안 된 집들만 그대로 남았다. 장승포를 통틀어 겨우 네 채가 남아 있는데, 오랜 세월 손을 대지 않아 지금은 오히려 더 눈길을 끄는 가치 있는 공간이 되었다.

두 번째 공간을 리모델링하는 비용은 LH 소셜벤처 지원 사업에 뽑혀 도움을 받았다. 천장과 대들보는 그대로 남겼고, 2층 다다미방도 그대로 두었다. 천장 한가운데 뚫린, 굴뚝처럼 생긴 채광창도 보는 이들의 호기심을 자아낸다. 그렇게 가능한 만큼 옛 모습을 그대로 남겨 두면서 손을 보았고 1층은 공유 사무실로, 2층은 공유 서재로 쓰고 있다. 시에서도 역사적 가치를 높이 사서 올해 안에 이 건물을 사들여 보존하기로 했다. 곧 공사에 들어가면 비워 줘야 하지만 시에서 보존도 하고 좋은 일로 쓰겠다고 하니 박은진 대표도 잘된 일이라 생각한다.

　공간이 더 필요해져서 다시 바로 옆 2층(장승포로77-2)짜리 주택을 사들였다. 건물주는 "이 동네를 살리겠다고 한 사람이 아무도 없었는데 너희가 살리겠다고 하니까 너희한테 주겠다."라고 말하면서 2,000만 원을 더 주겠다고 한 다른 구매자를 뿌리치고 공유를 위한 창조에게 팔았다.

　"처음엔 안 파시겠다고 하셨거든요. 그런데 일 년 넘게 저희를 지켜보신 거죠. 저희랑 뭔가 일을 하진 않으셔도 동네 분들이 다 지켜보고 있어요. 서로서로 정보도 나누시고……."

　2019년 8월에 행정안전부가 신용보증기금, 농협과 함께 진행한 '지역자산화 시범사업'에 뽑혀 싼 이자율로 돈을 빌릴 수 있었고, 여기에 크라우드 펀딩 플랫폼인 '비플러스'에서 모은 4,000만 원을 보탰다. 이렇게 마련한 돈으로 경남 사회혁신추진단과 거제시 그리고 장승포 마을관리협동조합 등과 먼저 건물을 사들인 뒤, 앞으로 오래도록 뜻을 같이할 지역민과 청년들을 모아 소유와 운영 권한을 바꾸게 된다. 이름은 '거가'로 지었다. 그러니까 '밭'(장승포로 77-1) 왼쪽에는 '여가'(장승포로 77)가, 오른쪽에는 '거가'(장승포로 77-2)가 나란히 자리하게 되었다.

장승포로에 나란히 자리한 여가, 밭, 거가 ⓒ 공유를위한창조

장승포로에 나란히 자리한 여가, 밖, 거가 ⓒ 공유를위한창조

거가 1층은 목공방이자 메이커스페이스로, 2층은 2인실과 4인실이 있는 스테이로 만들 생각이다. 마무리가 되면 동네 숙박업소 사장들을 불러 하룻밤 묵도록 할 계획도 가지고 있다. 장승포로 더 많은 여행객들을 불러들이려면 무엇을 어떻게 바꿔야 하는지 스스로 느껴 보도록 하려는 뜻이다. 골목에 낚시용품점도 있는데 그곳도 오래도록 자리를 지켜 주기를 바라는 마음에, 기회가 되면 인테리어도 바꿔 주고 더 많은 사람을 불러 모을 수 있는 낚시 체험 같은 프로그램도 기획해 보고 싶다.

지난해 9월부터는 '다양섬'이라는 이름으로 청년들의 거제 한 달살이 실험도 시작했다. 생각보다 '다양한 삶의 형태가 있는 거제도'라는 뜻을 담았다. 거제시의 지원을 받아서 참여자들에게 숙박과 식사를 무료로 제공했다. 9월과 11월에 전국에서 모인 열 명의 청년들이 한 달살이를 하고 갔다. 동네를 돌면서 어떤 자원이 있는지를 분석하고 새로운 통찰을 얻는 리서치 클래스부터 커뮤니티 활동을 하는 워크 미션 그리고 로컬 비즈니스 창업 교육도 진행했다.

두 번째 한 달살이 때는 아웃도어 라이프스타일에 조금 더 초점을 맞췄다. 가까운 섬에 가서 트래킹도 하고, 요트도 타고, 텐트에서 야영도 했다. 공유를 위한 창조는 이런 여가 활동이 일로도 연결될 수 있을 것이라 믿는다. 열 명 가운데 다섯 명이나 거제에서 더 살아 보고 싶다면서 조금 더 남기로 했다. 두 명은 벌써 창업을 준비하고 있다.

"처음에 생각했던 것처럼 거제가 살기에 괜찮은 곳이라는 사실을 확인할 수 있었죠. 꼭 이곳에 정착하지는 않더라도 우리와 또 지역과 다양하게 관계를 맺고, 언제든 잠시 와서 머물다 갈 수 있는 세컨드 빌리지가 되었으면 하는 바람도 있어요." _ (박은진 대표)

[커뮤니티바 MORA _소모라]

공유를 위한 창조는 이곳에 아웃도어를 주제로 캠핑숍이나 캠핑 요리점, 자전거 대여점, 스케이트보드 목공방, 트래킹 여행사 등을 운영하는 괜찮은 창업자들이 많이 뿌리내리기를 바란다. 그런 가게들로 골목이 채워지는 상상을 한다. 그러려면 무엇보다 공간이 필요하다. 빈 공간들을 얼마나 싸게 또 오랫동안 확보할 수 있느냐가 무척 중요하다. 그래서 최근에는 장승포 도시재생현장지원센터와 함께 빈 공간들을 활용할 길을 찾아보고 있다.

소모라 커뮤니티바 대표는 한 달살이를 거쳐 장승포에서 창업을 했다. 공유를 위한 창조가 밧의 한쪽 공간을 내주고 약간의 투자도 했다. 당분간은 매출에 따라 약간의 월세만 받을 생각이다. 서울에 살던 소모라 대표는 주소지도 장승포로 옮겼다. 소 대표는 여행을 좋아해서 해외여행도 많이 다녔고, 미국과 중국에서 유학 생활도 했다. 지금까지 46개국을 다녀 봤다고 한다. 그는 글로벌 숙박 업체에 다니면서 마케팅과 교육 직무를 맡아 일했다. 지난해에 다니던 회사를 그만두고 해외로 막 떠나려고 할 때 코로나19 사태가 터졌다. 마침 SNS에서 장승포 한 달살이 공고를 보고 여기까지 오게 됐다.

그는 이곳에 머무는 동안 박은진 대표 등과 자주 오랫동안 이야기를 나눴다. 한 달살이를 하는 동안에도 코로나19로 밖이 거의 닫힌 채였는데, 소 대표는 이 아담하고 좋은 공간이 제대로 쓰이지 못하는 것이 안타까웠다. 게다가 어느 나라에서 살든 꼭 바다를 끼고 사는 것이 꿈이었던 그에게 이곳은 더할 나위가 없었다. 관광 인프라 자원이 많지 않은 것도 그에게는 오히려 기회로 보였다. 그는 레드오션에 뛰어들고 싶지는 않았다고 한다. 그래서 한 달살이를 마치고 다시 서울로 올라가서 10월부터 두 달 동안 사업 기획안이자 창업 계획서를 써서 박은진 대표에게 보냈다. 그는 아무리 코로나19 사태가 터지고 이른바 언택트 흐름이 번져도 사람들은 오프라인 공간을 찾을 수밖에 없다고 믿었다. 소소하게 모일 공간을 만들면 사람들이 찾을 수밖에 없을 것이라는 게 그의 생각이었다.

소 대표가 머릿속에 떠올린 커뮤니티바는 음료를 매개로 커뮤니티가 만들어지는 공간이다. 그러니까 술을 좋아하는 이들은 물론 못 마시는 이들도 편하게 와서 술 이야기를 하며 어울릴 수 있는 가게다.

"아무런 매개 없이 연결을 만들어 내기란 어렵거든요. 제가 술을 좋아하기도 하고, 우리나라 사람들이 술을 엄청나게 마시긴 하는데 정말 술을 알고 마시는 분들은 거의 없어요. 술은 역사도 깊고 그만큼 스토리도 재미있어요. 술을 못해도, 커피를 마시면서 옆에서 이런 이야길 들어도 얼마든지 즐길 수 있어요. 그렇게 커뮤니티를 만들면 이 공간에서 함께 책을 읽거나 영화를 볼 수도 있어요. 그런 공간으로 만들어 보고 싶었어요."

소 대표는 칵테일 클래스도 열었고, 술을 마시며 영화를 보거나 책을 읽는 시간도 가졌다. 그의 머릿속에는 아직 펼치지 않은 프로그램이 100개나 들어 있다고 한다. 소문을 듣고 거제 청년들이 가장 많이 찾아오고,

SNS를 보고 멀리서 찾아오는 여행자들도 있다. 길을 지나던 동네 주민들도 커피 한 잔씩 마시고 간다. 그는 이곳이 '청년 공간'이면서 또 '동네 주민 공간'이라고 했다.

밖에 간판을 크게 달지는 않았다. 그는 1920년대 「금주법」이 있던 미국에서 몰래 술을 팔던 주점 스피키지(speakeasy)처럼 아는 이들이 찾는 곳이기를 바란다고 했다. 너무 많은 이들이 몰리면 제대로 대응하기 힘드니 혼자서 감당할 수 있는 규모로 꾸려 가고 싶다는 것이다. 바는 월요일부터 토요일까지 열고 일요일에는 커뮤니티 프로그램을 열거나 쉰다. 그는 가게를 비울 때는 문을 닫아 둔다. 아직 직원을 둘 만큼 여유도 없지만 설사 앞으로 여유가 생긴다 해도 다른 누군가가 자신만큼 이 공간을 잘 설명하기는 힘들다고 생각해서다. 그는 공간이 주는 힘은 그곳을 운영하는 이가 가진 취향과 정체성에서 나온다고 믿는다.

"여기선 가만히 앉아서 술만 드시고 가는 사람은 없어요. 한마디라도 저와 대화를 나눠요. 저만큼 이 공간을 충분히 설명할 수 있는 사람은 없고, 커뮤니티바라고 이름을 붙였으니 바로 제가 그 커뮤니티의 핵심 매개체가 돼야 한다고 생각해요. 저랑 이야기를 하면서 이 공간과 공간에서 비롯된 커뮤니티에 조금씩 녹아들 수 있게 되죠."

소 대표는 거제 청년들을 중심으로 SNS 단체 대화방도 만들었다. 한 번 이곳을 찾은 이들은 친구들을 데리고 다시 찾는다. 입소문만으로 꽤 많은 사람들을 커뮤니티로 모을 수 있던 이유다. 장승포에는 남성 청년들만 많을 것 같지만 생각보다 여성 청년들도 많다고 한다. 조선소에서 일하는 여성들도 많고, 남편 직장을 따라 함께 거제로 들어온 30대 여성 전업주부들도 많다.

그는 한 달살이를 하는 동안, 또 10월에 주소를 옮기고 나서 거제 곳곳은 물론 지심도를 비롯한 섬 열두 곳도 틈날 때마다 두루 돌아다녔다. 그때 눈에 띈 맛집과 여행 코스들을 하나하나 적어 두었는데 커뮤니티에도 올리고 여행자들에게도 알려 준다. 커뮤니티 모임에 찾아오는 이들에게 따로 참가비를 받지는 않는다. 그는 "재미있자고 하는 일이어서"라고 했다. 이곳에 오기까지 드는 돈도 있으니 더 받아서는 안 된다는 것이 그의 생각이다.

"돈을 받는 커뮤니티는 돈을 벌기 위한 커뮤니티고, 저는 제가 재미있고 행복해서 운영하는 커뮤니티예요. 제 취미생활인 거죠. 취미생활은 돈을 내면서 해야지 돈을 받으면서 하면 안 된다고 생각해요. 또 이 커뮤니티 자체가 큰 자산이죠."

그는 먹고살 만큼만 벌면 된다고 했다. 돈을 벌고자 하는 욕심이 없는 것은 아니지만 돈이 가져다주는 행복에는 '한계치'가 있다고 믿는다. 또 "적당한 만족도 안에서 돈을 벌고, 더 많이 벌면 비슷한 처지에 놓인 이들을 도와주고 싶다."라고도 덧붙였다. 그게 더 행복할 것 같다고.

소 대표는 2021년 9월, 거제에 온 지 꼭 일 년이 되는 날 밧이라는 둥지를 떠나 새로운 곳에 자신의 이름을 건 'Community BAR MORA'를 열었다. 여전히 장승포에 뿌리를 내리고, 조금 더 작지만 홀로 충분히 꾸려 갈 수 있을 만한 작은 공간을 찾았다. 그는 "새로운 공간에서도 다양하고 많은 청년들, 지역 주민, 여행객들이 편안하게 방문해 소통하고 대화하며, 맛있게 주류와 비주류를 즐길 수 있는 공간을 만들려고 한다."라고 포부를 밝혔다. 또 앞으로 이곳에서 새로운 시도를 해 보려는 청년들에게는 '롤 모델'이기보다는 생각해 볼 만한 '또 하나의 사례'가 되기를 바란다고 했다. 누군가 하고자 하는 일이 있는데 주저하거나 망설일 때 용기와 조언을 해 줄 수 있기를 바란단다.

[공유를 위한 창조 _손유진]

손유진 팀장은 공유를 위한 창조에 들어온 지 3년째다. 부산에서 나고 자라 대학까지 나왔다. 조경학과에서 도시재생을 공부하면서 관심이 생겼고, 사상구 감전동이라는 공업단지를 대상으로 도시재생 계획을 세워 졸업 작품으로 냈다. 2018년 말에 박정일 본부장이 이곳 장승포에 도시재생대학 교육을 하러 올 때 손 팀장도 조교로 함께 오면서 처음 장승포와 인연을 맺었다. 그리고 6개월 동안 머물면서 거제 이곳저곳을 돌아다녔다. 공유를 위한 창조가 거제를 새로운 터전으로 정한 뒤에도 손 팀장은 거제보다 부산에서 더 많은 일을 했는데, 그때도 문득문득 거제가 떠올랐고 그래서 부산에서 일을 마치고 느지막이 거제로 퇴근하기도 했다.

"기획 일을 하다가 갑자기 숨이 턱 막힐 때가 있잖아요. 머리도 텅 비어버린 것 같고…… 그럴 때면 무작정 거제로 와요. 기획 일은 어디서든 할 수 있으니까 장소가 별로 중요하진 않았어요."

올해부터는 그도 온전히 거제에서 일한다. 최근 같이 일하게 된 인턴까지 거제에서만 모두 여섯 명이 같이 일하는데 각자 하는 일이 뚜렷하게 나뉘져 있지는 않다. 손 팀장도 공간 기획과 기록 그리고 현장에서 닥치는 대로 여러 일들을 해 왔다. 4월에 행정안전부 '청년마을 만들기' 사업에 선정되면서부터는 '아웃도어 아일랜드' 프로젝트를 책임지고 있다. 아웃도어 아일랜드는 6월과 9월, 두 번에 걸쳐 20여 명 정도의 청년들이 10주 동안 거제 장승포에 머물면서 지친 몸과 마음도 달래고, 장승포의 여러 자원을 기반으로 창업을 비롯해 새로운 도전에 나서는 프로젝트다. '아웃도어를 사랑하는 사람들이 모이면 어떤 마을이 만들어질까요?'라는 캐치프레이즈 같은 물음이 상상력에 불을 지핀다.

손 팀장은 청년들을 맞을 준비에 4월부터 두 달을 매달렸다. 20명이 두 달 반 동안 일하고 회의할 널찍한 공간, 또 편하게 머물 집을 마련해야 했다. 다행히 지난 한 해 동안 공유를 위한 창조가 이곳에서 부지런히 맺어 온 관계들에 장승포 도시재생 뉴딜 사업으로 새로 생긴 공동체 공간들이 여럿 있어 이들이 지내기에 부족함 없는 여건을 마련할 수 있었다.

20명의 청년들을 맞이한 뒤에도 손 팀장의 새로운 공간 만들기는 끝나지 않았다. 처음 장승포에 터를 잡을 때부터 눈여겨봤던 '빨간등대민박'이라는 오래된 민박의 1층을 통째로 빌려 참가자들과 리모델링에 나섰다. 부둣가 노동자들의 숙소로 쓰던 공간을 마을 체크인센터, 아웃도어 액티비티 렌탈숍 그리고 게스트하우스로 바꿨다. 손 팀장은 이곳 공간들에 남다른 애정을 가지고 있다. 그가 책임 집필한 『커뮤니티 공유공간 가이드북』에도 그의 그런 시선이 고스란히 담겨 있다.

"빈 공간들과 지역에 스며 있는 이야기들을 보고 있으면 오히려 비어 있어서 새로운 무언가를 시도할 수 있고, 새로움으로 채울 수 있는 가능성이 있는 곳이라는 생각이 점점 강해졌습니다. 비어가는 빈집, 도시가 누군가에게는 실험의 욕구가 생기게 하는 곳이었죠. 새로운 시대에 맞는 새로운 표현법으로 지역을 재해석하고 채워 가는 실험이 우리가 생각하는 로컬의 가능성이고, 또 그것이 지금까지 해 왔으며, 앞으로도 해 나갈 우리의 역할입니다." _ (『커뮤니티 공유공간 가이드북』 중에서)

올해 8월 21일, 지난 2019년부터 손 팀장이 동료들과 또 이곳에 머물렀던 청년들과 함께 공들여 만들었던 공간들인 밭, 여가, 거가, 빨간등대민박 그리고 이 공간들이 자리한 장승포로에서 아웃도어 아일랜드 프로젝트 1

기를 마무리하는 축제 '아웃도어 페스타'가 열렸다. 여름 내내 이곳 장승포에 새로운 활기를 불어넣었던 20명의 청년들이 서로에게, 또 앞으로 이웃이 될지도 모를 장승포 주민에게 두 달 반 동안 부지런히 준비해 온 것들을 보여 주는 자리였다. 여러 전시회와 체험 프로그램이 곳곳에서 펼쳐졌고 플리마켓과 공연도 열렸다. 이들 공간들은 그렇게 장승포로에 점점 더 단단하게 뿌리내려 가고 있다.

"이제는 '어라, 오늘은 불이 꺼져 있네?'라는 물음이 생겨나게 하는, 항상 장승포 주택가에서 밤늦게까지 거리를 밝혀 주는 모습이 익숙한 공간이 되었습니다. 처음에는 어느 날 갑자기 등장한 공간이었지만, 관계를 만들고 가치를 공유하는 과정에서 '한적하고 어두웠던 거리를 밝혀 주는 곳', '동네 청년, 사람들이 차 한잔하러 들르는 곳'으로. 공간과 그 주변의 거리, 넓게는 지역, 도시로 파장이 퍼지고 있음을 실감하고 있습니다." _ (『커뮤니티 공유공간 가이드북』 중에서)

외부 자원과 협력하기

공유를 위한 창조가 부산에서 이바구캠프 프로젝트를 할 때 경상남도청 공무원들이 방문한 적이 있다. 그 인연 덕에 경상남도 청년정책추진단과 사회혁신추진단, 사회적경제지원단 등의 팀들과 협력할 수 있게 되었다. 마침 경남도가 '청년 친화 도시'를 만들겠다며 2022년까지 4개 시군을 뽑아 104억 원(도비와 시·군비를 합쳐)을 투입하겠다는 계획을 내놓았다. 기초 지자체가 지역에 어울리는 혁신적 청년 사업을 발굴하면, 도가 시군이 대는 예산만큼을 지원하겠다는 계획이다. 사업이 뿌리내리면 다른 시도로 확산되도록 돕겠다는 뜻도 밝혔다.

거제시가 이 사업을 함께 준비하자고 공유를 위한 창조에 제안을 해 왔고 공유를 위한 창조도 좋은 기회라 생각해 함께했다. 공유를 위한 창조는 거제가 더 이상 청년들의 일터만이 아닌 삶터로 자리매김하는 것을 목표로 내걸고 거제시와 함께 '오늘의 청년, 내일의 거제를 만들다' 프로젝트를 준비했다. '청년씨앗통장 사업', '찾아가는 마음 건강 상담소', '청년 갭먼스 마을', '청년 라이프 디아이와이(DIY) 프로그램', '청년문화창업공간 조성' 등 모두 16개 사업을 담았다. 2020년 거제시는 남해군과 함께 '청년 친화 도시'로 뽑혔다.

공유를 위한 창조가 사업 계획을 만드는 데 큰 역할을 했지만 사업을 집행하는 것은 어디까지나 거제시의 몫이다. 거제시는 청년정책네트워크라는 이름으로 거제의 청년 조직들을 묶어 시와 함께 거버넌스를 꾸려 운영하고 있는데, 공유를 위한 창조는 여기에 참여하지 않기로 했다. 공유를 위한 창조가 책임지기로 한 '청년 갭먼스 마을'과 '청년문화창업공간 조성'에 온전히 집중하고 싶어서다. 또 지역에서 오랫동안 애써 온 청년들이 혹여나 곱지 않은 눈길을 보낼까 봐 조심스럽기도 했다. 아직 거제 토박이들의 눈에 공유를 위한 창조는 '굴러온 돌'로 비칠지 모른다.

"겉으로 드러나진 않았지만 묵묵히 활동해 온 친구들이 있었는데 상대적으로 박탈감을 느낄 수도 있겠다는 생각이 문득 들었어요. 외지에서 들어와서 얼굴 안 보이는 데 없이 휘젓고 다니는 것처럼 보이고 싶지도 않았고요. 그건 우리들이 바라던 게 아니었거든요. 청년 거버넌스를 처음 만드는 자리라 오랫동안 활동해 온 친구들이 참여하는 게 낫겠다고 생각했어요." _ (박은진 대표)

청년문화창업공간은 장승포를 생활권으로 하는 청년들이 다양한 문화를 접하고 또 창업을 꿈꿀 수 있도록 돕는 공간 프로젝트로, 물리적 공간보다는 '공간을 활용한 프로그램'에 초점을 맞추었다. 거제에도 이런 공간들이 전혀 없는 것은 아니지만, 대개는 시청이 있는 중심가에 몰려 있어 차가 없는 장승포 청년들이 가려면 버스로 두 시간 가까이 걸린다. 공유를 위한 창조는 장승포의 가게들 가운데 청년이 직접 운영하고 있거나 청년 프로그램을 기획·운영할 수 있는 곳을 찾아내 청년창업문화공간으로 활용하도록 할 생각이다.

거제시는 아직 청년 사업 경험이 많지 않다. 이번 사업을 하면서 비로소 시의 시정혁신담당관 안에 청년정책계가 만들어졌다. 계는 실·국·과에 이은 우리나라 행정 조직의 가장 말단이다. 그만큼 청년 사업을 자신 있게 밀어붙이기 어려운 구조다. 박 대표는 시 공무원들이 늘 걱정 어린 눈빛으로 "이게 될까요?"라며 묻는다고 했다. 그럴 때마다 박 대표는 자신 있게 "된다."라고 답한다.

"우리가 봤을 때는 정말 될 것 같거든요. 왜냐하면 동네에서 만난 친구들이 다들 목말라 있으니까요. 뭐라도 하려면 부산까지 가야 하고, 그래서 거제를 떠나고 싶다고 말해요. 그래서 거제에서도 뭔가를 할 수 있게 만들면 얼마든지 사람들이 찾아올 거라고 본 거죠."

청년 동아리 50개를 뽑는 사업을 할 때도 시는 걱정이 많았지만 막상 뚜껑을 열어 보니 지원서가 50개 넘게 들어왔다. 시도 깜짝 놀랐다.

"물론, 모든 일이 다 기대만큼 잘될 수는 없겠죠. 큰돈이 들어간 청년 친화 도시 사업도 기대에 못 미칠 수 있어요. 하지만 그런 경험도 필요하다고 생각해요. 거제시에도, 또 참여하는 청년들에게도 시행착오는 필요하다고 봐요. 부산에서도 안 되는 일들 많이 겪어 봤거든요. 길게 보면 많은 일들을 겪어 봐야 배울 수 있죠."

박 대표는 청년정책계장을 만날 때마다 어렵게 모인 청년들과 계속 관계를 이어 가면서 서로를 연결시키는 일에 힘을 써 달라고 부탁한다. 그럴 때 이들 사이에서 시너지 효과가 폭발할 수 있다고 믿는다. 또 외부에서 들어오는 청년들에게 마음을 열어 달라고 하는 당부도 잊지 않는다.

[거제시의회 _김용운]

김용운 거제시 시의원(정의당)은 공유를 위한 창조의 든든한 지원자다. 그는 "공유를 위한 창조를 지켜보면서 젊은 사람들의 혁신적인 마인드와 열정을 보며 가슴이 설렜다."라고 했다. 행정안전부 '청년마을 만들기' 지원사업에 뽑혔다는 소식을 듣고는 곧바로 박은진 대표한테 전화를 걸어 "도울 일 있으면 뭐든 말씀 하이소."라며 힘을 실어주기도 했다.

김 의원은 장승포에서 태어나 대학 4년, 군복무 3년 그리고 직장생활 3년을 빼고는 줄곧 이곳에서 살았다. 대학에서 민주화운동을 했던 그는 졸업과 함께 고향으로 돌아와 민중당 거제시지구당에 들어갔다. 당이 해산되는 바람에 서울에서 고(故) 노회찬 의원이 이끌었던 진보정당추진위원회와 경실련 등에서 일을 하다가 다시 고향에서 '거제뉴스광장'이라는 인터넷 언론사를 차렸다. 고향 후배들이 제대로 월급도 받고 권력 눈치 안보며 기사 쓸 수 있는 언론사를 만들어 물려주는 것이 자신의 마지막 소명이라 여겼다. 그 즈음 지역 시의원이 세상을 떠나는 바람에 보궐선거를 치르게 되었고, 출마 제의를 받아 선거에 뛰어들었다. 보궐선거에는 떨어졌지만 바로 일 년 뒤에 치른 선거에서 당선되었다.

"도시재생 사업지로 선정되고 나서는, 어려서부터 봐온 섬사람들이 좀 억센 편이라 주민들끼리 토론이 잘 될까 걱정했어요. 그런데 생각보다는 협력이 잘 이루어지는 걸 보면서 마음이 놓였어요. 이 사업 하나로 갑자기 장승포가 확 달라지진 않겠지만 주민들끼리 협력의 중요성을 깨닫고 공동체를 복원해 나가는 첫 출발로서 의미가 있다고 봐요. 다만 걱정스러운 건 정부 지원이 끝난 뒤에 지속 가능한 경제 공동체를 어떻게 만들어갈 수 있을 것인가 하는 점이죠."

[경상남도 사회혁신추진단 _윤난실]

경남도는 처음 사회혁신추진단을 만들면서 초기 청년 사업의 씨를 뿌리고 싹을 틔우는 일을 맡았다. 윤난실 사회혁신추진단 단장이 책임을 맡았다. 윤 단장은 다른 광역지자체보다 일찍 만들어 둔 청년 조례와 기본 계획을 손본 뒤 중간지원조직 '청년센터 온나'를 만들었다.

"SK하이닉스 사례를 봐도 경북 구미를 비롯한 여러 지역들이 두 팔을 걷어붙이고 뛰어들었지만 기업은 처음부터 필요한 인재를 구하려면 수도권을 벗어나기 힘들다는 판단을 하고 있었어요. 그래서 지역에서 필요로 하는 인재를 지역 대학이 맞춤형으로 길러 내는 '지역 혁신 플랫폼' 구상을 교육부에 제안했고, 다행히 받아들여져서 광주와 함께 경남에서 두 곳이 뽑혔죠."

그다음으로 청년 정책을 18개 시군에 똑같이 나누지 않고 몇몇 곳을 뽑아 대안 모델을 실험해 보기로 했다. 그렇게 나온 것이 '청년친화도시' 사업이다. 2019년에 처음으로 남해와 거제가 뽑혀 2년(2020~2021년)에 걸쳐서 30억 원을 지원하기로 했다. 지난해에는 다시 밀양과 함안이 뽑혔다.

"적어도 네 곳은 해 봐야겠다고 생각했어요. 심사위원도 3분의 1은 청년으로 채웠어요. 또 기초 지자체들이 사업 계획을 만들 때 청년들하고 함께 짤 것을 요구했죠. 공무원들에겐 좀 낯선 방식일 수 있지만 그래도 다들 많은 관심을 보여 줬고, 기초 지자체가 새로운 시도를 해 볼 수 있게 동력을 제공했다는 점에서 의미가 있다고 생각해요."

청년 정책을 힘 있게 밀어붙이려면 여러 부처 사이의 협력이 필요하다는 생각에서 경남도와 시군의 주택, 일자리 문화 담당 부서들 그리고 청년 네트워크 등을 모아 '청년 정책 플랫폼'도 꾸렸다.

"플랫폼에 참여하라 하면 부서들이 일이 많아져서 싫어할 수도 있어요. 그래서 정책을 발굴하면 예산은 사회혁신추진단이 책임지고 확보하겠다고 했죠. 이런 식으로 부서 사이의 칸막이를 뛰어넘는 사업의 틀을 만든 건 다른 지역에서도 찾아보기 힘든 일이었다고 하더라고요."

또 '청년이 머물고 돌아오고 찾아오는 경남을 만들겠다'는 캐치프레이즈로 '청년 정책 추진단'을 꾸려 청년친화도시 사업을 뒷받침하도록 했다. 갈등도 없지 않았다고 한다. 가령, 첫해에 뽑힌 남해 '팜프라'와 거제 '공유를 위한 창조' 모두 경남 밖에서 온 청년들이다 보니 정작 경남에서 오랫동안 활동해 온 청년들이 볼멘소리를 냈던 것이다. 그래서 '사회 혁신 연속 토론회'를 열어 '로컬 크리에이터'나 '시민 자산화'처럼 아직 경남에서는 조금 낯선 개념들을 공론장에 올렸다. 그러다 김경수 지사가 초기 지원금을 넘어 성장에 투자할 수 있는 펀드를 만들자고 제안했다.

"누군가 지사님에게 그런 게 필요하다고 제안했고, 지사님이 저에게 검토를 맡겼죠. 그래서 법률을 검토했더니 「벤처투자법」이 있어서 20억 원 정도의 펀드를 조성할 수 있겠다고 판단했죠."

이렇게 만들어진 것이 22억 원 규모의 '경남 청년 임팩트 투자펀드 - 하모펀드'다. 거제시와 통영시를 비롯해 BNK경남은행, NH농협은행 경남본부, 한국사회가치연대기금, 센트랄, 한국항공우주산업 등이 출자했다. 어렵게 모은 펀드를 운영할 운영사로는 MYSC(엠와이소셜컴퍼니)와 경남창조경제혁신센터 컨소시엄이 뽑혔고, 공유를 위한 창조가 첫 번째 투자를 받았다.

[MYSC _박정호]

MYSC는 임팩트 투자사다. 로컬에 아무도 관심을 기울이지 않던 시절부터 전국을 다니면서 대학이나 기업들에서 서비스 디자인 워크숍을 맡아 진행했다. 돈이 안 되는 일이었지만 누군가는 해야 하는 일이라고 생각해서 부지런히 다녔다고 한다. 그사이 로컬에서도 창업이 눈에 띄게 늘었고, MYSC가 보기에 사회적 가치를 실현할 수 있을 만한 팀(기업)들도 눈에 들어왔다. 그러다 JDC(제주국제자유도시개발센터)와 함께 일을 하게 되면서 '해녀의 부엌', '카카오패밀리' 등 제주에서 활동하는 여러 팀들을 만나 투자도 했다. 박정호 MYSC CSO(최고지속가능성책임자)는 "그때의 팀들이 너무 괜찮았다.”라고 했다. 투자를 받은 기업들도 성장했지만 로컬 경제에 긍정적인 영향을 미치는 것을 보면서 MYSC도 경상도와 전라도로도 눈길을 돌리게 되었다.

박정호 CSO는 올해 10월이면 MYSC에서 일한 지 5년을 채우게 된다. 회사 안에서 ESG(환경, 사회, 지배구조)를 경영에 반영하도록 하는 역할을 맡고 있다. 경남창조경제혁신센터와 함께 경남도 투자펀드 운용에 참여하면서 줄곧 사업을 책임져 왔다. 한 달에 두세 번은 경남을 다녀온다고 한다.

“공유를 위한 창조는 커뮤니티의 중요성을 깊이 이해하고 있다는 점에서 여느 팀들과는 달랐어요. 도망갈 팀은 아니라는 믿음도 있었죠. 이른바 로컬 크리에이터는 기존의 투자 문법으로는 투자를 결정하기 어려운 부분이 많아요. 하지만 ‘꼭 성장곡선이 J커브를 그려야만 하는가?’라는 고민도 있어요. 회수할 수 있는 정도의 수익만 낸다면 투자해 볼 만하다고 생각해요.”

박 이사는 1~2년 안에 투자금을 회수하기는 힘들어도 자산화 계획이 있으니 사업이 활성화되면 자산 가격이 올라 회수 여력이 생긴다는 점도 중요하게 봤다고 했다. 그는 운영사로 뽑힌 뒤에도 행정을 이해시키는 데 시간이 좀 걸렸고, 빡빡한 행정 일정을 맞춰야 하는 경우도 더러 있어 어려웠다고 했다. 경남도가 처음 펀드를 조성할 때만 해도 지역 은행이나 기업들로부터 투자금을 모아야 했는데, 최근 도가 직접 투자할 수 있도록 법이 바뀌면서 자금 마련이 조금 쉬워진 점은 다행이라고 했다.

“로컬은 창업가가 뛰어난 데 반해 받쳐 줄 수 있는 인력이 부족해요. 로컬이 가진 약점이죠. 그걸 극복해 내는 팀이 성장한다고 할 수 있어요. 대표가 가진 역량을 뛰어넘으려면 당연히 좋은 팀이 필요하니까요.”

그는 전국 곳곳에 흩어져 있는 팀들끼리 연대하고 한 발 더 나아가 멤버십을 형성하는 것도 필요하다고 했다. 또 로컬의 좋은 팀들을 이어 주는 것도 MYSC가 해야 할 중요할 역할로 꼽았다. 서로 허심탄회하게 만나면 동질감도 느끼고, 함께할 수 있는 일들을 자연스럽게 찾아낸다는 것이다. 그래야 좋은 시너지를 낼 수 있다고 그는 믿는다.

지자체에서 어느 팀까지를 로컬 팀으로 받아들일 것인가도 고민해 볼 문제로 꼽았다. 가령, 수도권을 비롯한 다른 지역에서 온 팀에도 투자를 할 것인가 하는 문제다. 지자체 입장에서는 처음부터 로컬 출신의 팀을 발굴하고 성장하도록 뒷받침하기를 바랄 테고, 또 외부 팀이 투자금을 받고 얼마 못 가 다른 곳으로 가 버리는 것도 걱정스러울 수 있어서다. 그는 "규모를 키우고도 로컬에 뿌리를 두고 움직일 수 있도록 인프라를 비롯한 여건을 갖춰야 한다."라고 말했다.

거제에 필요한 세 가지 공간

공유를 위한 창조는 거제에 필요한 공간으로 세 가지를 꼽는다. 머무를 수 있는 주거 공간, 일할 수 있는 업(業) 공간 그리고 쉴 수 있는 여가 공간이 그것이다. 어느 곳이건 이 세 공간이 있어야 누구라도 뿌리내릴 수 있다고 믿는다. 이들은 적어도 장승포에 머물고 일하고 쉴 수 있는 공간까지 마련해 보고 싶다는 포부를 가지고 있다. 그렇게만 되면 나머지는 또 다른 이들이 와서 얼마든지 채울 수 있을 것이라 생각한다.

그래서 밖, 여가 그리고 거가에 이어 앞으로 나올 창업자들이 쓸 건물로 두 곳을 더 준비하고 있다. 장승포 곳곳에 있는, 잘 쓰이지 않는 행정시설들도 되살려 볼 생각이다. 그것이 공유를 위한 창조가 문을 연 목표이기도 하

장승포로에 없어서는 안 될 공간이 된 밧 ⓒ 공유를위한창조

다. 최근 거제시는 밧이 자리한 거제시 장승포로 거리에 청년문화거점공간 세 곳을 마련하고 공유를 위한 창조에 운영을 맡기기로 했다. 9월에 공사에 들어가 올해 안에 문을 연다.

"이들 공간에서 수익은 안 날 수도 있어요. 사람들을 계속 만나면서 우리가 바라는 방향으로 합의를 만들어 나가야 하는 어려운 과업일 수도 있다고 생각해요. 그래서 우리가 하기로 했어요." _ (박은진 대표)

공유를 위한 창조는 주식회사 커먼프로젝트를 세우고 '커먼즈 디벨로퍼(공유자원 개발자)'로서 또 다른 도전에 나섰다. '모두가 상생하는 커먼즈'를 만들어 내고 퍼뜨리는 것이 목표다. 박 대표는 이바구캠프 프로젝트를 진행할 때는 지자체가 방치된 공공시설의 운영을 맡기면서도 예산은 지원해 주지 않다 보니 돈을 벌어야 한다는 부담감에서 자유로울 수 없었다고 했다. 공간을 거점으로 마을의 공동체를 되살리려고 맡은 일이었지만 그러면서도 그 공간에서 수익을 창출해야 하니 늘 아슬아슬한 줄타기를 하는 심정이었다.

"조금 더 자유롭게, 정말 하고 싶은 일을 하면서 시설들을 연결해 보고 싶다는 생각이 간절했어요. 마침 장승포가 도시재생 활성화 지역으로 뽑혀서 곧 커뮤니티센터 같은 거점 시설들 두세 개가 만들어진다고 하니 우리가 만든 공간들과 새로 생길 공간들을 엮어 보기로 마음먹었죠. 그야말로 하나의 얼라이언스(동맹)가 만들어지지 않을까 기대해요."

시간이 흘러 마을에 사람도 늘고 공동체도 더 단단해지면 공유를 위한 창조가 맡고 있던 공간들을 다시 주민에게 넘겨 줄 생각도 가지고 있다. 박 대표는 언젠가 그런 날이 오기를 바란다고 했다. 거제로 온 지 2년이 다 되어 가는 지금, 공유를 위한 창조 식구들은 모두 이곳에 오기를 잘했다고 생각한다. 다른 누가 와도 비슷한 기분을 느낄 것이라는 믿음과 자신감은 여기에서 비롯된다. 공유를 위한 창조가 궁극적으로 바라는 것은 이런 삶의 방식들이 지역에 녹아들고 하나의 문화로 자리 잡음으로써 거제 장승포가 이러한 라이프스타일에 어울리는 사람들이 살고 싶은 곳으로 거듭나는 것이다.

공유를 위한 창조는 6월부터 진행한 아웃도어 아일랜드 프로젝트에 '로컬 쿠폰'을 도입했다. 침체된 동네 상권을 살리려는 생각도 있었지만 지역민들과 더 단단한 관계를 맺는 기회로 삼으려는 뜻도 담겼다. 로컬 생태계를 만들어 가는 차원에서 지역민들과 처음으로 해 보는 협업 프로젝트다. 10주 동안 거제살이를 할 청년들 스무 명에게 한 달 동안 쓸 8,000원짜리 쿠폰 25장을 나눠 주고 쿠폰을 받아 줄 가게들을 모았다. 처음에는 가게 여섯 곳에서 시작해 금세 30여 개로 늘었다. 가게 사장들끼리 참여를 독려하기도 하고 청년들이 밥을 먹으러 가서 직접 제안하기도 했다.

지역의 반응도 뜨겁다. 상인회도 없고, 오랫동안 같은 동네에서 가게를 하면서도 서로 잘 몰랐던 사장들이 설명회와 교육 프로그램에서 만나 새롭게 관계를 맺거나 서로 쿠폰을 쓰면서 더 가까워졌다. 박은진 대표는 "동네가 바뀌는 신기한 경험이었다."라며 그때를 떠올렸다. 올해 실험을 거쳐 내년에는 정부 지원 없이 스스로 쿠폰을 만들어 거제를 찾는 여행객들에게 실험을 이어 가 볼 생각이다.

아웃도어 아일랜드 프로젝트를 시작한 지 한 달쯤 지났을 무렵 박 대표는 SNS에 "이렇게 멋지고 재미난 친구들이 어떻게 모였는지 볼 때마다 감탄스럽다."라는 글을 남겼다. 한껏 행복해진 그 스무 명 덕에 덩달아 행복한 나날을 누리고 있다고.

"10주가 어떻게 흐를까 기대 반, 걱정 반이었는데 어느덧 한 달을 채워가고 있어요. 함께 밥을 먹고 대화를 나누며 서로 위안과 영감을 받고, 또 배움과 나눔을 경험하고 있어요…… 이들과 함께할 다음 걸음을 정말 치열하게 고민하고 있어요. 완전히 새로운 방식으로 지역에서 일하는 방법과 체계, 지역과 상생하는 방법 그리고 모두가 함께 잘 먹고 잘 사는 방법을 찾고 있어요. 우리의 상상이 여기 아웃도어 아일랜드에서 현실로 이루어지는 모습을 기대해 주세요."

10주를 보내고 거제를 '제2의 고향'이라고 말하는 청년들이 생겼고, 거제에 남아 새로운 길을 찾고 있는 이들도 있다. 몸은 떠났지만 틈날 때마다 다시 찾아오기도 한다. 아웃도어 아일랜드는 10주로 끝나지 않았다.

거제여자상업고등학교 댄스스포츠동아리 학생들의 이야기를 담은 다큐멘터리 영화 <땐뽀걸즈>에는 구조조정의 파고를 맞닥뜨린 거제 조선업과 함께 휘청거리는 거제의 현실이 곳곳에 숨어있다. 세상 부러울 것 없던 대기업 조선소 정규직에서 밀려난 아빠들과 다시 그 대기업 조선소에 들어가야만 하는 딸들의 이야기이기도 하다. 2017년에 개봉했으니 열여덟 살이던 학생들은 어느덧 스물을 훌쩍 넘겼을 것이다.

영화가 개봉한 뒤 몇몇은 정말 조선소에 취직했다는 소식도 들려왔다. 하지만 양승훈 경남대 사회학과 교수가 『중공업 가족의 유토피아』에서 "몇 개의 취업 용역 회사를 통해 조선소 파견직으로 2년을 근무하는 게 그녀들 커리어의 시작"이라고 한 말을 떠올리면 그 소식이 반갑지만도 않다. 만약 그때 그들에게 조선소나 공단에 취업하는 길 말고 또 다른 길이 있었다면 어땠을까. 다큐멘터리 영화를 보며 한참이나 늦은 생각을 해 봤다.

사회 혁신 조직의 생태계 [5]

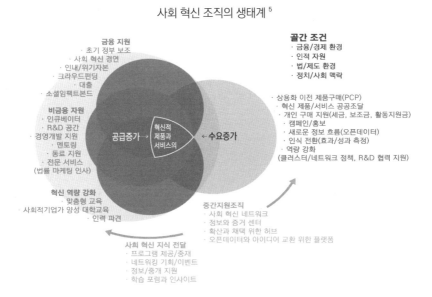

EU(유럽연합)이 지원한 사회 혁신 연구 프로젝트인 TEPSI는 소셜벤처와 같은 '사회 혁신 조직'이 성장하려면 생태계가 어떤 요소들을 갖춰야 하는지를 연구했다. 그림에서 보듯이, 혁신적 상품과 서비스의 공급을 늘리려면 초기 정부 보조와 사회 혁신 경연, 크라우드 펀딩과 소셜 임팩트 본드 같은 금융 지원, 인큐베이터와 R&D(연구 개발) 공간, 경영 개발 지원과 같은 비금융 지원 그리고 혁신 역량 강화를 위한 맞춤형 교육과 사회적 기업가

양성 대학 교육 등이 필요하다. 수요를 늘리려면 혁신 제품·서비스의 공공조달, 세금과 같은 개인구매 지원 그리고 역량 강화를 위한 클러스터·네트워크 정책이 필요하다. 사회 혁신 확산의 허브이자 아이디어 교환 플랫폼으로서 중간지원조직의 역할도 중요하다.

대부분 우리에게도 아주 없다고 보기는 어려운 것들이다. 문제는 균형과 조화다. 좋은 생태계란, 그 생태계를 이루는 여러 요소들이 균형과 조화를 이루며 유기적으로 맞물려 돌아가는 체계다. 어떤 것들이 넘치거나 모자라서도, 맞물려 돌아가야 할 것들이 따로 놀아서도 안 된다. 균형과 조화가 무너진 생태계는 오래 갈 수 없다.

독일 화학자 리비히(Liebig)의 이름을 딴 '리비히 최소량의 법칙'은 식물이 자라는 데 필요한 여러 원소들 가운데 어느 하나가 모자라면 다른 것들이 아무리 넘쳐나도 식물이 자랄 수 없다고 말한다. 다시 말해, 가장 적은 영양소가 식물의 성장을 결정(제한)한다는 것이다.

자연 생태계와 꼭 같다고 할 수는 없지만, 사회 문제를 해결하면서도 기업으로서 오래도록 살아남으려는 공유를 위한 창조 같은 혁신 기업들이 그런 노력에 걸맞은 응원을 받을 수 있는 생태계가 만들어지려면 눈에 보이는 지원에만 신경을 쓰기보다 어느 하나 모자란 게 없도록 세심하게 챙기려는 태도가 필요하다. 정부와 시장의 힘으로 해결하지 못하는 문제들을 앞장서 해결하려고 팔을 걷어붙인 기업(팀)들이 모자란 그 하나의 요소 때문에 못 견디고 나가떨어지는 일이 없도록 말이다.

소셜벤처와 로컬[6]

올해 소셜벤처의 정의와 체계적인 육성·지원 근거를 담은 「벤처기업육성에 관한 특별조치법」 일부 개정 법률안이 국회 본회의를 통과했다. 개정안은 소셜벤처를 '사회적 가치와 경제적 가치를 통합적으로 추구하는 기업'이라고 규정하면서 "중소벤처기업부 장관은 소셜벤처기업을 체계적으로 육성하고 지원하기 위해 실태조사를 실시할 수 있다."라는 내용을 담아 앞으로 체계적인 육성책 마련이 가능토록 했다.

중기부는 개정안 통과에 따라 시행령 및 고시 개정 등 후속 조치에 착수한 것으로 알려졌다. 아울러 소셜벤처가 창출하는 사회·경제적 효과인 '임팩트 가치'를 측정할 수 있는 체계를 수립해 평가지표를 객관화하고, 자금 지원을 위한 보증 규모도 확대하는 등 육성 기반 마련을 서두르고 있다.

「2020년 소셜벤처 실태조사」에 따르면, 2020년 현재 우리나라에는 1,509개의 소셜벤처가 있다. 이 가운데 실태조사에 참여한 소셜벤처는 모두 1,147개사였다. 1,147개사 소셜벤처 가운데 서울, 인천, 경기를 뺀 로컬에 본사를 둔 회사는 700개사로 전체의 46.4%를 차지했다. 일 년 사이 로컬 창업이 455개사에서 245개사로 늘어난 점이 눈에 띈다. 이들의 특징을 살펴보면, 로컬에서는 상대적으로 제조업의 비중이 높고 정보통신업 비중이 낮았다. 제조업 비중은 53.9~64.1%로 수도권(35.5%)의 약 두 배에 달한 반면, 정보통신업 비중은 수도권의 절반에 못 미쳤다.

수도권과 로컬 모두 해결하려는 사회문제로는 '일자리와 경제 성장'이 가장 높았고, '건강하고 행복한 삶 보장'과 '빈곤 해결, 사회안전망 확충' 등이 뒤를 이었다. 지역적 특성이 두드러지지는 않았다. 그러나 사회문제를 해결하려는 방법에서는 차이를 보였는데, 로컬은 '제품과 서비스 제공', '고용 촉진'이 많은 데 반해 수도권은 '플랫폼 운영'이 두 번째로 많았다. 소셜 임팩트 파급 영역을 묻는 질문에서는 로컬이 '국내'에 이어 '지역 공동체'를 꼽은 비중이 35~45%로 두 번째로 높았으나 수도권은 21.4%에 그쳐 세 번째로 꼽은 해외(20.0%)와 비슷했다.

현재 필요한 지원으로는 '자금'이란 답이 압도적으로 많았고, '판로 개척'과 '인력'이 뒤를 이었다. 창업기의 자금 조달 방법으로는 '자체 자금'이란 답이 가장 많았다. 2019년 자금 조달 평균 금액을 묻는 질문에는 수도권과 로컬 사이에 금액 차이가 컸는데, 수도권이 3.8억 원, 충청권이 0.9억 원이었다.

사회문제를 해결하려고 협력하는 기관이 어디인지를 묻는 질문에는 절반 가까이가 '없다'고 답해 사회문제를 해결하려는 소셜벤처가 기댈 인프라가 부족한 현실을 그대로 보여 줬다. 그나마 '정부/지자체'와 '사회적경제 기업'이 뒤를 이었다. 소셜벤처 업계에 대해서는 사회적 공감대가 높지 않은 것으로 인식하고 있었고, 기업들 스스로도 업계에 대한 신뢰가 높지 않은 것(5점 만점에 3.1~3.5점)으로 나타났다. 임팩트 투자를 유치할 때 어려운 점이 무엇인지를 묻는 질문에는 '경제적 가치 평가(입증)'와 '사회적 가치 평가(입증)'가 어렵다는 답이 모두 비슷하게 나왔다.

소셜벤처 업계에서 가장 먼저 개선해야 할 사항을 묻는 질문에는 '자금 지원 확대'가 모두 약 40%로 비슷하게 나왔고, '판로 개척'과 '소셜벤처에 대한 인식 개선'이 뒤를 이어 비슷한 비율로 나왔다. 중간지원조직의 역할을 묻는 질문에는 '창업자금 지원' 못지않게 '네트워크 구축 협력'이 높게 나왔다.

우리나라 첫 로컬 임팩트 펀드는 2018년 9월 8억 원 규모로 결성된 '크립톤-제주 액셀러레이팅 개인투자조합 1호'로 알려져 있다. 그 뒤로 지난 몇 년 사이 투자 규모는 꾸준히 늘어 2021년 현재 인천, 경남, 강원 등에서 로컬 임팩트 투자 펀드 규모는 352억 원에 이르는 것으로 추산되며, 지난해 말까지 누적 금액으로는 5,500억 원에 달한다. 여기에 금융기관과 공공기관 투자 규모도 연 6,000억 원에 달하니 적지 않은 규모다. 최근 기업이 사회에 미치는 긍정적·부정적 영향을 따져 투자 여부를 결정하는 이른바 ESG 경영이 화두로 떠오르면서 소셜 임팩트에 대한 관심도 늘고 있다.

하지만 투자 규모가 늘어나는 것이 꼭 좋은 것만은 아니다. 처음부터 투자를 받으려고 소셜벤처로 그럴듯하게 포장하거나 창업 때의 첫 마음을 잃어버리는 일도 적지 않다. 도현명 임팩트스퀘어 대표도 이런 점을 걱정한다.

"10여 년 전 창업했을 때만 해도 이 바닥에 돈이 없어서 들어오면 다 진짜였어요. 그런데 지금은 정부나 기업이 돈을 많이 풀다 보니 가짜가 정말 많아요. 문제는 말을 그럴듯하게 하고 언론에서 조명을 받다 보면 사회적 가치와 상관없이 정말 그렇다고 여겨진다는 점이죠. 그게 워싱(세탁)이에요. 생태계가 올바른 생각을 가지고 움직이고 있으면 그런 기업들이 잠깐 반짝하더라도 장기적으로는 밀려나는데, 이 생태계가 좀 낭만적이고 나이브한 편이다 보니까 아직은 그런 자정작용이 잘 일어나지 않아요."

도 대표는 소셜벤처들이 사회문제를 해결하는 과정과 결과가 곧 회사의 경쟁력이 되도록 비즈니스 전략 모델을 짜야 한다는 점을 강조했다. 그래야 무슨 일이 있어도 사회적 가치를 포기하지 않는다는 것이다. 사회적 가치를 포기하는 순간 경쟁력도 잃어 버리기 때문이다. 돈을 벌어서 아주 조금 사회적 가치를 추구하는 데 쓰고 나머지는 돈 버는 데 쓰면 곧 사회적 가치를 포기하게 된다는 것이 그의 생각이다. 그만큼 돈이 끌어 당기는 힘이 세다는 뜻이기도 하다. 또 로컬에 돈이 몰리면서 인큐베이팅을 받은 뒤 시리즈A 투자(15~20억 원)를 받기 전까지 1~5억 원 사이의 투자를 해 줄 만한 투자사들이 사라진 것도 문제로 꼽았다.

"원래는 민간 투자자들이 돈이 많지 않아서 여기(1억~5억 원 사이의 초기 투자)에 다 몰려 있었는데, 정부가 들어와서 5,500억 원 규모의 펀드를 만들다 보니 투자자들도 이 펀드에 돈을 태우면서 다 시리즈A로 넘어갔어요. 수수료 베이스로 돈을 벌기 때문에 펀드 규모가 커야 투자사들이 돈을 벌거든요. 그러다 보니까 투자를 받아 성장하는 소셜벤처의 수는 오히려 더 줄어들고 있어요."

한상엽 소풍벤처스 대표는 관점 투자를 중요하게 여긴다. 우리나라에서 처음으로 젠더 관점의 투자를 제시한 것도 소풍벤처스다. 그는 관점 투자를 '투자 과정에서 어떤 시각과 입장으로 투자를 할 것인가의 문제'라고 설명했다. 가령, 젠더 관점의 투자는 "여성 기업을 무조건 우대하겠다는 건 일차원적이고, 더 넓게 보면 투자 과정에서 성별, 나이, 지역, 성적 지향성 같은 것들보다 문제를 얼마나 잘 해결할 수 있는가 하는 본질에 조금 더 집중하자는 의미가 크다."면서 "그럴 때 어떤 창업자든 편견 없이 있는 그대로를 볼 수 있고, 그래야만 더 혁신적인 시도들이 우리 사회에 많아질 거라고 본다."라고 강조했다. 최근에는 '로컬 관점의 투자'를 정립하고 있다.

"로컬 투자는 서울, 수도권 투자와는 맥락이나 사용 방식이 많이 달라요. 로컬 투자는 우리의 접근이 지역사회에 어떻게 자산으로 남을 수 있는지, 또 지역 자본이 얼마나 들어와 있는지, 회수했을 때 다시 지역으로 얼마나 돌아갈 수 있는지, 지역 인재들은 얼마나 주체적으로 참여하는지 등을 살펴요. 가령, 지역 금융도 객체로서가 아니라 주체적으로 작업에 함께할 수 있기를 기대하죠."

그는 임팩트 펀드가 다양해지려면 출자자도 다양해야 하는데, 아직 우리나라에서는 출자자 다양성이 한참 떨어진다는 점을 한계로 꼽았다. 아직은 임팩트 펀드 중에 만기가 돌아와 제대로 실적을 보여 준 사례가 없어서다. 그러다 보니 출자자들도 반신반의한다는 것이다. 그는 "투자사들도 '첫 번째 투자조합은 무조건 성공해야 그다음이 있다.'라는 생각을 가질 수밖에 없으니 당연히 임팩트를 모호하거나 브로

드하게 해석을 해서라도 좋은 성과를 내는 창업팀을 담아야 하는 시기"라고 했다.

또 그는 생태계의 최소 투자 기준을 마련하려면 임팩트 투자만을 업으로 하는 투자사들끼리 모여 함께 투자 기준을 만들어야 한다는 생각도 가지고 있다. 생각만큼 생태계 안에서 투자 기준이나 시각 차이를 두고 토론이 이뤄지지 않고 있어 아쉽다고도 했다.

소풍벤처스는 최근 강원도로 본사를 옮겼다. 준비 기간을 거쳐 올해 1월부터 본격적으로 로컬 투자를 시작했다.

"기본적으로 생태계가 조성되려면 여러 플레이어들이 각자의 역할을 잘하는 가운데 유기적으로 협력해야 한다고 봐요. 로컬 관점에서는 다양성이 필요하고, 그러려면 다양한 플레이어들이 와서 활동할 수 있는 판이 마련되거나 자금이 풍족해야 하죠. 또 지역에서 혁신을 만들어 보겠다는 창업자가 있으면 각각의 상황에 맞는 지원 체계가 역으로 설계되어야 하고, 그러려면 그걸 설계할 수 있는 역량 있는 인큐베이터, 창업지원기관의 담당 매니저, 또 투자자들이 함께 머리를 맞대고 논의해야 해요."

1. 양승훈(2019). 중공업 가족의 유토피아. 오월의 봄.
2. 김동인(2019. 10. 28.). 시사인. '빈집'에 울려 퍼지는 지방도시의 신음.
3. 돈보다 사회적 가치를 앞세우는 기업을 'Social Enterprise'라고 부른다. 우리말로 하면 '사회적 기업'인데, 외국과 달리 우리나라는 인증제를 두고 있어 '사회적 기업'이란 말을 함부로 쓸 수 없다. 그래서 번거로운 인증 절차를 거부하고 스스로를 '소셜벤처(Social Venture)'라고 부르는 기업도 많다. '사회적 가치를 추구하는 신생 기업'이란 뜻이지만, 성장을 목표로 대담한(venturous) 도전도 마다하지 않는다는 점을 강조한 말이기도 하다. 중소기업연구원은 소셜벤처를 사회적 기업과 다르게 '기업가적 속성'을 지닌 기업으로 본다. 그러니까 사회적 기업은 기업가적 속성이 부족하거나 성장성이 약하다는 뜻이기도 하다. "성장성이 부족한 사회적 기업 그리고 경제적 이윤만을 추구하는 벤처기업의 한계를 보완하는 개념"으로 보는 것이다. 하지만 사회적 기업이 성장성이 약하다는 생각은 편견일 뿐이라는 입장도 있다.
4. 공유를 위한 창조 블로그(https://blog.naver.com/cre4sharing).
5. TEPSIE, 'Social Innovation Theory and Research: A Summary of the Findings from TEPSIE.' A deliverable of the project: "The theoretical, empirical and policy foundations for building social innovation in Europe" (TEPSIE), European Commission – 7th Framework Programme, Brussels: European Commission, DG Research
6. 2021년 6월 10일 연세대학교 국제학연구소가 주최한 '전환기의 지역 기업 생태계 세미나'에서 발표한 자료를 바탕으로 작성하였음.

세석산장

장평동

장승포동

공동체 속으로 스며들어
도시에 활기를 불어넣는 공간의 힘

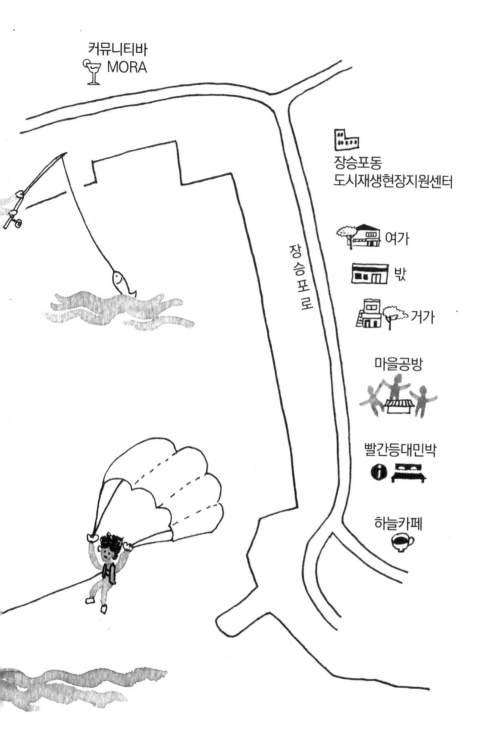

커뮤니티바
MORA

장승포동
도시재생현장지원센터

여가

밧

거가

마을공방

빨간등대민박

하늘카페

장승포로

로컬이 로컬을 살리는

충북 로컬 크리에이터 생태계

_ 충북 청주, 충주, 괴산

(심병철 충북창조경제혁신센터 책임연구원)

지역에 혁신 창업 생태계를 조성하는 숙제를 안고 전국에 설립한 창조경제혁신센터는 지역마다 특화된 산업을 집중 육성하였다. 충청북도창조경제혁신센터(이하 센터)도 특화 산업인 바이오, 뷰티, 의료기기 분야에 지원을 집중해왔다. 특화 산업에 맞춤 지원을 하는 틀을 갖추고 성과를 창출해내며 그 지원 효과를 증명해가던 즈음에 새로운 영역으로의 확대를 통한 혁신을 모색하게 되었다. 지역 창업을 활성화해야 한다는 부담을 가지고 있던 센터는 미래 전략의 하나로 '지역 혁신 창업'을 고려하게 되었다.

먼저 지역 창업에서 좋은 성과를 내고 있는 다른 창조경제혁신센터의 상황을 살펴보는 것으로 시작했다. 2018년 당시 센터장이던 윤준원 (전) 센터장과 함께 강원도 춘천과 평창의 창업자들을 만나 그들의 창업가정신과 현재의 활동 그리고 정부의 지원 내용 등을 면밀히 살펴보고 분석했다. 그때 만난 혁신 창업가들이 춘천의 '제일약방' 심중섭 대표, '감자밭'(당시 핑크세레스)' 이미소 대표 그리고 평창 '브레드메밀' 최효주 대표 등이다. 그들을 만나보니 지난 10여 년간 만났던 창업자들과는 무언가 달랐다. 업무보고 자료에는 이런 인터뷰 기록이 남아 있었다.

"일단 내가 나고 자란 지역에서 만족스럽게(재미있게) 살아가고 싶은 것이 첫 번째고…… 나와 같은 생각을 가진 친구들이 지역에 의외로 많아서 함께 고민하고 소통하는 데서 기회를 찾을 수 있었습니다. 그리고 마지막으로 그렇게 만난 사람들과 함께 상상했던 재미있는 일들을 하나씩 해내는 것이 좋았습니다."

당시 만났던 창업자들은 공통적으로, 지역에서 더 즐겁게 살아가고 싶고, 나와 같은 생각을 가진 사람들과 끊임없이 소통하고 싶다고 말했다. 또 어떤 아이템으로 창업을 했든 스스로를 보통의 창업자가 아니라 '창조적 기획자'라고 여기고 있었다. 그때는 미처 몰랐지만 시간이 지나고 나니 그들은 일반적 성공법칙을 따르지 않고 있었고, 본인의 만족에 더 큰 무게를 두고 있었다. 로컬 크리에이터들의 특성이라고 할 수 있는 것들이다.

그 뒤로도 수차례 강원도 곳곳의 창업자들을 만났고, 한 발 더 나아가 SNS를 통해 전국 곳곳의 혁신 창업가들과 관계를 맺어갔다. 당장 지원해야 할 대상을 찾기보다는 지원 대상의 특성에 맞는 지원 사업을 준비하기 위해 공부하는 학생의 마음가짐으로 다가갔다.

벌써 전국적으로 그런 혁신 창업가들을 관심 있게 바라보는 움직임이 있었다. '지역 혁신가', '혁신적 소상공인' 등 다양한 이름으로 부르고 있기도 했다. 뒤늦게 사업을 준비하는 상황에서 그들을 새롭게 정의하기보다는 이미 많은 연구를 해온 연구자와 관련 기관의 도움을 받기로 했다. 모종린 연세대학교 국제학대학원 교수, 윤주선 건축공간연구원 부연구위원 그리고 김혁주 비로컬(Belocal) 대표 등이었다. 충북에서 로컬 크리에이터 생태계가 만들어지고 충북만의 특징을 유지하면서 목표를 향해 나아갈 수 있었던 데는 이들의 도움이 컸다.

믿음을 확신으로, 파일럿 사업

강원도를 비롯해 전국 곳곳에서 일어나는 현상의 핵심에 '사람'과 '연결'이 있다는 점을 깨달았다. 우리 지역에도 다른 곳 못지않게 충북을 사랑하고, 끊임없이 소통하면서 연결을 만들어내고, 또 창의적 창업 활동을 통해 지역에 긍정적 시너지 효과를 일으키고 있는 이들이 있을 것이라 생각했다. 그래서 이들을 찾아보는 파일럿 사업을 준비했다. 센터에 남아있는 예산들을 끌어 모아 급하게 준비한 사업이었지만, 강원에서 얻은 영감을 해가 가기 전에 어떻게든 지역 안에서 펼쳐 보이고 싶었다.

하지만 그때부터가 시련의 시작이었다. 아직 정의조차 명확하지 않은 창업자를 찾는 일은 쉽지 않았다. 모집공고를 보고 찾아온 이들은 대부분 비기술창업 분야의 청년 창업자들이거나 영상 크리에이터들이었다.

이대로는 안 되겠다고 생각해서 다시 SNS와 인터넷을 뒤져가면서 '지역 혁신가'들을 발굴했다. 문화콘텐츠 창업자, 예술가, 청년 농부, 독립서점 운영자, 지역 활동가 등 다양한 분야에서 적임자들을 찾아 나섰다. 나이나 업력, 업종 그리고 창업 여부는 중요한 고려항목이 아니었다. 지금도 센터의 로컬 크리에이터 사업을 기획할 때 창업자의 나이와 업력, 업종에는 제한을 두지 않고 있다. 다만 파일럿 사업 이후에는 지원 효과를 극대화하기 위해 기창업자로 제한하고 있다. 그렇게 충북 전역을 돌면서 7명의 예비 지역 혁신가들을 모아 사업을 시작할 수 있었다.

사업이 시작된 이후에도 지역 혁신가들을 찾는 일은 멈추지 않았다. 하지만 어렵게 만난 이들 대부분은 지원 사업의 취지를 제대로 이해하지 못했다. 그래서 설명하고 설득하는 작업을 수없이 반복할 수밖에 없었다. 공공기관의 지원에 대해 부정적인 시각을 가진 이들도 많았다. 콧대 높은 공공기관의 지원 담당자가 와서 먼저 만나자고 하니 갑질을 예상했던 창업가들은 나를 사기꾼으로 의심하거나 혹여 이용이나 당하지 않을까 경계를 늦추지 않았다. 문전박대를 당한 적도 있고 몇 시간 동안 이유도 모른 채 훈계를 들어야 했던 적도 있었다. 속상하고 당황스러웠다. 하지만 일부러 기관명이 없는 명함을 따로 준비해가기도 하고, 내 이야기를 꺼내기 전에 그들의 이야기를 먼저 들어주면서 한 발 한 발 다가갔다.

아마도 지역에서 남들과 다른 방식으로 창업을 하고 기업가치 만큼이나 자신의 라이프스타일과 삶의 질에도 큰 비중을 두는 창업자들에게는 말 못할 시련이 있었을 것이다. 적어도 내가 이해하는 지역 혁신가들은 비즈니스 성공 법칙에 따라 창업의 터전을 정하고, 아이템을 마련하고, 비즈니스 모델을 확립하고, 정해진 시기에 투자를 받는 창업의 당연한 단계가 부담스러웠을 것이다. 그래서 주변의 불편한 시선과 저주에 가까운 질타도 받아왔을 것이다. 그렇게 공공의 지원 사업과 멀어지면서 자신만의 방식과 속도에 맞춰 세간의 관심 밖에서 사업을 영위해 왔을 것이다. 지금은 그런 마음을 충분히 이해한다.

2018년 파일럿 사업을 간단히 설명하면, 창업자들은 주로 충북의 대표 도시인 청주와 충주를 중심으로 양조장, 청년농부, 독립 책방, 천연염색(제조), 폐 의류 업사이클링(코워킹 스페이스), 샐러드 새벽 배송(유통), 로컬 관광 게임콘텐츠(IT) 등 다양한 업종이 망라되었다. 업력은 다양했고, 예비 창업자도 한 명이 참여했다. 아직 창업자들 스스로의 목표가 명확하지 않은 상황이었기 때문에 함께 목표를 세우고 그 목표에 따라 성장을 뒷받침할 경영 컨설팅과 지원금을 제공했다. 지원 기간이 모두 끝난 뒤에는 경영 컨설팅을 했던 멘토와 센터 식구들 앞에서 지난 몇 달간 완성한 최종 사업계획서를 발표하도록 했다.

아직 정의도 모호한 지역 혁신가들에게 적지 않은 지원금을 조건 없이 제공하는 데 대한 우려도 있었다. 또 이들의 창업가정신을 명확하게 이해하지 못하는 가운데 효율성을 강조하는 비즈니스 모델을 적용하려 드는 것도 무리였다. 게다가 그렇게 완성한 사업계획을 실행하는 일은 전적으로 창업자의 의지에 맡길 수밖에 없었다. 결국 유일한 예비 창업자의 사업계획은 예산 부족 등의 이유로 세상에 나올 기회를 얻지 못했다.

정리하면 충북에서의 지역 혁신가 지원 사업의 지향점은, 지역을 사랑하고, 소통을 통해 주변의 창업자와 연결되면서 함께 시너지 효과를 내는 창업자를 지원함으로써 이들이 성장하고 골목길과 도시에 더 많은 긍정적 효과를 낼 수 있도록 하는 데에 있다.

테스트 사업이 완료된 2018년 겨울, 제주에서 열린 'J-Connect Day'는 강원에서 얻은 영감과 더불어 사업 방향을 정하는 데 중요한 영향을 준 행사였다. 해마다 제주창조경제혁신센터가 주최하는 이 행사는 전국에서 활동하는 지역 혁신가를 발굴하고, 이들을 한자리에 모아서 연결하는 행사다. 그동안 만나고 싶었던 지역 혁신가들을 한자리에서 만날 수 있는 더없이 좋은 기회였다. 이 자리에서 기대했던 것 이상으로 훌륭한 창업가들을 만나 소중한 이야기를 나눴다. 또 인연을 이어가며 충북의 상황을 나누고 도움을 받을 수 있었다.

이듬해 J-Connect Day에는 영광스럽게도 내가 지역 혁신가로 선정되어 정식으로 초대를 받았다. 이 자리를 통해 일 년 사이 충북에서 얼마나 많은 변화가 있었는지를 돌아보고 확인할 수 있었다. 또 얼마나 많은 이들과 새롭게 연결이 되었는지, 그들과 얼마나 유의미한 활동을 벌였는지 그리고 충북의 지원 사업이 어느 정도 무르익었는지를 직접 눈으로 확인할 수 있었다.

2018년은 충북의 지역 혁신가의 존재를 확인하고, 이들을 지원하고 육성해야 할 필요성을 절감한 해였다. 향후 바이오, 뷰티, 의료기기 등 특성화 분야의 기술창업과 더불어 로컬 크리에이터라는 비기술창업의 또 다른 전략 축을 세우는 토대가 되었다.

충북을 깨우는 로컬 크리에이터

2018년 파일럿 사업을 거치면서 지역의 혁신적 창업가들이 지역의 거점으로 자리매김하고, 이들이 주변의 다른 창업가들과 연결되면서 함께 성

충청북도 인구는 약 160만 명. 이 가운데 청주시 인구가 84만 명으로 절반이 넘는다. ⓒ 충북창조경제혁신센터

장할 수 있다는 사실을 확인했다. 이를 기반으로 더 많은, 더 다양한 창업자들을 발굴하고 교육해 성장할 수 있도록 해야 한다는 목표로 2019년 3월, 충북의 로컬 크리에이터 사업이 처음으로 닻을 올렸다. 이름 하여 '로컬 크리에이터, 충북을 깨우다'였다. 이때부터 지역 혁신가를 '로컬 크리에이터'로 통일해서 부르기로 했다.

이제 충북도 본격적으로 '로컬 크리에이터 앵커 창업자'를 발굴하고, 교육을 통해 역량을 강화하는 한편, 이들을 하나의 네트워크로 연결하는 작업에 나섰다. 지역마다 연결된 로컬 크리에이터들이 그룹을 이루고, 이렇게 모인 그룹들이 다시 더 크게 연결되면서 충북 전역이 하나의 로컬 생태계를 이루도록 하겠다는 큰 목표도 세웠다. 그러려면 먼저 발굴한 혁신 창업가들이 앵커기업으로서 각자의 지역에서 긍정적 영향을 미칠 수 있도록 하는 게 급선무였다.

하지만 사업을 진행하면서 의문이 들기 시작했다. '과연 로컬 크리에이터가 교육을 통해 육성될 수 있는가?' 하는 의문이었다. 그때부터 로컬 크리에이터의 속성에 대하여 고민하기 시작했다. 로컬 크리에이터는 수익창출의 극대화를 앞세우는 일반적 창업자와 추구하는 지향점에 차이가 있지만, 그렇다고 사회적 가치와 공공의 이익만을 추구하는 창업가도 아니었다.

또 지향하는 라이프스타일을 따라 비즈니스의 성공법칙을 따르기보다는 대개 순서 없이 단계들을 밟아 나아가기도 했다.

이런 문제의식에서 다시 모종린 교수를 찾아가 충북의 로컬 생태계를 분석해보고 싶다고 이야기했다. 모 교수는 연구팀과 함께 충북의 대표 권역에 대한 조사와 분석을 진행했고, 충북이 가진 특성과 충북 로컬 크리에이터의 특징을 살펴볼 수 있게 도움을 줬다. 연구를 통해 충북의 로컬 크리에이터 생태계는 아직 초기 단계이고, 충북의 지역성이 반영되어 충북의 생태계는 두드러지지 않게 조용히 그리고 천천히 성장하고 있다는 것을 알 수 있었다. 충북만이 가진 특징이 뚜렷하게 나타나지는 않았지만 충북 로컬 크리에이터 생태계를 만들어가는 데 기초가 되는 연구였던 것은 분명하다. 이러한 연구를 토대로 더 구체적인 지원 방향을 수립할 수 있었다.

그 즈음 로컬 크리에이터들이 모두 한자리에 모이는 '로컬 크리에이터 페스타'에 운영위원으로 참여하게 되었다. 전국의 모든 창조경제혁신센터가 참여하는 자리였다. 행사의 계획을 설명하고 전국 센터들의 공감대를 구하는 자리에서 그동안 충북센터가 해온 활동과 고민을 발표하는 기회가 주어졌다. 이를 계기로 로컬 크리에이터의 속성과 발생 배경에 대해 공부를 시작하게 되었다.

로컬 크리에이터는 밀레니얼 세대가 가진 특징을 그대로 가지고 창업한 창업자이거나 밀레니얼 세대를 잘 이해하고 이를 비즈니스에 반영한 선배 창업자들이다. 그래서 로컬 크리에이터를 이해하기 위해서는 밀레니얼 세대에 대한 이해가 필요하다. 밀레니얼 세대의 특징을 그들이 쓰는 신조어를 빌어 살펴보면, '가격에 비해 성능이 좋다.'는 뜻의 '가성비'를 넘어서 '가격과 상관없이 가치 있는 소비를 통해 만족감을 얻는 것이 중요하다.'는 뜻의 '나심비'를 중요하게 여긴다.

그러다보니 로컬 크리에이터가 창업한 공간에는 간판도 없고, 손쉽게 찾을 수 없는 곳에 있고, 새 건물보다 의미있는 유휴공간을 재생한 곳이고, 결코 편리하거나 쉽지 않은 시스템을 가지고 있다. 그럼에도 아이템에 진정성이 투영되고, 정성이 가득하고, 재미있으며 숨은 스토리를 가지고 있다. 그밖에도 수많은 가치를 가지고 창업하기 때문에 밀레니얼 세대들은 이런 곳들을 찾아오고, 응원하고 지지하면서 스스로 팬이자 동반자임을 자처하게 된다. 이른바 팬덤이 형성되는 것이다.

그 뿐만이 아니다. 밀레니얼 세대가 겪은 시대 상황도 이 세대가 가진 특징을 만드는 데 일조한다. 바로 '의심'이고 '불만'이다. 우리나라 뿐 아니라 전 세계적으로 밀레니얼 세대에게는 비교적 기회가 균등하게 주어지지 않았고, 인풋(input) 대비 아웃풋(output)에 대체로 만족할 수 없는 상황이 늘어갔다.

또한 기성세대가 만들어 놓은 부정적 결과를 감당해야 하는 부당함을 안고 태어나기도 했다. 기성세대가 환경보호 캠페인을 하고 표어를 짓고 포스터를 그렸다면, 밀레니얼 세대는 등교를 거부하고 국제행사에서 기성세대의 우유부단함을 거칠게 비난한다. 그리고 연대하여 적극적으로 행동한다. 이러한 현상을 버릇없고 대책 없고 무자비하다고 생각하면 안 되는 이유는, 이러한 움직임들이 결국은 기존 문제들에 기성세대가 소극적으로 대처하거나 방치해온 탓에 악화될 대로 악화돼버린 환경 문제에 맞서 미래세대가 선택할 수밖에 없게 된, 이유 있는 불만에서 비롯되었기 때문이다. 이러한 특징들을 로컬 크리에이터에게서도 찾을 수 있다. 정부의 지원 사업에 기본적으로 부정적이거나 공공의 활동에 부정적인 의심을 가지고 있는 모습이 그러하다.

2019년 한해를 거치면서 로컬 크리에이터의 발굴 및 육성, 네트워킹 사업을 통해 충북에 숨은 로컬 크리에이터들이 정말 많이 존재하며, 이들이 각자의 지역에서 의미 있는 활동을 해오고 있다는 것을 확인했다. 이들을 하나로 연결하는 역할이 중요하다는 것도 다시금 확인할 수 있었다. 여기에 더해 로컬 크리에이터를 돕는 역량 강화 교육의 방식은 달라야 한다는 것도 깨달았다. 현재 충북 로컬 크리에이터 지원 사업에서는 교육 커리큘럼이 빠지고, 생태계 네트워킹을 통한 상호교육(peer learning)을 더 강조하고 있다.

로컬 크리에이터, 산업이 되다

'로컬 크리에이터 페스타'를 통해 전국의 창조경제혁신센터들이 비기술 창업 분야의 프로그램에 조금 더 관심을 가지게 되었다면, 이를 극대화 시킨 계기는 중소벤처기업부의 '지역기반 로컬 크리에이터 활성화 지원' 사업이었다. 이 사업을 전국의 창조경제혁신센터가 주관하게 되었다. 처음 이 사업의 방향은 로컬 크리에이터를 스타트업 방식으로 지원하는 것이었다. 우수 로컬 크리에이터를 선발해서 지원금을 주고 성장할 수 있도록 지원함으로써 효과를 극대화하려는 일반적인 기획이었다. 하지만 사업을 설명하는 자리에서 나는 로컬 크리에이터의 특수성이 사업에 반영되지 않았고, 로컬 크리에이터 전체를 아우르기에는 지원 범위가 제한적이라는 우려를 전달했다.

로컬 크리에이터는 '연결'을 통해 서로 긍정적인 시너지 효과를 일으키면서 함께 성장한다. 그리고 그런 가운데 지역에 새로운 활기를 불어넣게 된다. 그런데 7년 미만의 초기 창업자나 39세 미만의 청년만을 대상으로 하게 되면 울타리 밖으로 밀려나는 이들이 많을 수밖에 없다. 혹여 막대한 자금을 풀어 이미 조금씩 형성돼가고 있는 생태계를 무너뜨리는 최악의 결과를 낳게 되지나 않을까 걱정스러웠다. 다행히 사업은 코로나19 상황과

충북창조경제혁신센터는 연결과 협력을 강조한다. ⓒ 충북창조경제혁신센터

맞물려 높은 경쟁률을 기록하며 히트를 쳤다. 업종과 나이 제한도 사라졌고, 선발 권한도 창조경제혁신센터에 일임했다.

지난 2018년부터 센터는 로컬 크리에이터를 분석하고, 발굴하고, 역량 강화를 통해 기능을 확대하기 위한 지원을 해왔다. 그런데 여러 지원 가운데 가장 큰 효과를 발휘한 것은 의외로 '네트워킹'이었다. 2019년 초, 지원 사업에 참여한 로컬 크리에이터들에게 충북도 훌륭한 골목길이 있고, 또 지역에 새로운 활기를 불어넣는 훌륭한 로컬 크리에이터들이 있다는 것을 직접 보여주고 싶어서 '로컬 인사이트 트립'이라는 상생 네트워킹 프로그램을 시작했다. 첫 번째로 찾아간 곳은 충북 청주의 성안길(소나무길)과 대성로122번길(향교길, 향리단길)이었다.

2018~2019년 함께 활동하고 있는 로컬 크리에이터들이 한자리에 모여 영감과 용기를 주는 사례들을 직접 눈으로 확인하면서 참여자들은 기대했던 것보다 더 많은 인사이트와 용기를 얻었다. 각자가 활동하는 지역에서만 시너지 효과를 내다가 같은 결을 가진 로컬 크리에이터와 골목길을 알게 되고, 그들과 더 넓게 관계를 맺으며 이미 겪었던, 또 앞으로 겪게 될 상황에 대해 진정성 있는 대화를 나눌 수 있었기 때문이다.

충북을 넘어 전국의 로컬 생태계도 방문했는데, 2019년에는 서울 연남·연희동, 강원 동해라인, 제주 등을 다녀왔고, 2020년에는 서울 후암동과 충북 충주, 경남, 부산 등을 돌아봤다. 그렇게 매년 4회 이상 로컬 인사이트 트립을 진행했는데, 그때마다 입소문을 타고 모집과 동시에 마감이 될 만큼 인기를 끌었고 여러 언론에도 소개되었다.

네트워크 활성화의 효과만은 아니겠지만 이후 의외의 로컬 크리에이터 유입이 이어졌을 뿐 아니라 센터의 지원과는 상관없이 함께 소통하는 이들의 수가 기하급수적으로 늘어갔다. 로컬 크리에이터에 대한 사회의 관심이 높아지고, 정부의 지원이 늘어난 탓도 있었겠지만, 그보다는 충북 로컬 크리에이터 생태계의 다양한 활동에 매력을 느꼈기 때문이라 생각한다.

충북 로컬 생태계 안에서는 서로 다른 업종 간 '협업 비즈니스 커뮤니티'가 활발하게 움직이고 있고, 이를 통해 새로운 협업들이 자연스럽게 만들어지고 있다. 처음 가지고 있던 비즈니스 모델에 새로운 모델이 더해지거나 기존 모델이 업그레이드 되는 긍정적 변화도 어렵지 않게 찾아볼 수 있다. 스타트업 혁신 성장의 하나의 방법인 피봇(pivot)이 활발하게 일어나고 있는 것이다.

타부처와 주변 유관 기관, 지방정부, 민간 대·중소기업이 보이는 관심은 또 다른 변화다. 기존에 없던 주체의 탄생이 아니라 세대 변화에 따라 그들의 특성이 반영된 '변화의 주체'로 로컬 크리에이터를 보기 때문에 당연히 기존의 도시재생, 소상공인, 스타트업, 여성창업, 청년창업, 문화콘텐츠기업, 사회적기업, 소셜벤처, 활동가 그룹, 예술가 그룹 등 정말 다양한 분야가 교집합의 대상이 된다.

그러나 이들 대부분의 지원은 탄생, 활동, 성장에 대한 지원이지 생태계를 목표로 한 지원이 아니었기 때문에 커뮤니티를 활성화하기 위한 지원은 찾아보기 힘들다. 그러다보니 지원 대상은 상당 부분 겹치면서도 서로 지원 범주를 넘나들 수는 없다. 가령, 청년농부가 지구 환경 변화를 현장의 에피소드로 담은 영상 콘텐츠를 쌓아가고, 예술가집단이 지역소멸에 맞서 균형 발전을 이루려는 노력을 공연으로 풀어내기 시작했다. 달동네 고령화 문제와 빈집 문제를 해결하고자 숙박업을 시작한 커피숍도 있다.

　이런 움직임을 촉진하는 데에 로컬 크리에이터 생태계의 네트워크가 큰 역할을 하고 있다고 믿는다. 이를 증명이라도 하듯 충북 로컬 크리에이터를 대상으로 사업을 만들거나 함께 과업을 수행하려는 요청이 여러 곳에서 들어오고 있다.

　로컬 크리에이터의 활동이 가진 콘텐츠로서의 가치를 방송으로 풀어낸 MBC충북의 '촌스런 떡국씨'가 대표적이다. 도시재생지원센터는 재생지역의 핵심 플레이어로 로컬 크리에이터의 활동과 기획에 관심을 가지고 있고, 지역 건설사는 로컬 크리에이터와 함께 아파트 주변 상권을 활성화 하고 싶어 한다. 또 지역소멸에 맞닥뜨린 지방정부는 로컬 크리에이터의 활동에서 청년들을 끌어들일 방안을 찾고 있다. 실제로 막대한 자금을 쏟아 붓고도 지역 인재들이 수도권으로 빠져나가는 것을 막지 못하는 상황에서 로컬 크리에이터들이 만들고 있는 매력적인 창업생태계는 청년들이 다시 서울을 떠나 충북에 뿌리를 내리도록 하는 결심을 이끌어내고 있다. 여기에 더해 정부 각 부처의 각종 지원사업들이 충북에서 수행되고 있고, 다양한 투자금이 충북에서 주인을 찾고 있다는 점도 빼놓을 수 없다. 충북의 로컬 크리에이터 생태계가 막대한 자금을 끌어오고 있는 셈이다.

　충북 내 소비도 증가하고 있다. 지역 상권에서 시작된 소비가 점점 더 도시로, 타지역으로 넓어지고, 또 팬덤이 전국으로 확산되면서 관광객의 유입으로도 이어지고 있다. 이렇듯 충북 로컬 크리에이터 생태계의 조성은 이미 이뤄졌고, 꾸준히 성장해 나가고 있다.

충북형 로컬 크리에이터 생태계

로컬 크리에이터 생태계는 기본적으로 소통에 의한 '연결'이 중요하다는 점을 계속 강조하고 있다. 이러한 연결을 통해 서로 다른 업종 간 '협업 비즈니스 커뮤니티'가 형성되고 활발하게 작동될 때 비로소 구성원들은 끊임없이 피봇을 해나가며 지속가능성한 성장을 이룰 수 있다. 이러한 전제 아래 충북 로컬 크리에이터 생태계의 특성을 바탕으로 미래 전략을 세워봤다.

충북의 로컬 크리에이터 생태계는 새로운 지역재생 및 경제 활성화의 주체로서 가치를 입증해내면서 성장하고 있다. 하지만 행정의 성과는 결국 정량적 수치로 나타나야 한다. '어떻게 긍정적으로 변해왔다.'보다는 '이런 계획에 따라 잘 진행되고 있다.'는 전략을 더 많이 요구하기도 한다. 실제로 로컬 크리에이터 생태계가 충북에 적지 않은 변화를 가져왔음에도 이를 성과로 인정하는 경우는 그리 많지 않다. 그래서 지난 3년여의 학습과 실험의 결과를 미래 전략으로 세워야 할 필요를 느꼈다. '충북연구원'과 공주 '퍼즐랩'(대표 권오상)의 도움으로 충북만의 로컬 크리에이터 생태계 발전 전략을 수립했다.

앞서 언급한 것처럼 충북창조경제혁신센터는 2018년 파일럿 사업을 통해 지역의 가능성을 확인하였고, 이때 학습한 결과를 바탕으로 2019년 본격적인 로컬 크리에이터 육성 사업을 시작했다. 동시에 모종린 교수와 함께 충북 로컬산업을 분석하고, 이를 로컬 크리에이터 육성 전략의 기초자료로 삼았다. 그리고 2020년 충북연구원과 공주 퍼즐랩과 함께 지역의 산업을 분석하고, 이를 바탕으로 '충북형 로컬 크리에이터 생태계 혁신 전략'을 수립했다. 더불어 로컬 크리에이터의 역량 강화 및 개별 비즈니스 지원을 종료하고, 본격적으로 생태계 조성과 성장에 집중하기로 했다. 그렇게 센터는

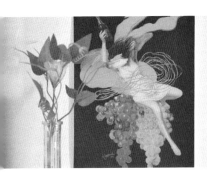

충북의 로컬 생태계가 조금씩 자리를 잡아가고 있다. ⓒ 충북창조경제혁신센터

2021년부터 '충북형 로컬 크리에이터 생태계 혁신 전략'에 따라 사업을 운영하고 있으며, 그러는 동안 2020년부터 시작한 중소벤처기업부의 로컬 크리에이터 지원 사업인 '지역기반 로컬 크리에이터 활성화 지원' 사업은 충북에 부족한 자금을 지원하는 역할을 해주었다.

충북형 로컬 크리에이터 중장기 혁신 전략의 방향은, 로컬이 스스로 로컬을 결집시키고 상호교육(peer learning)을 통해 로컬 크리에이터로부터 로컬 크리에이터가 배울 수 있는 그룹을 형성하는 것이다. 센터의 지원 사업은 더 이상 로컬 크리에이터 개개인에 초점을 맞추지 않고, '로컬 그룹화'를 촉진하기 위한 협업 프로젝트를 지원하는 데에 무게를 둔다. 이러한 전략이 조금씩 성과를 보이면서 특히 올해 들어서는 다양한 분야에서 충북 로컬 크리에이터와 함께 사업을 하고 싶다는 요청이 들어오고 있고, 제법 규모가 큰 프로젝트에 로컬 크리에이터 여럿이 팀을 결성해 참여하는 사례들이 늘고 있다. 충북 로컬 크리에이터 전체를 포괄하며 함께 성장하는 공공재로서의 '로컬 크리에이터 커뮤니티'가 계획대로 조성되고 있다고 볼 수 있는 대목이다. 이 과정에서 충북에 창출된 경제적 가치와 그보다 많은 사회적 가치도 크다.

물론 아쉬운 점도 없지 않은데 바로 투자 유치다. 전국 각지에서 로컬 크리에이터를 향한 임팩트(사회적 가치) 투자가 점점 활발해지고 있고, 최근 ESG(환경, 사회, 지배구조)가 화두로 떠오르면서 로컬에서 해법을 찾으려는 대기업들이 대규모 자금을 쏟아 붓고 있기도 하다. 하지만 그들이 바라는 목표점까지 함께 달려줄 맞춤형 로컬 크리에이터를 충북에서 찾기란 아직 어렵다. 앞서 개별 로컬 크리에이터의 역량 강화 및 성장을 직접 지원하지 않기로 한 전략 방향도 원인 가운데 하나일 수 있다.

하지만 정부 지원을 통해 성공사례를 만들고, 반짝반짝 빛나는 로컬 크리에이터 스타를 탄생시키는 것이 정말 전체 로컬 크리에이터 생태계에 성장의 자극으로 작용할지 아니면 지나친 경쟁을 일으켜 생태계를 무너뜨리는 독이 될지는 심각하게 고민해야 할 부분이다.

K 로컬의 꿈

코로나19 사태로 충북 로컬 크리에이터 생태계도 큰 변화를 맞이했다. 공간 기반의 창업자들은 매출이 급감했다. 팬덤의 관심으로 성장하는 만큼 이동제한은 치명적이었다. 심각한 지속가능성의 위기였다.

지금은 조심스럽게 '생태계 2.0'을 준비하는 움직임이 생겨나고 있다. 힘든 상황 속에서도 서로 다른 업종 간의 협업을 통해 비즈니스 모델을 유연하게 피봇하기 시작한 것이다. 이전까지 산발적으로 일어났던 협업이 지금은 필요에 의해 더 큰 규모로 일어나기 시작했다고도 볼 수 있다. 코로나19 사태를 탈피하기 위한 목적도 있지만, 협업을 통한 피봇이 위기 극복과 지속가능성 확보에 크게 도움이 될 것이라는 확신이 있기 때문으로 보인다.

충북창조경제혁신센터는 충북의 다음을 준비하고 있다. ⓒ 충북창조경제혁신센터

2020년 말부터 협업을 통한 그룹화를 위해 노력했던 것은 각각이 가진 부족함을 보완하고 감당할 수 있는 일의 규모를 키우려는 목적이었다. 비즈니스가 성장하는 데 필요한 필수 기능을 다 갖추려면 그만큼의 비용과 노력이 들 수밖에 없다. 당장 그 모든 것을 로컬 크리에이터에게 요구하는 것은 무리이고, 그렇다고 준비가 덜된 비즈니스라는 인식으로만 비춰져서도 안 된다고 생각했다. 그래서 각자가 부족한 기능을 다른 로컬 크리에이터로부터 채우길 바랐다. 외주 용역이 아닌 협업으로 채우길 바랐던 것이다. 용역을 맡기는 것은 돈만 있으면 누구나 할 수 있지만, 협업은 서로가 필요한 기능을 나누는 것인 만큼 비용은 최소화하면서도 서로에게 동기부여도 할 수 있다.

이러한 방향에서 협업 프로젝트를 촉진하기 위해 3명 이상의 로컬 크리에이터가 모여 기존 비즈니스의 확장을 넘어 전혀 다른 비즈니스 모델을 만들어내고 여기에 지속가능한 수익모델까지 갖추면 프로젝트를 지원해주었다. 프로젝트 수행에 필요한 자금을 지원하고, 전문가 컨설팅과 홍보 마켓팅 지원도 약속했다. 충북형 로컬 크리에이터 생태계 발전 전략의 로컬 그룹화는 이렇게 시작했다.

충북의 로컬 크리에이터 지원 사업은 이제 전국에 알려질 정도로 자리를 잡아가고 있고, 2020년과 2021년 충북창조경제혁신센터 역점사업의 한 축으로 성장했다. 센터의 기술분야와 비기술분야 창업 생태계 지원 기능이 균형을 맞추게 된 것이다.

2년차를 맞은 중소벤처기업부의 '지역기반 로컬 크리에이터 활성화 지원' 사업에도 변화가 생겼다. 2020년 본예산과 추경예산으로 진행한 두 번의 로컬 크리에이터 비즈니스 성장 지원 사업이 성공적으로 마무리 되면서 올해는 로컬 크리에이터 개개인에 집중하는 지원은 그대로 하되, 협업을 통한 가치창출의 극대화를 노리는 협업 프로젝트 지원 방식이 추가되었다.

아직 전국의 로컬 크리에이터 생태계가 형태와 규모를 제대로 갖추지 않은 상태에서 다소 이르다는 생각도 들지만 충북 입장에서는 반가운 결정이다. 다행히 이 협업 프로젝트 지원 사업은 어마어마한 경쟁률을 기록하며 성공적인 시작을 알렸다. 처음이라 기능 확장을 위한 단순 용역으로 생각하고 지원한 경우도 없지 않겠지만, 협업을 촉진함으로써 그룹화를 이루겠다는 목적을 달성하는 데는 도움이 되리라 믿는다.

충북형 로컬 크리에이터 중장기 발전 전략의 마지막 단계는 '완벽한 독립'이다. 로컬 크리에이터 생태계가 성장해 더 이상 공공의 직접 개입이 필요하지 않게 되는 시기를 생각하면 당연한 단계다. 손을 떼고 방관하겠다기보다는 다른 식으로 기여하겠다는 뜻이다. 충북형 로컬 크리에이터 생태계가 그 특징을 잘 유지하면서 건강하게 성장하고 발전해 나가는 단계에서는 공공이 이를 잘 기록하고, 현상을 정의하고 성과를 확산시키는 데 역량을 집중하는 게 맞다.

2021년 충북센터의 로컬 크리에이터 지원 사업도 한편으로는 협업 프로젝트를 지원하고 로컬 그룹화를 촉진하면서, 또 다른 한편으로는 이를 아카이빙하고 홍보하는 데 힘을 쓸 계획이다.

하반기에 시작하는 3명 이상 로컬 크리에이터 협업 프로젝트도 처음부터 끝까지 모든 과정을 다큐멘터리 형식으로 기록하기로 했다. (외주)용역이 아닌 협업을 통해 필요한 기능을 서로 교환하면서 새로운 수익 창출 방안을 갖춘 지속가능한 비즈니스 모델을 만들어내고, 이를 현장에서 구현해가는 모든 과정을 생생하게 담아내고자 지역 방송사와 함께 머리를 맞대고 준비하고 있다. 작품이 완성되면 국내외 다큐멘터리 영화제에 출품도 해볼 생각이다.

너무 서두르는 것은 아닌가 하는 의심도 들지만 워낙 성장 속도가 빠른 로컬 크리에이터 생태계를 리드하려면 늘 조금씩 앞서가면서, 모든 게 준비 돼있지 않아도 과감하게 실행에 나서야 한다. 충북 로컬 크리에이터 생태계의 협업 커뮤니티 안에서는 이뤄내지 못할 것이 없다는 자신감도 한몫 하고 있다.

충북의 대표 로컬 크리에이터

['천연염색 바른'의 콜라보레이션]

한 명의 로컬 크리에이터가 자신의 탤런트를 가지고 다른 업종의 로컬 크리에이터와 협업을 통해 새로운 가치를 만드는 것, 그것은 단순한 용역을 통해서 기능을 확대하는 차원을 넘어 상생을 통해 비즈니스 모델을 끊임없이 피봇하면서 성장한다는 의미다.

이를 설명하기에 가장 좋은 사례가 충주에 위치한 '천연염색 바른'이다. 창업자인 양재형 대표가 가진 아이템은 천연염색이다. '지역의 색으로 물들인다.'는 모토를 앞세워 충북 충주의 자연이라는 지역성을 상품으로 재탄생시키는 기업이다. 양 대표는 자신의 활동무대에 제한을 두지 않는다.

그는 "전국 어디라도 가능하다."라고 말한다. 천연염색이라는 플랫폼을 통해서 말이다. 친환경이라는 가치를 담고 있는 천연염색은 같은 가치를 추구하는 이라면 누구와도 협업이 가능하다. 그는 속초에서 게스트하우스 '소호259'를 운영하는 트라밸과 협업을 통해 속초의 바다를 담은 침구류를 제작했고, 이 특별한 침구류가 포함된 숙박 경험을 특별한 가격으로 판매하고 있다. 또 제주의 폐침구류를 재생해 반려동물 용품을 만드는 '레미투미'와의 협업을 통해 업사이클링이라는 가치에 친환경이라는 가치를 더해 더 큰 시너지 효과를 일으키고 있기도 하다. 수익적 측면이 아닌 지역 가치의 향상이라는 측면에서 진행한 협업도 있다. 충주에는 100년 동안 활옥, 백옥, 활석 등을 채굴하던 광산이 있다. 동굴 길이가 무려 57㎞, 높이가 최대 711m에 달하는 동양 최대 규모의 동굴이자, 우리나라 산업화의 역사가 새겨진 동굴이다. 이를 카약 체험 등을 할 수 있는 복합 체험형 관광자원으로 되살리는 작업을 충북 로컬 크리에이터들이 모여서 하고 있는데 양 대표가 주도하고 있다. 그가 직접 여러 로컬 크리에이터들을 만나가며 로컬 자원을 활용한 다양한 공연과 전시, 굿즈 제작 등의 협업을 제안하고 있다.

그밖에도 크고 작은 다양한 협업들을 꾸준히 진행해오고 있는데, 이러한 활동이 천연염색 바른에게는 천연염색 원단을 납품하고, 제품을 주문 생산하는 주 수익모델에 더해지면서 또 다른 비즈니스의 한 축을 담당하고 있다. 지금도 협의 제안은 끊이지 않는데, 최근에는 모 가전업체의 세탁기 신제품 출시행사에 양 대표가 천연염색 체험 및 시연 퍼포먼스를 담당하기도 했다.

로컬 크리에이터 개인이 가진 역량으로는 상상할 수 없는 일들이 서로 다른 업종 간의 협업, 대·중소기업과의 콜라보레이션을 통해 이뤄지고 있다. 그리고 이것이 유연한 피봇으로 이어지면서 로컬 비즈니스의 지속가능성을 높이고 있다.

[충주 관아골의 '세상상회'와 '보템플러스' 크루]

로컬 크리에이터 생태계에서 도시재생 지역의 공간 기반 창업 이야기는 빠질 수 없다. 대부분의 공간 기반 로컬 크리에이터들은 자의든 타의든 낙후 지역의 유휴공간에 주목해왔다. 공간 확보에 드는 비용의 문제 때문만은 아니다. 유휴공간이 가진 스토리와 건축적 가치, 희귀성과 창업자의 사연까지, 어쩌면 비용 말고도 훨씬 더 다양한 요인들이 로컬 크리에이터의 발길을 낙후 지역 유휴공간으로 이끌고 있는지 모른다. 그러다보니 목이 좋다는 핵심 상권과는 거리가 먼 오래된 주택가나 낙후상권에 로컬 크리에이터들이 자리 잡는 경우가 많다. 일부러 눈을 크게 뜨고 찾지 않으면 눈에 띄지 않는 곳을 택한 공간창업자도 많다.

그 대표적 사례가 바로 충주 관아골이다. 충주의 관아공원 인근에 있는 오래된 주택밀집지역의 어느 골목길에 언제부턴가 외지 청년들이 들어와 하나둘 창업을 하기 시작하더니 지금은 충주의 대표 골목 관광지를 이루면서 해마다 수많은 관광객을 불러 모으고 있다.

물론 우연히 그렇게 된 것은 아니다. 골목길에서 새로운 가치를 찾고, 그곳을 삶의 터전으로 여기면서, '살고 싶은 골목길'로 만들려는 청년들이 뭉쳐 협동조합을 꾸리고 협업을 만들어간 몇 년 동안의 노력이 있었기에 가능했다. 이들이 진행한 여러 골목길 프로젝트가 골목에 매력을 더하고, 그렇게 매력이 더해진 골목이 새로운 로컬 크리에이터들을 끌어들였던 것이다. 그 중심에 '세상상회'와 이상창 대표가 있다. 세상상회는 이 골목의 앵커스토어로, 일제시대에 지은 적산가옥과 한옥을 리모델링해 로스터리 디저트 카페를 열었다. 도시재생 기획자 출신의 창업자 부부가 운영하는 카페에는 평일 낮에도 관광객들로 붐빈다. 이들 부부는 로컬과 로컬의 제품을 소개하는 데 공간의 한 면을 할애하고 있고, 이곳에 정성들여 모아낸

로스터리 디저트 카페 세상상회는 골목에 새로운 활력을 불어넣고 있다. ⓒ 충북창조경제혁신센터

로컬 굿즈들은 조용한 충주 원도심에 활력을 불러일으키고 있다.

요즘 MZ세대들 가운데 충주 특산품을 사과라고 하는 이는 아마 없을 것이다. 이제 충주를 찾는 이들은 충주에서 주조된 로컬 술을 사간다. 작은 알자스의 '레돔', 댄싱사이더의 '요세로제', 블루웨일브루하우스의 '로컬 크리프트 비어'와 '토끼소주'를 사야 힙하다는 소리를 들을 수 있다.

관아골의 청년 창업자들은 로컬 크리에이터로 불리기 전부터 이미 하고 싶은 일을 함께 하는 '보템플러스'라는 협동조합을 만들어 활동해 왔다. 이를 이끌고 있는 박진영 '유월,상점' 대표는 로컬 크리에이터들과 골목에 재미있는 콘텐츠를 담아 골목을 방문하는 사람들에게 그리고 본인들 스스로에게 선물하는 프로젝트를 시작했다. 바로 '담장마켓'이다. 셀러가 즐기는 플리마켓을 추구하는 담장마켓에는 매월 마지막 주 토요일이면 전국에서 유명 셀러들이 몰려든다.

골목이 점차 활기를 띠자 새로운 로컬 크리에이터들이 둥지를 틀려고 모여들었는데, 그럴 때마다 로컬 크리에이터들이 운영하는 상점들에 들러 조언을 받았다. 그래서 임대하기보다 매입을 하고, 신축하기보다 재생 리모델링을 하면서 골목길의 톤을 해치지 않으면서 서서히 스며들었다. 그 대표 사례가 '작업실'이라는 샌드위치 카페다. 가족과 충주에 내려온 포토그래퍼가 '세상상회'에서 아르바이트로 일을 시작하면서 지역과 연을 맺었고, 함께 창업을 준비한 끝에 세상상회 바로 옆에 작업실 겸 샌드위치 카페를 열었다. 오래된 공간을 리모델링하는 데는 로컬의 가치를 살리는 건축을 추구하는 로컬 크리에이터 '선한빛 라이프팩토리'가 힘을 보탰다.

로컬 크리에이터라는 용어가 나오기 전부터 낙후상권의 최전선에서 지역의 가치를 발굴하고, 이를 활용해 공간을 기반으로 창업을 했던 혁신적 창업가들이 있었다. 도시의 새로운 심장을 뛰게 했던 그들과 로컬 크리에이터는 결국 공집합이라고 할 수 있다.

['꽃피는 아침마을'의 로컬 크리에이터 마을 만들기]

충북 충주 노은면에는 고도원 작가의 아침편지 명상센터 '깊은 산속 옹달샘'이 자리하고 있다. 매년 전국에서 고도원 작가의 아침편지를 통해 위로와 안정을 받고 있는 이들이 찾아오는 명소다. '꽃피는 아침마을'은 센터를 운영하는 재단의 형제 회사다. 전국 로컬 제품을 큐레이션하고 각각의 스토리를 브랜딩한 제품을 온라인 쇼핑몰을 통해 유통하고 있다. 일반적인 쇼핑몰과는 달리 제품을 선정할 때 진정성, 선함, 사회적 가치 등을 기준으로 삼는다. 가격이 조금 비싸도 믿고 살 수 있는 제품, 제품을 구입함으로써 선한 가치창출에 이바지하는 제품, 이른바 착한제품을 파는 온라인 유통기업이다. 미국에서는 '꽃마USA'를 운영하고 있는데, 미국 현지 한인들 사이에서는 판매 1위를 이어가는 수출기업이기도 하다.

'꽃피는 아침마을'을 운영하는 최동훈 대표를 처음 만났을 때부터 그는 이미 로컬 크리에이터로서 생태계 만드는 일을 너무 잘 하고 있었다. 최 대표에게 사업의 취지를 설명하고 협업을 해나가자고 제안했고, 그도 흔쾌히

꽃피는 아침마을은 체험형 로컬 크리에이터 마을 만들기로 새로운 도약을 준비하고 있다. ⓒ 충북창조경제혁신센터

받아들였다. 지금은 '꽃피는 아침마을 공방 마을 만들기' 사업에 충북의 여러 로컬 크리에이터들이 참여하는 것을 시작으로 점차 로컬 크리에이터들이 모여 활동하는 마을이 되어가고 있다.

꽃피는 아침마을에서 로컬 생태계를 만드는 일을 하는 자회사가 '꽃마피엔씨'다. 꽃마피엔씨는 카페 '비채커피'를 시작으로 주변에 로컬 공방 마을을 조성하고 있는데, 그 첫 입주기업이 바로 천연염색 바른이다. 비채커피와 천연염색 바른 그리고 '팜슈가 공방'에서 다양한 로컬 행사를 만들고 체험 프로그램을 운영하면서 점차 지역의 명소로 자리잡아가고 있다. 작년 겨울에는 충주 지역에서 주류업에 종사하는 로컬 크리에이터들이 한 자리에 모여 '물 좋은 고장' 충주에서 만들어지는 좋은 술들을 알리는 행사를 열었는데, 이 행사의 대부분을 충북 내 로컬 크리에이터들과의 협업을 통해 만들어가면서 지역의 마이스(MICE) 회사로서의 가능성을 확인하고 피봇하는 계기가 되기도 했다.

최근 만난 꽃피는 아침마을은 또 다른 도전을 준비하고 있었는데, 체험형 로컬 크리에이터 마을 만들기와 아이템 확장에 본격적으로 나서고 있었다. 다양한 로컬 크리에이터들이 입주를 준비하고 있는 것은 물론이었고, 리조트형 숙박과 캠핑을 접목한 꽃마형 에어비엔비도 준비하는 한편, 로컬 크리에이터들이 새로운 사업 모델을 실험해볼 수 있는 전진기지이자 실험장으로 활용할 수 있도록 준비하고 있었다. 나아가 이러한 모델을 캄보디아, 캐나다, 중국 등 꽃피는 아침마을이 진출해 있는 해외 지역으로 확대시켜 나갈 계획도 가지고 있었다.

[성공한 스타트업 '플랜A컴퍼니'의 도전]

이미 탄탄한 성장을 이루고 있는 기업이 로컬을 만나면 어떻게 될까? 충북 청주를 기반으로 국산 시즈닝 분야에서 국내 시장 1위를 지키고 있는 '플랜A컴퍼니' 이야기다. 연예인 쿡들이 즐겨 찾는 시즈닝으로 입소문이 난 지 오래고, 로컬 재료로 수입 시즈닝을 재연하는 것을 넘어 더 나은 풍미를 제공하는 플랜A컴퍼니는 로컬 크리에이터로서의 다음 스텝을 모색하며 성장하고 있는 우등생이다.

스타트업으로 출발해 이미 청주를 대표하는 기업 가운데 하나로 꼽힐 만큼 안정적인 성장을 이어가고 있는 이 회사를 창업하고 지금까지 운영해 오고 있는 이는 문희선 대표다.

그는 최근 로컬 크리에이터의 매력에 빠졌고, 이른바 로컬씬에 발을 들이면서 새로운 변화와 도전에 나서고 있다. 우선, 모 대학 창업보육센터에 둥지를 틀고 있다가 최근 청주의 오래된 주택가인 안덕벌의 유휴공간을 매입해 본사를 옮겼다. 관아골 카페 '작업실'의 리모델링을 도왔던 '선한빛 라이프팩토리'가 이번에도 팔을 걷어붙이고 로컬의 특성을 살린 재생 리모델링에 나섰다. 문 대표는 이곳에 '엔드B스튜디오'를 열었는데, 이곳은 여성 창업자 전용 코워킹 스페이스이자 공유주방이 있다.

앞으로는 출산으로 인한 경력단절여성 창업자를 위한 육아 케어서비스도 해나갈 계획이다. 이를 위해 문 대표는 주변의 낡은 주택을 지속적으로 매입하고, 이런 공간을 기반으로 안덕벌의 상권도 되살리겠다는 포부를 가지고 있다. 이 모든 과정에서 충북 로컬 크리에이터 생태계와의 소통과 협업의 끈을 이어가고 있다. 플랜A컴퍼니는 이미 로컬 크리에이터로서의 첫걸음을 뗀 데 이어 충북을 대표하는 로컬 크리에이터로 우뚝 설 날이 멀지 않았다.

누군가는 "돈을 그렇게 잘 버는데 무슨 로컬 크리에이터인가?", "이미 성공했는데 무슨 로컬 크리에이터가 되려고 하나?"라고 묻기도 한다. 어느 로컬 크리에이터 선정 평가 자리에서 한 심사위원이 문 대표에게 던진 질문이다. 아직 로컬 크리에이터에 대해 더 알리고, 이들의 활동이 어떤 가치를 창출하는지 홍보해야 하는 이유다.

문 대표는 코로나19 사태를 맞으면서 온라인 콘텐츠를 제작하는 데 더 힘쓰고 있다. 올해 초에는 로컬 크리에이터들의 제품을 꾸러미 상품으로 묶어 판매하는 라이브 커머스 방송을 센터와 함께 진행하기도 했다. 동시 접속자 1,700여 명을 기록하며 동시간대 1위에 올랐고, 준비한 상품도 모두 팔아치우며 가능성을 확인했다. 최근 그는 안덕벌에 언제든 라이브 방송이 가능한 '안덕벌 스튜디오'를 마련했다. 청주의 첫 번째 키친 스튜디오다. 플랜A컴퍼니의 다음 로컬도전은 어떤 'C'가 되고, 또 'D'가 될지 늘 궁금하다.

[문의면 삼국지]

청주 문의면은 청주 외곽의 작고 조용한 시골마을이다. 주말만 되면 이 마을에 많은 관광객이 찾아오는데, 대통령의 여름 별장이었던 '청남대'로 가는 입구이자 주차장이 있는 마을이기 때문이다. 관광객이 많아서 번성할 것 같지만 평소에는 여느 시골 마을처럼 고즈넉하다.

그런 문의마을이 좋아서 찾아온 세 명의 청년 창업가들이 있다. 이 세 명의 여성 창업가들이 문의면 '도원식당'에서 고기를 먹으며 무언가 결의를 했다고 해서 '문의면 삼국지', 줄여서 '문국지'라는 말도 생겼다. 안재은 '촌스런' 대표, 이소연 '내 안의 BooK' 대표, 최고야 '해밀당' 대표가 바로 그들이다. 로컬 크리에이터 생태계를 통해 서로를 알게 된 세 대표는 지금은 문의 마을의 활성화를 위한 마을재생 프로그램을 함께 기획하고 다양한 활동을 벌이면서 주민들의 열렬한 지지를 받고 있다. 사람들을 그들을 보면서 마치 유비, 관우, 장비처럼 똘똘 뭉쳐서 문의를 바꿔나가고 있다고 말한다.

유비를 맡고 있는 이소연 내 안의 Book 대표는 디자인그룹을 운영하고 있는 CEO다. 그런 그가 문의를 찾은 것은 자라나는 아이들과 함께 생활하며 지낼 터전을 마련하기 위해서였다. 오래동안 꿈꿔온 작은 서점을 운영하고 싶어서이기도 했다. 팔방미인 재주꾼인 그는 문의마을의 기획자로 통한다.

관우를 맡은 최고야 해밀당 대표는 시댁이 문의면이다. 서울에서 직장생활을 하다가 남편과 같이 시댁으로 귀농을 하면서 막막함을 이겨내려고 시작한 꿀 테마 카페가 바로 해밀당이다. 남편과 시댁은 양봉을 한다. 남편은 꿀벌이 사라지면 인류도 멸망한다는 가치관으로 파괴되어 가는 지구와 자연 환경을 지키려는 진지하고 착한 양봉인이다.

장비를 맡은 안재은 촌스런 대표는 청년 농업인이다. 농사가 좋아 시골에 들어갔다. 낮에는 농사를 짓고, 저녁에는 농촌에서 벌어지는 일들을 콘텐츠로 만든다. 그가 만든 콘텐츠를 눈여겨 보던 이영락 MBC충북 PD가 안 대표를 라디오 게스트로 발탁한 데 이어 뉴미디어 방송프로그램인 '촌스런 떡국씨'의 여주인공으로 발탁했다. 지금은 시즌2가 방영되고 있다.

각자가 가진 캐릭터와 사업 아이템은 다르지만 이들이 뭉쳐서 진행하는 프로젝트는 조용한 지역에 작지 않은 반향을 불러일으키고 있다. 숨은 로컬 장인들을 찾아내고 이들을 소개하는 마을투어 프로그램을 열고, 노인들이 5일장에서 미처 팔지 못한 농산물들을 모아 상인과 마을주민들이 함께 즐기는 제철음식 축제를 열기도 했다. 주말이면 조깅을 하며 마을에 버려진 쓰레기를 줍는 '줍깅'을 개최하기도 했다. 이런 착한 활동들이 주민들에게 알려지면서 부녀회, 청년회들도 이들의 활동에 함께하기 시작했다. 어느덧 문의마을은 청남대의 주차장이 있는 입구 마을이 아니라, 다른 어느 마을에서도 찾아보기 힘든 특별한 콘텐츠들을 만날 수 있는 농촌 체험 관광마을이 되어가고 있다.

[괴산 '뭐하농'의 귀농, 귀촌 치트키]

충북 괴산은 충주와 청주 중간에 자리하고 있다. 이곳에 둥지를 튼 '뭐하농'은 농부의 삶도 흙에 찌들고 피곤에 지친 고생스런 삶에서 벗어나 얼마든지 즐거우면서도 남부럽지 않은 삶이 될 수 있다는 것을 입증해보이려는 청년들이다. 그들이 추구하는 삶은 '흙과 함께하는 행복한 삶'인 셈이다. 이를 증명하기 위해 같은 꿈을 가진 청년농부 로컬 크리에이터들이 모여 협동조합이 아닌 주식회사를 만들고 함께 자금을 모으고 투자해 인프라를 구축하면서 수익구조도 짠다. 콘텐츠를 개발하여 완성된 '뭐하농 하우스'는 이미 관광두레 사업의 성공 사례로 꼽힌다.

지난해 로컬 크리에이터를 선정하는 심사에서 처음 '뭐하농'을 만났을 때는 의구심이 들었던 것도 사실이다. 괴산에 연고도 없는 젊은 청년들이 시골마을에서 농사를 짓겠다고 하는데, 팜투테이블 레스토랑에 체험농장도 만들고, 여기에 더해 지역 청년들과 청년 농업인이 지역에 정착하는 것도 돕겠다고 하는 게 아닌가. 정말 이 모든 것들을 다 해낼 수 있을지 의문이었다. 그런데 시간이 지나고 보니 '정말 농부가 이렇게 힙할 수도 있구나!' 하는 감탄이 절로 나올 정도다.

'뭐하농 하우스'는 지역에서 나는 농작물로 다양한 레시피의 디저트와 음료를 개발하여 제공한다. 카페 바로 앞마당에서 직접 자라는 농작물을 체험해볼 수도 있다. 귀농·귀촌을 준비하는 청년들에게 노하우를 제공하고 네트워크 안으로 들어올 수 있게 돕기도 한다. 그렇게 정착한 이들은 뭐하농 주식회사의 예비주주가 된다. 이들의 목표는 구성원 모두가 즐겁게 농사를 지으면서 더 많은 사람들과 함께 살아가는 행복한 청년 농업마을을 만드는 것이다.

뭐하농 구성원들의 역량은 만만치 않다. 이지현 대표는 도시재생 국책 연구기관 출신으로 조경학을 전공했고, 구성원인 남편도 조경디자이너로 순천 꽃박람회에서 금상을 수상한 경력을 가지고 있다. 이들은 표고버섯, 나비, 반딧불, 쌀, 각종 유기농 채소 등을 거뜬히 길러내고 있다.

귀농·귀촌은 위험부담이 큰 만큼 큰 결심이 필요하다. 노하우를 전수받고 네트워크에 연결됨으로써 그나마 조금이나마 위험부담을 줄일 수 있다. 이들은 최근 행안부 '청년마을 만들기' 사업에 선정되어 농촌에서 두 달 살기 프로젝트를 진행하고 있다. 뭐 좀 하는 농부들, 뭐하농과 함께 이곳에서 두 달을 보낸 청년들이 앞으로 우리 농촌과 농업의 풍경을 어떻게 바꿔갈지 벌써부터 기대된다.

[기록문화 창조 도시, 청주]

충북 로컬 크리에이터 가운데 가장 많은 수가 청주에 있다. 청주는 직지로 대표되는 기록문화유산의 도시다. 최근에는 '기록문화 창조의 도시'로 나아가려는 청주의 행보에 로컬 크리에이터들도 힘을 보태고 있다. 청주의 기록문화 창조 로컬 크리에이터에는 먼저 감성 아이디어 선수들이 모인 '원더러스트'와 '유자차스튜디오'가 있다. 유자차스튜디오를 운영하는 이옥수 대표는 감성부자다. 원도심의 감성 콘텐츠를 체험하고 기록하는 프로그램을 만들고, 이를 차곡차곡 쌓아가면서 새로운 원도심의 역사를 기록하고 있다. 사진으로, 글로, 굿즈로 그리고 참여자들의 추억으로 쌓아가는 콘텐츠들이 무궁무진하다. 입소문이 나면서 지금은 새 프로그램을 열면 10분 안에 참가신청이 마감된다. 매번 새로운 프로그램으로 참여자들을 모으며 팬덤을 이끌어가고 있는 문화콘텐츠 선도 기업이라고 할 만 하다.

　청주의 영운동은 주택가들이 밀집한 조용한 마을이다. 이곳에 청주의 에어비엔비 슈퍼 호스트가 운영하는 한옥 게스트하우스 '터무니'가 있다. '터무니'를 운영하는 이수경 대표는 한옥 두 채를 매입해 직접 리모델링을 하면서 그 과정을 사진과 영상과 책으로 남겼다. 최근에는 사라져가는 영운동의 과거를 찾아 기록전시관을 만들었다.

　'우주개구리'는 로컬 미술작가들의 작품을 구독서비스로 받아볼 수 있는 아이템으로 창업했다. 로컬 예술기획자 그룹이라고 스스로를 소개하는 우주개구리는 우연히 작업을 위해 주문한 붉은색 천이 너무 많이 오는 바람에 이를 어떻게 처리할까 고민하다가 행사장 길목의 중간에 있는 빈 주택에 주인 허락도 없이 리본을 달아 전시했다. 처음에는 집주인을 수소문했지만 찾지 못해 결국 무단 전시를 감행했고 현재 그 집은 유명해져서 재생공간으로 탈바꿈되어 활용되고 있다.

우주개구리는 로컬 미술작가들의 작품을 구독하는 독특한 아이템으로 창업했다. ⓒ 충북창조경제혁신센터

　　같은 향교길에 자리를 잡은 1세대 로컬 크리에이터 '다락방의 불빛'은 한 은행원의 취미생활에서 시작되었다. 음악감상이라는 취미생활을 위해 공간을 만들었다가 어느새 금요일마다 정기 음악감상회를 여는 카페이자 음악감상실을 열고, 로컬을 소개하는 잡지를 출판하는 데까지 이르렀다. 이곳에선 지금도 다양한 로컬 음악가들의 공연이 열리고, 은행원이자 주인장 이상조 대표는 라디오방송 고정게스트로 매주 음악을 소개하면서 크고 작은 음악감상회로 관객들을 맞고 있다.

다락방의 불빛은 취미가 창업으로 이어진 사례다. ⓒ 충북창조경제혁신센터

청주의 대표 유흥가로 꼽히는 복대동의 어느 골목길에는 이곳 분위기에 어울리지 않는 작은 책방이 하나 있다. '엘리스의 별별책방'이다. 한때 전국에서도 가장 유명했던 나이트클럽이 두 개나 모여 있는 유흥가 한켠에 자리하고 있다. 주인장은 구효진 대표로, 그는 오랜 심리상담사 경력을 가지고 있다. 구 대표는 아들이 다니는 학교 가까이에 유흥가가 있는 게 안타까웠고, 그래서 등하교길에 이곳을 지나는 학생들에게 휴식공간을 제공하고 싶었다고 한다. 엘리스의 별별책방에서 흘러나온 에너지가 영향을 미쳤는지 책방 주변으로 골목길에 빼곡하던 술집들이 어느새 하나 둘 음식점들로 바뀌었고, 엘리스의 별별책방은 등·하교를 돕는 학부모들의 사랑방이 되었다. 구 대표는 지역 라디오 방송에서 심리상담을 해주며 처방으로 책을 제공하는 꼭지도 진행했다.

충북형 로컬 크리에이터 생태계 중장기 발전 전략 ⓒ 충북창조경제혁신센터

[에필로그]

"지방은 스스로 실천 가능한 지혜를 만들어야 한다. 하지만 본받을 모델은 없다. 결국 지방의 독자적인 감각이 필요하다."

『로컬 지향의 시대』를 쓴 마쓰나가 게이코 오사카시립대학 교수는 책을 마무리하며 이렇게 말했다. 로컬마다 처지에 맞게 유연하면서도 창의적인 해법을 만들어내야 한다는 뜻이다. "인구 감소 시대에 중요한 것은 목적지향형 계획이 아니라, 유연하게 개인의 내면적 변화를 파악하고 그것을 사회의 변화와 조화를 이루게 하는 것"이라고도 했다. 로컬을 되살릴 해법을 찾으려고 후쿠이, 가미야마를 비롯한 일본의 여러 도시와 마을들 그리고 독일 마이센, 이탈리아 토리노 등 유럽의 크고 작은 도시들을 두루 살핀 끝에 그가 얻은 결론이다.

지난 10월 18일 행정안전부는 시·군·구 89곳을 '인구 감소 지역'으로 지정했다. 연평균 인구증감률, 인구밀도, 청년 순이동률을 비롯한 8개 지표로 '인구감소지수'를 개발하고, 이를 잣대로 89곳을 추렸다고 한다. 그 동안 연구자들이 65살 이상 노인과 20~39살 여성의 수를 비교해 이른바 인구소멸 위험지역을 '계산'해낸 적은 있었지만, 정부가 직접 나서서 지수를 만들고 지역을 지정한 것은 이번이 처음이다. 경기·인천 지역의 일부 시·군을 비롯해 광역시의 자치구들도 이름을 올렸는데, 정부는 당장 내년부터 매년 1조 원씩 앞으로 10년간 '지방 소멸 대응 기금'을 마련하고, 곧 특별법도 제정해 이들 지역을 다방면으로 지원하겠다고 한다. 그렇게 일자리도 늘리고 청년들도 끌어들이겠다는 구상이다.

무엇보다 눈에 띄는 것은 지자체들이 저마다 현실에 맞는 '맞춤형' 정책 대안을 '지역 주도의 상향식'으로 수립해 시행할 수 있도록 정부가 뒷받침하겠다는 대목이다. 전국 곳곳에 혁신도시를 조성해 인구를 분산시키려던 정책처럼 중앙정부가 하나부터 열까지 계획을 세워 똑같이 내려 먹이는 것만으로는 기대하는 효과를 거두기 힘들다는 사실을 어느 정도 인식한 것으로 보인다. 모든 도시와 마을에 똑같이 효과를 발휘할 만병통치약이 없다는 사실을 부디 잊지 않기를 바란다. 그렇다면 이제 남은 문제는 지역마다 제대로 된 '맞춤형' 해법을 만들어내는 일이다. 어떻게 하면 될까.

모종린 교수는 모든 지역이 국가산업을 끌어오려고 경쟁을 벌였던 산업사회와 달리 지금은 로컬마다 고유의 지역 산업을 개발하고 인재들을 불러들여 지역 안에서 선순환하는 생활권 경제를 구축해야 한다고 말한다.

"울산을 자동차 도시라고 하지만, 자동차 공장이 있을 뿐 본사와 R&D 그룹은 다 수도권에 두고 공장만 울산에 세우고서 자동차 도시라고 부르는 건 억지에요. 공장은 언제든 다른 곳으로 옮겨갈 수 있잖아요. 이런 걸 자생적이고 독립적인 지역산업이라고 볼 수 없어요.…… 정부가 지금의 로컬 트렌드가 지역 발전의 토대를 구축할 수 있다는 점을 인식해야 해요. 로컬이 매력적인 곳이 되지 않으면 인재를 유치할 수 없죠. 로컬에 인재가 모

여들어야 이들이 지역 발전을 주도하는 선순환 구조가 만들어져요." [1]

그러려면 로컬이 처한 저마다의 상황에 맞게 꽃을 피워내려는 대담한 시도와 그것들을 뒷받침하려는 노력이 필요하다. 양승훈 경남대학교 교수도 단단한 사회 구조를 깨는 일도 중요하지만, 때로 대담한 시도들이 예상치 못한 결과로 이어질 수 있다고 했다.

"가령 미국 시애틀이 언제부턴가 실리콘밸리에 버금가는 테크 스타트업의 천국이 됐는데, 시작은 마이크로소프트가 본사를 옮긴 거였어요. 마이크로소프트가 시애틀로 갈 때 여건이 좋아서 간 게 아니라 그냥 빌 게이츠 고향이라서 갔어요. 가고 나서는 지역 대학들에 대규모 투자도 하고, 엔지니어들, 직원들도 지역 대학들에서 뽑았죠. 그러면서 인재들도 몰려들고, 아마존을 비롯해 다른 유수의 IT기업들도 뒤따라 자리를 잡으면서 혁신 클러스터가 형성 됐어요." [2]

거대 자본이 움직여야 한다는 뜻은 아니다. 손쉬운 길일 수는 있겠지만 다른 길이 없는 것은 아니다. 언제까지 사회 구조가 바뀌기만을 기다리고 있을 게 아니라 작지만 대담한 실험들을 해나가야 한다. 그런 시도들이 되풀이되면서 깨지지 않을 것 같은 사회 구조에도 금이 가고 틈이 생길 것이다. 빌 게이츠의 고향이 아닌 도시라면 중앙정부와 지방정부가 해야 할 몫이 클 수밖에 없다. 경신원 도시와 커뮤니티 연구소 대표는 "도시가 죽고 사는 건 리더에게 달렸다고 해도 과언이 아니다."라고 했다.

"미국 러스트벨트(쇠락한 공업지대)의 디트로이트가 가장 극명한 예죠. 시장이 잘못된 판단을 해서 도시가 아직도 회복되지 못하고 있어요. 같은 기간 뉴욕이 성장한 건 좋은 리더를 만난 덕이에요.…… 도시가 바뀌려면 로컬 크리에이터만으로는 어려워요. 리더의 역할이 크죠. 그들에게 비전을 주고 꿈을 꿀 수 있게 하는 것도 리더의 역할이에요. 자신의 정치적 야심이 아니라 지역의 장기적 발전을 위해서 무얼 할 것인지 고민하고, 비전을 제시할 수 있는 리더가 필요해요. 그게 로컬 중소도시를 살리는 열쇠에요."[3]

몇 달 뒤 두 번의 큰 선거를 앞두고 있는 상황에서도 로컬 의제는 여전히 뒷전이라 안타깝다. 저마다 로컬에 어울리는 해법을 찾으려면 아직 가야 할 길이 멀다. 좋은 리더는 좋은 시민이 만든다는 사실도 잊지 말자.

지난 여섯 달 동안 살펴보니 공주 봉황동·반죽동이 걸어온 길과 군산 개복동·영화동·월명동이 걸어온 길은 뚜렷하게 달랐다. 속초 동명동이 걸어온 길과 부산 영도가 걸어온 길도 마찬가지였다. 거제 장승포동과 충주 관아골도 닮은 듯 다른, 그래서 그대로 흉내 내서는 안 될 그곳만의 길이 있었다. 그러니 이 책에 있는 길들을 그대로 따라간다고 해서 바라는 곳에 닿을 수는 없다. 앞서 마쓰나가 게이코 교수의 말처럼 그대로 본받아야 할 모델은 없고, 로컬 스스로 실천 가능한 지혜를 만들어가는 수밖에 없을 테니까. 그럼에도 여러 경험과 지식을 깊이 들여다보면서 차곡차곡 쌓아올리는 일은 앞으로 실천 가능한 지혜를 만들어가는 데 도움이 되리라 믿는다.

정책을 만들거나 그것을 집행하는 이들이 꼭 이 책을 읽었으면 하는 바람이 있다. 몇 년 째 로컬에서 분투하고 있을 혁신가·창업가들을 더 깊이 이해하고 그들이 꼭 필요한 만큼, 필요한 방식으로 뒷받침해주길 바라는 마음에서다. 그들이 버텨내지 못하면 로컬의 미래는 더더욱 어두워질 수밖에 없다.

또 당장 도시를 뒤덮을 만큼 번성하지는 않았더라도 누군가가 꽃을 피우려 애써온 발자취, 그 희망과 절망을 기록하고 나누는 일은 중요하다고 믿는다. 그래야 또 다른 누군가가 용기를 내어 로컬로 향할 수 있을 테니까. 이 책이 누군가에게 작은 용기를 줄 수 있다면 더 바랄 게 없다.

이 책을 마무리하고 있는 지금 나는 경기도 고양시에 살고 있다. 서울에서 태어나 대학교 때 이곳으로 이사를 왔고, 결혼하고 나서 4년 정도 서울에서 살았던 것을 빼면 줄곧 이 도시를 벗어나지 않았다.

지난해 『슬기로운 뉴 로컬생활』을 쓰면서 처음으로 로컬에서 살아보고 싶다는 생각을 가졌고, 지금은 마음을 굳혔다. 이 책을 마무리하고 나면 틈틈이 시간을 내서 앞으로 살 곳을 찾아볼 생각이다. 벌써 아내하고도 그러기로 했다. 아홉 살짜리 아들은 축구클럽을 그만 둘 수 없다며 버티지만 훗날 아비에게 고마워할 것이라 믿는다. 충청도나 전라북도 어디쯤으로 알아볼 생각이고, 벌써 몇 군데 추천을 받아 다녀오기도 했다. 뭘 하며 먹고 살지도 몇 가지 생각해둔 것들이 있다.

책을 두 권 쓰면서 우리나라에서 손에 꼽을 만한 로컬 전문가들을 두루 만나가며 어깨 너머로 배운 것들을 밑천으로 삼을 생각이다. 그리고 5년쯤, 아니면 10년쯤 지나면 그때는 나와 내 이웃들의 이야기로 책을 써보고 싶다.

1. 윤찬영(2021. 9. 7.). "[로컬에서 희망찾기 ①] 모종린 연세대 국제대학원 교수 인터뷰". 오마이뉴스.

2. 윤찬영(2021. 10. 20.). "[로컬에서 희망찾기 ④] 양승훈 경남대 교수 인터뷰". 오마이뉴스.

3. 윤찬영(2021. 09. 14.). "[로컬에서 희망찾기 ②] 경신원 도시와 커뮤니티 연구소 대표 인터뷰" 오마이뉴스.

로컬 꽃이
피었습니다

2021년 11월 23일 **초판 1쇄 인쇄**

지 은 이 윤찬영 심병철
펴 낸 이 김선민
표　　지 urbook
디 자 인 주아르
편　　집 김선우
일러스트 윤현정
마 케 팅 주식회사 타인의취향
펴 낸 곳 STOREHOUSE(스토어하우스)
출판신고 2019년 12월 30일 제307-2019-89호
주　　소 서울특별시 마포구 큰우물로75 성지빌딩 711호
전　　화 02-6949-6014 **팩　　스** 02-6919-9058 **이 메 일** tain@tain.co.kr

© 윤찬영 심병철, 2021

I S B N 979-11-90912-21-1

2021 세종도서 교양부문 선정도서

슬기로운 뉴 로컬생활
서울 밖에서 답을 찾는 로컬탐구보고서

새로운사회를 여는연구원 기획

김동복 · 김선아 · 박산솔 · 배수용 · 안지혜
윤찬영 · 전충훈 · 조아신 · 최아름 지음

444쪽 | 22,000원

나도 로컬에서 살아갈 수 있을까?
서울 밖에서, 하고 싶은 일을 하며
살고 싶은 삶을 사는 이들의 생생한 목소리

'지방'이라는 말에는 '변두리'라는 뜻이 담겨 있다.

사전에도 '서울 이외의 지역'이라는 설명이 붙는다.

말에서부터 뿌리 깊은 편견이 담겨 있는 셈이다.

그래서 '로컬'이라는 말을 쓰기로 했다.

멋을 부리려는 게 아니다. 편견을 덜어내고

서울과 별다를 것 없는, 우리나라를 이루는

똑같은 지역 가운데 하나로 읽히기를 바라는 마음에서다.

부디 이 책에 담긴 혁신가들의 패기 넘치는 도전과 좌절,

또 그들이 느꼈을 희망과 절망이 여러분이 가려는 길에

한 줄기 빛이 될 수 있기를 간절히 바란다.

프롤로그 중에서

지원 방안 찾는 지자체에게도 좋은 참고 될 것

"수도권 집중으로 지역이 소멸되어가는 현실에서 대안을 찾는 데 큰 도움이 될 것이며, 로컬 청년들의 협력과 정착을 위한 귀중한 사료가 될 것입니다.

지역 청년 사업가들을 지원하고 협력해나갈 방안을 고민하는 지자체 관계자들에게도 좋은 참고가 될 것이라 믿습니다."

김철수 속초시장

로컬을 되살릴 해답 찾는 길잡이

"군산을 비롯한 중소도시와 여러 지역에 뿌리를 내리고 새로운 길을 열어가는 청년 혁신가와 로컬 크리에이터, 소셜벤처들의 생생한 이야기를 담은 책입니다.

인구감소와 지역 소멸에 맞서 어떻게 하면 로컬을 되살릴 수 있을지 중앙정부와 지역에서 고민하는 많은 이들에게 그 해답을 찾는 길잡이가 될 것이라 확신합니다."

강임준 군산시장

지방에서 새 삶 꾸려나갈 젊은이들에게 용기를

"시대적 고민을 마주한 우리에게 현장 곳곳의 땀내 나는 이야기를 생동감 있게 전달함으로써 문제 해결에 한 발 더 다가설 수 있는 방안을 제시하고 있습니다.

고향을 잊었던 이들에게는 그리움을, 활동가들에게는 영감과 보람을, 지방에서 새 삶을 꾸려나가기 시작하는 젊은이들에게는 용기를 줄 수 있을 것이라 생각합니다."

김정섭 공주시장

값 15,800원
ISBN 979-11-90912-21-1 03300